中国高等教育学会医学教育专业委员会规划教材
全国高等医学院校教材

供基础、临床、预防、口腔医学类等专业用

卫 生 法 学
Health Law

主 编 姜 虹

副主编 杜仕林 古津贤

编 者（按姓名汉语拼音排序）

蔡维生（潍坊医学院）　　　　　李娜玲（南方医科大学）
陈小嫦（广东医科大学）　　　　李晓农（北京大学医学部）
杜仕林（南方医科大学）　　　　娄峰阁（齐齐哈尔医学院）
古津贤（天津医科大学）　　　　马　辉（首都医科大学）
贺红强（广东医科大学）　　　　蒲　川（重庆医科大学）
姜　虹（汕头大学）　　　　　　王海燕（新乡医学院）
姜　雯（南方医科大学）　　　　翁开源（广东药科大学）
雷　娟（南方医科大学）　　　　肖　鹏（广州医科大学）
雷光和（广东医科大学）　　　　周袖宗（军事医学科学院）

北京大学医学出版社

WEISHENGFAXUE

图书在版编目（CIP）数据

卫生法学 / 姜虹主编. —北京：
北京大学医学出版社，2013.12（2018.7重印）
ISBN 978-7-5659-0764-7

Ⅰ．①卫⋯　Ⅱ．①姜⋯　Ⅲ．①卫生法-法的理论-中国-高等学校-教材　Ⅳ．①D922.161

中国版本图书馆CIP数据核字（2013）第317066号

卫生法学

主　　编：姜　虹
出版发行：北京大学医学出版社
地　　址：（100191）北京市海淀区学院路38号　北京大学医学部院内
电　　话：发行部 010-82802230；图书邮购 010-82802495
网　　址：http://www.pumpress.com.cn
E-mail：booksale@bjmu.edu.cn
印　　刷：北京瑞达方舟印务有限公司
经　　销：新华书店
责任编辑：李　兵　张凌凌　　责任校对：金彤文　　责任印制：李　啸
开　　本：850mm×1168mm　1/16　印张：12　字数：334千字
版　　次：2013年12月第1版　2018年7月第3次印刷
书　　号：ISBN 978-7-5659-0764-7
定　　价：23.00元

版权所有，违者必究

（凡属质量问题请与本社发行部联系退换）

全国高等医学院校临床专业本科教材评审委员会

主 任 委 员　王德炳　柯　杨

副主任委员　吕兆丰　程伯基

秘　书　长　陆银道　王凤廷

委　　　员　（按姓名汉语拼音排序）

　　　　　　白咸勇　曹德品　陈育民　崔慧先　董　志
　　　　　　郭志坤　韩　松　黄爱民　井西学　黎孟枫
　　　　　　刘传勇　刘志跃　宋焱峰　宋印利　宋远航
　　　　　　孙　莉　唐世英　王　宪　王维民　温小军
　　　　　　文民刚　线福华　袁聚祥　曾晓荣　张　宁
　　　　　　张建中　张金钟　张培功　张向阳　张晓杰
　　　　　　周增桓

序

北京大学医学出版社组织编写的全国高等医学院校临床医学专业本科教材（第2套）于2008年出版，共32种，获得了广大医学院校师生的欢迎，并被评为教育部"十二五"普通高等教育本科国家级规划教材。这是在教育部教育改革、提倡教材多元化的精神指导下，我国高等医学教材建设的一个重要成果。为配合《国家中长期教育改革和发展纲要（2010—2020年）》，培养符合时代要求的医学专业人才，并配合教育部"十二五"普通高等教育本科国家级规划教材建设，北京大学医学出版社于2013年正式启动全国高等医学院校临床医学专业（本科）第3套教材的修订及编写工作。本套教材近六十种，其中新启动教材二十余种。

本套教材的编写以"符合人才培养需求，体现教育改革成果，确保教材质量，形式新颖创新"为指导思想，配合教育部、国家卫生和计划生育委员会在医药卫生体制改革意见中指出的，要逐步建立"5+3"（五年医学院校本科教育加三年住院医师规范化培训）为主体的临床医学人才培养体系。我们广泛收集了对上版教材的反馈意见。同时，在教材编写过程中，我们将与更多的院校合作，尤其是新启动的二十余种教材，吸收了更多富有一线教学经验的老师参加编写，为本套教材注入了新鲜的活力。

新版教材在继承和发扬原教材结构优点的基础上，修改不足之处，从而更加层次分明、逻辑性强、结构严谨、文字简洁流畅。除了内容新颖、严谨以外，在版式、印刷和装帧方面，我们做了一些新的尝试，力求做到既有启发性又引起学生的兴趣，使本套教材的内容和形式再次跃上一个新的台阶。为此，我们还建立了数字化平台，在这个平台上，为适应我国数字化教学、为教材立体化建设作出尝试。

在编写第3套教材时，一些曾担任第2套教材的主编由于年事已高，此次不再担任主编，但他们对改版工作提出了很多宝贵的意见。前两套教材的作者为本套教材的日臻完善打下了坚实的基础。对他们所作出的贡献，我们表示衷心的感谢。

尽管本套教材的编者都是多年工作在教学第一线的教师，但基于现有的水平，书中难免存在不当之处，欢迎广大师生和读者批评指正。

2013年11月

前　言

随着人类社会的发展，医疗卫生领域的法律问题越来越多，我们必须冷静面对。医患矛盾加深，医疗物品和健康相关产品质量堪忧，公共卫生压力加大，医疗新技术引发伦理之争……。如何用法律来规范医药卫生领域的个人卫生行为和社会卫生行为，是现代社会所必须思考的，也是普通高等教育本科临床医学教育所不能回避的。人类医学模式已经演变为社会—心理—生物医学模式。在此背景之下，卫生法学作为一门学科存在，具有其社会回应性。自20世纪初，医患矛盾进一步加深，在临床医学本科学生中开展卫生法学教育，已显得刻不容缓。本书的编写旨在为普通高等教育本科临床医学专业教育贡献一份力量，以期达到抛砖引玉的效果。

与其他同类教材相比，本书具有以下特点：一是，本着卫生法学作为一个独立学科的基本判断，以维护和保障公民生命权和健康权为主线，将卫生法学的基本理论和具体的卫生法律制度有机结合，既突出卫生法学自身理论体系的完整性和独特性，又汲取了卫生立法的最新成果。二是，本书突破了以往卫生法学教材编写中偏重于对现有卫生法律法规进行注释的局限，更多地体现卫生法学本身的学科体系，坚持理论与实践的有机结合。三是，在实用性方面，结合各章节的内容，精心选取了若干卫生法学案例或实证资料，以注重理论与现实的结合。

《卫生法学》凝结了全体编写人员的努力与汗水。

在本教材出版之际，对于支持、帮助本教材编写及出版的领导、老师，一并表示诚挚的谢意。对于教材中存在的错误及不足之处，恳请批评指正，并提出宝贵意见，以期不断修订完善。

编　者

2013年12月

目 录

绪论 …………………………………… 1

第一章 卫生法学基础理论 ………… 7
- 第一节 卫生法概述 ………………… 7
- 第二节 卫生法的调整对象 ………… 10
- 第三节 卫生法的基本原则 ………… 14
- 第四节 卫生法律责任 ……………… 19

第二章 医疗卫生资源管理法律制度 … 24
- 第一节 卫生技术人员管理法律制度 ……………………………… 24
- 第二节 医疗卫生机构管理法律制度 ……………………………… 30
- 第三节 大型医用设备管理法律制度 ……………………………… 33

第三章 公共卫生法律制度 ………… 37
- 第一节 公共卫生应急法律制度 …… 37
- 第二节 公共卫生监督法律制度 …… 40
- 第三节 传染病防治法律制度 ……… 44
- 第四节 职业病防治法律制度 ……… 49
- 第五节 国境卫生检疫法律制度 …… 51
- 第六节 环境卫生法律制度 ………… 54
- 第七节 精神卫生法律制度 ………… 58
- 第八节 母婴保健法律制度 ………… 61
- 第九节 人口与计划生育法律制度 … 64

第四章 医疗物品相关法律制度 …… 69
- 第一节 药品管理法律制度 ………… 69
- 第二节 血液与血液制品法律制度 … 78
- 第三节 医疗器械法律制度 ………… 85
- 第四节 消毒药剂法律制度 ………… 91

第五章 健康相关产品法律制度 …… 95
- 第一节 健康相关产品法律制度概述 ……………………………… 95
- 第二节 食品法律制度 ……………… 95
- 第三节 保健食品法律制度 ………… 101
- 第四节 化妆品管理法律制度 ……… 104
- 第五节 饮用水法律制度 …………… 106

第六章 医患关系法律制度 ………… 110
- 第一节 医患关系概述 ……………… 110
- 第二节 医患间的权利与义务 ……… 112
- 第三节 医患纠纷的预防与处理 …… 116
- 第四节 医患纠纷诉讼 ……………… 118

第七章 医疗保障法律制度 ………… 129
- 第一节 医疗保障法律制度概述 …… 129
- 第二节 社会医疗保障法律制度 …… 133
- 第三节 商业医疗保险法律制度 …… 137

第八章 中国传统医学法律制度 …… 141
- 第一节 传统医学立法概述 ………… 141
- 第二节 中医医学管理法律制度 …… 143
- 第三节 传统药管理法律制度 ……… 148
- 第四节 管理机构与法律责任 ……… 150

第九章 医学科研与新技术法律制度 … 153
- 第一节 人类辅助生殖技术相关法律制度 ……………………… 153
- 第二节 基因工程技术法律制度 …… 158
- 第三节 器官移植法律问题 ………… 161
- 第四节 脑死亡法律制度 …………… 164
- 第五节 安乐死相关法律制度 ……… 165
- 第六节 临床试验法律制度 ………… 168

主要参考文献 ………………………… 173

专业词汇索引 ………………………… 178

绪 论

【学习目标】

通过本章的学习,使学生能够初步了解卫生法学的学科性质,能够清楚卫生与法律之间的关系,能够初步把握卫生法的本质和特点,并能够很好地认识学习卫生法学的重要性,还能够初步掌握学习卫生法学这门学科的方法。

1. 掌握:卫生法学的概念与特征;卫生法学的研究对象和体系。
2. 理解:卫生与法律的关系;卫生法学与相关学科之间的关系。
3. 了解:卫生法学的历史发展与学科地位;卫生法学的学习意义与学习方法。

一、卫生与法律的关系

(一)卫生与法律具有相通性

卫生即为增进人体健康、预防疾病而采取的个人和社会措施。法律是经国家制定认可并由国家强制力保证实施的行为规范的总和。卫生是人类社会实践活动的产物,具有自然科学的属性,具有自身的学科体系,本身没有阶级属性。而法律是社会经济、政治活动的产物,是对社会主体的行为规范,具有阶级属性。

卫生与法律表面上互不相干,事实上卫生与法律之间具有相通性。尽管卫生本身没有阶级性,但卫生措施被不同的阶级所掌握,就具有阶级性。法律不仅具有阶级性,也具有社会性,担负着管理社会的职能。法律在执行社会职能时,所调整的社会关系包含人与自然的关系,其中就内含有关科学技术规范的内容。"以科学技术规范为依据所制定的法律规范,其中包含以法律形式规定人们在卫生活动中应该做什么,不应该做什么,并具有强制性和普遍性的特点。卫生活动违背科学技术规范,将会受到自然规律的惩罚,也会产生相应的法律后果。"[1]

(二)卫生对法律的影响

卫生发展会产生新的研究成果和新的卫生知识,比如现代医学的发展产生了诸如人工授精、试管婴儿、变性手术、器官移植、克隆等新技术。这些卫生领域的新技术、新发展能够对法律产生影响。此影响主要表现为卫生领域的新知识、新成果被应用到立法之中,能够促使修订法律条文,使法律内容更加科学。例如,《婚姻法》中关于禁止直系血亲和三代以内的旁系血亲结婚的规定,关于患麻风病未经治愈和患其他医学上认为不应当结婚的病人禁止结婚的规定。同时,卫生科学技术的发展也能够改变立法思维。比如,随着医学科学发展,科学的脑死亡标准正在被人们接受,这不仅是伦理观念的变化,更是立法思维和立法理念的进化。

(三)法律对卫生的影响

卫生涉及个人措施和社会措施。个人措施主要涉及个人生活习惯、个人健康意识等方面。社会措施涉及国家卫生事业发展状况、卫生机构的设置、生态环境状况等方面,还与现代医学的发展状况密切相关。无疑,法律能够通过规则的强制作用,来规范卫生事业的发展方向,为卫生发展提供重要的制度保障;通过强制规定卫生机构的设置、组织原则、权限、职能和活动

---

[1] 吴崇其,张静. 卫生法学. 2版. 北京:法律出版社,2010:4.

方式，来形成卫生事业发展的科学运行机构；通过强制控制现代医学无序、失控和异化带来的社会危害性，来发挥现代医学的积极作用，抑制消极作用。同时，法律能够协调卫生措施和卫生活动中的复杂社会关系，从而对卫生发生影响。

二、卫生法学概述

（一）卫生法学的概念

卫生法学是自然科学和社会科学相互渗透交融的一门新兴边缘交叉学科，是对卫生领域的法律现象进行研究的一门学科。从法学角度看，它是法律科学中一门有关医药卫生问题的应用学科。我们认为，虽然卫生法的学科属性具有交叉性，但从学科主导性来看，卫生法学是研究卫生法律规范及其发展规律、医药卫生领域的法律现象的一门社会科学，属于法学的分支学科。其研究目的和宗旨是促进卫生事业健康发展，保护和增进民众的健康。它是医学、卫生学、药物学等自然科学和法学相互交融、渗透，并随着传统生物医学模式向现代生物—心理—社会医学模式的转变而逐渐产生和发展起来的新兴学科。

（二）卫生法学的特征

1. **卫生法学的新兴性** 卫生法学作为一门独立的学科，大致形成于20世纪60年代后期。当时，在世界范围内卫生立法得到了迅猛发展，其主要原因是卫生事业在整个国家社会经济中占有越来越重要的地位，而在其发展中又产生了许多新的社会关系，需要制定相应的法律规范予以调整。同时，医学新技术的广泛应用，在为人类造福的同时也带来了道德和法律上的困惑，并产生了一系列副作用，需要通过立法来加强管理。此外，随着社会经济的发展，人们对健康和疾病的了解越来越深刻，法制意识逐渐增强，医患双方的冲突和纠纷日渐增多，需要有专门的法律法规来调整。因此，研究卫生法律规范及其发展规律的卫生法学学科在世界许多国家开始兴起。

2. **卫生法学的交叉性** 卫生法学是法学与医学、卫生学、药物学等自然科学相互结合的产物。法学是研究法、法的现象以及与法相关问题的理论体系，用法律手段维护卫生事业健康发展，保护和促进民众健康是法学的任务之一。医学、卫生学、药物学等自然科学虽然有着各自的研究领域，但同样具有保护和促进民众健康的任务。而卫生法学则是借助以上学科的成果而发展起来的综合性学科，运用这些学科的概念和方法去研究卫生领域的法律问题。因此，卫生法学是为了保护人类健康这一共同对象，将相关学科的方法和对象有机地结合起来的交叉学科。

3. **卫生法学的技术性** 作为卫生法学研究对象的卫生法律规范，相当部分是由操作规程和卫生标准构成的。卫生法律规范是依据医学等自然科学的基本原理和研究成果制定的，同时为保护人类健康这一特定对象，又必然将直接关系到人类健康的科学工作方法、程序、卫生标准等确定下来，这些操作规程和卫生标准经有权机关发布就成为必须遵守的技术性法律规范，具有法律约束力。可见，与其他法学学科相比，卫生法学具有更强的技术性特征。

4. **卫生法学的综合性** 卫生法学具有多学科相互融通的特征。有效保护人类健康是一个具体而又复杂的社会统统工程。以保护人类健康为根本目的的卫生法学，必须将医学、法学、伦理学、管理学等学科的有关研究成果融合起来，才能实现自己的宗旨。同时卫生法调整的社会关系涉及行政、民事、刑事等多种法律关系，因此卫生法学不仅要以理论法学为基础，而且与行政法学、民法学、刑法学等应用法学密切相关，表现出很强的综合性。

（三）卫生法学的研究对象与体系

1. **卫生法学的研究对象** 卫生法学的研究对象包括两个方面，一是卫生法律法规，二是卫生法律现象。卫生法律法规主要包括我国目前仍在运行的、涉及医药卫生领域的、且保障公民健康权和生命权得以实现的法律规范。卫生法律现象则是医药卫生领域所引发的法律现象，比如安乐死、器官移植、辅助生殖技术、转基因食品等医药卫生领域的科技进步所引发的法律问题和法律解决方法与手段。

2．卫生法学的体系　卫生法包括医药卫生领域的所有法律规范，涉及公共卫生、卫生资源管理、医疗产品、医患关系、健康相关产品、医疗保障、医药高科技、传统医学等诸多方面，构成了一个宽泛、庞杂的医药卫生领域的法律体系。卫生法学的研究领域与卫生法体系是基本一致的，但作为一个学科存在，其必须具有能够自圆其说的理论体系和理论脉络。综观整个卫生法律体系，卫生法学均是围绕公民健康权的公平保障展开研究的，可以说其理论脉络就是公民健康权的公平保障。同时，尽管卫生法学是医学和法学的交叉学科，但其作为法学学科的一门分支学科，理应遵循法学学科的基本范畴，也理应遵循法学学科的基本理论线索。鉴于此，卫生法学的体系大致可以作如下表述：

（1）卫生法学总论：该部分主要围绕卫生法学的理论脉络展开，包括卫生法学的概念与特点、卫生法的调整对象、卫生法基本原则与基本理念、卫生法律责任等。该部分注重理论性，是卫生法学学科存在的基础，也是卫生法学研究最应加强的部分。

（2）卫生法学分论：该部分主要围绕卫生法律体系展开，包括公共卫生法律制度、卫生资源管理法律制度、医患关系法律制度、医疗产品和健康相关产品法律制度、传统医学法律制度、医学高科技法律制度等具体法律制度。

（四）卫生法学的发展历程与学科地位

1．卫生法学的发展历程　在国际上，卫生法学作为一门学科大概形成于20世纪60年代后期。由于生产社会化的加剧，卫生事业的发展对社会生产起着举足轻重的作用，并且在卫生事业的发展过程中，产生了许多新的社会关系，原有的法律规范不能进行调整，需要新的法律规范来予以规范。临床医学、公共卫生、疾病防治、职业卫生、人类生殖、人口政策、药品管理、食品卫生、传统医学、精神卫生和健康教育等领域的立法日趋完善。随着立法数量的增多，卫生法学研究的基本理论逐渐完善，理论体系逐步建立了轮廓，卫生法学作为一门学科的条件日趋成熟。

卫生法学在国内的出现始于20世纪80年代中期。卫生法制建设的发展，促进了卫生法学这一新兴学科的繁荣与发展。1989年，在沈阳首次召开了有五大卫生部门（卫生部、国家计划生育委员会、解放军总后勤部卫生部、国家医药管理局、国家中医药管理局）从事医学法学研究的专家参加的理论研讨会。同年，中华医学会医学教育学会医学法学专业学会组建成立。1992年11月原卫生部主管的《中国卫生法制》创刊发行。1993年3月5日，中国卫生法学会经国家民政部注册登记批准成立。近些年，各地相继成立了省级、地（市）级卫生法学社团。全国已有近30所医学院校开展了卫生法学专业建设，不少具有医学和法学复合背景的年轻学者加入了卫生法学研究和教学团队。同时，五大传统政法院校和不少全国著名综合性高校的法学专家也开始关注卫生法学，并且不少院校也相继成立了卫生法学研究机构。尽管目前卫生法学领域的高质量研究成果还比较少，卫生法学的基本理论体系还很难自圆其说，但随着卫生法学学者队伍的不断壮大，加之卫生立法的日趋成熟和完善，高水平的卫生法学研究成果必将越来越多，也会越来越引起传统法学界的高度关注和卫生立法界的高度重视。

2．卫生法学的学科地位　虽然关于卫生法是不是独立的法律部门目前还存在较多争议，但这并不妨碍卫生法学成为一门独立的学科。因为"法律部门"与"法学学科"是两个不同的法学范畴。法律部门是调整同一类社会关系的法律规范的总和，而法学学科是研究特定领域法律规范所形成的法学门类。传统上，法律部门的划分与法学学科的划分是一致的。有一个法律部门，就有一个与之相对应的法学学科。但现代社会法律规范所调整的社会关系日益复杂，一个法律问题往往不再仅仅局限于一个法律部门，而是跨越两个乃至两个以上法律部门。对于错综复杂的法律问题，已不是通过单独研究某一法律部门就可以解决的，而是需要对分散于各个法律部门的多种相关的法律规范进行综合研究才能应对，由此而形成的综合性法学学科的研究范围必然涉及多个法律部门。现代法理学也不再拘泥于法律部门划分与法学学科划分的完全一致，尤其是对于一些交叉学科，更是如此。因此，即使目前我国不存在一个独立的"卫生法"法律部门，但并不影响一个独立的"卫生法学"学科的存在。

2009年1月国务院常务会议通过《关于深化医药卫生体制改革的意见》（即新医改方案），确立了逐步实现人人享有基本医疗卫生服务的远大目标。卫生事业的发展和宏伟目标的实现，需要不断推进卫生管理体制和卫生服务体系以及医疗卫生机构内部运行机制的改革和创新。各项改革措施的实施，势必会遇到许多新情况、新矛盾，将会更加尖锐地触动体制性、结构性、机制性等深层次的问题。卫生法学作为一门独立学科不断丰富和发展，将为我国深化医药卫生体制改革和卫生事业长远健康发展，提供更加坚实的理论基础，营造更加良好的法治环境。

三、卫生法学与相关学科的关系

（一）卫生法学与法学

法学是以法和法律现象及其发展规律为研究对象的一门社会科学。卫生法学则是以卫生法为研究对象的一门法学分支学科。两者是一般与特殊的关系。卫生法学在法学基础理论的指导下开拓、发展自己的专门研究领域，而法学则可以吸收卫生法学中带有普遍意义的原则和规律来丰富自己。但法学对卫生法学的指导处于主导地位，因此学习和研究卫生法学应该努力掌握法学基础理论知识。

（二）卫生法学与医学伦理学

医学伦理学是运用一般伦理学的道德原则来解决医疗卫生实践和医学科学发展中人们相互之间、医学与社会之间的关系而形成的一门学科。两者的区别是：卫生法学是以医疗卫生领域的法律为主要研究对象，卫生法律具有强制性，作用范围只限于违法者，而且只存在于阶级社会；而医学伦理学以医德为研究对象，是一种非强制性力量，它主要依靠医务人员对医德规范的自觉遵守，适用于医学职业的所有方面，而且存在于任何社会，并随医学的发展而发展。两者的联系是：医德与卫生法律都是用来调节人们行为的规范，而且互相渗透、彼此包含，即卫生法律规范包含着医德，医德规范中也有卫生法律的内容。因此，医学伦理学与卫生法学在内容上相互吸收，在功能上相互补充，共同调节人们之间的关系，维护广大人民的健康利益和社会秩序。

（三）卫生法学与卫生政策学

卫生政策是党和国家在一定的历史时期内，为实现一定的卫生目的和任务而制定的行为准则。卫生法与卫生政策的区别是：首先，卫生法通过法律等规范性文件的形式表现，规定人们的权利和义务，内容较为具体，而卫生政策则通过决议、决定、纲要等形式表现出来，内容比较原则和概括；其次，卫生法比卫生政策更有稳定性，卫生政策的时间性较强，随着形势的发展变化较快。两者的联系是：一方面党和国家的卫生政策是卫生法的灵魂和依据，卫生法的制定要体现党和国家卫生政策的方向和内容；另一方面卫生法是实现党和国家卫生政策的工具，是卫生政策的具体化和规范化。当然，卫生法和卫生政策都是建立在一定的经济基础之上的上层建筑，在本质上是一致的，都体现了广大人民群众的意志和利益，都具有规范性，是调整社会关系的行为准则。

（四）卫生法学与卫生管理学

卫生管理学是研究卫生管理工作中普遍应用的基本管理理论、知识、方法及其规律的一门学科。两者的区别是：卫生管理的方法有多种，法律方法仅是其中的一种。卫生法律法规是卫生管理工作的活动准则，是实施卫生管理工作的准则和依据。但卫生法学与卫生管理学的出发点都是为了加强管理，保障卫生事业健康发展，更好地保护人民的健康。

四、学习与研究卫生法学的意义和方法

(一)意义

1. **是保障公民健康权的需要** 我国的医药卫生事业以为公民的健康服务为中心,以维护公民的健康权利为核心。卫生法学也同样围绕公民健康权的保障而展开。学习和研究卫生法学,可以掌握或了解卫生法学的基本原理、基本概念,对生命权和健康权有一个全面、系统、科学的认识,树立法治观念,尊重生命,尊重健康,在自身健康权受到侵犯时,可以维护自己的合法权利,同时在日常生活和工作中,依法遵守相关卫生法律规范,约束与规范自身行为,提高遵守卫生法律规范的自觉性。

2. **是落实依法治国方略的需要** 医药卫生事业是社会主义事业的重要组成部分,依法管理医药卫生事业是实现依法治国、建设社会主义法治国家的重要组成部分。加强对卫生法学的学习和研究,有助于提高卫生立法水平,培养公民的卫生法治意识,提高公民的卫生法治观念,进而有助于实现依法治国、建设社会主义法治国家的宏伟目标。

3. **是发展医药卫生事业的需要** 在新的历史时期,医药卫生事业面临诸多挑战,也面临诸多机遇。尽管医药卫生事业有着自身的特点和规律,但仍然离不开法律制度的规范和保障。无疑,医药卫生事业的发展需要法律予以保障,医药卫生事业也将逐步走向法治化管理的轨道。不仅要对医药卫生从业人员、各类医药卫生服务机构进行法治化管理,而且要对公民的卫生行为、求医行为、尊医行为进行法治化管理。学习和研究卫生法学,有助于提高医药卫生领域从业人员的法律素养,明确其在执业中的权利与义务,正确履行岗位职责,也有助于培养公民的守法意识,保障医药卫生事业的良性发展。

4. **是提高卫生执法水平的需要** 卫生行政执法是政府管理医药卫生事业的基本方式,是实现预防战略、保障公民健康权得以实现的基本手段。卫生执法水平的高低,不仅关系到改善社会公共卫生状况、提高社会卫生水平和公民生活质量的问题,而且关系到规范市场经济秩序、优化投资环境、促进经济发展的问题。学习和研究卫生法学,能够培养一支既有丰富的专业知识又有法治意识的卫生执法队伍,又能够有助于完善卫生法律体系,做到有法可依、有法必依、执法必严、违法必究,不断提高卫生执法水平。

(二)学习与研究卫生法学的方法

1. **理论联系实际的方法** 卫生法学是一门应用性较强的法学学科,具有很强的实践性。这里的理论主要包括卫生法学的基本理论、基本知识和相关学科的知识。这里的实践主要指医药卫生领域的大量法律问题和法律现象。所谓理论联系实际,一是要联系客观的事实、制度、现象和实际存在的问题;二是要密切关注我国医药卫生体制改革和卫生法治建设的实践;三是要联系各种社会思潮,认清各种观点的优劣,能够正确把握学习和研究的方向;四是要结合个人思想实际和专业工作实际,注重个人特点和个人发展路径。只有广泛地联系和深入地考察卫生法治实践,才能开拓我们的眼界和思路,避免纸上谈兵和思想僵化。同时要注意充分应用卫生法学的基本理论来研究问题和解决问题,让理论的科学性在实践中得到检验。

2. **比较分析的方法** 卫生法学是一门医学和法学的交叉学科,与法医学、卫生管理学、卫生政策学、医学伦理学等多门学科均有交叉。无疑,比较分析方法是学习卫生法学的基本方法之一。比较有纵向比较和横向比较之分。纵向比较就是了解古今卫生法律规范的历史演变,用批判分析的态度对待卫生法学历史。横向比较就是要了解世界各国的卫生法律制度和国际卫生立法状况,既要吸收国外卫生立法的先进经验和科学成果,又要剔除其不符合我国国情的成分,做到有分析、有比较、有选择,注重形成和发展具有中国特色的卫生法律体系和卫生法学体系。

3. **历史分析的方法** 法是人类社会发展到一定历史阶段的产物,同当时的社会物质生活

条件密切相关，也受到当时的社会政治、经济、文化和宗教等社会意识形态的影响。无疑，卫生法律规范的确立和实施都是基于具体的历史条件和特定的历史背景的。我们在学习和研究卫生法学的过程中，一定要坚持历史分析的方法，对法律规范和法律现象的研究要同一定的社会经济关系、意识形态以及卫生事业发展的实际状况等联系起来，深入研究不同卫生法律规范产生和发展的基础，探索其产生和发展的根源和条件。

问题与思考

1．请阐述卫生与法律的关系。
2．请阐述卫生法学的历史发展。
3．请阐述卫生法学的研究对象和体系。
4．请阐述卫生法学的学科地位。
5．请阐述卫生法学的概念和特征。

（姜　虹　周袖宗　杜仕林）

第一章 卫生法学基础理论

【学习目标】

通过本章的学习，使学生掌握卫生法的基本概念和特点，对卫生法这门新兴的部门法有深刻的认识，能够熟练把握卫生法的特殊性；使学生掌握卫生法基本原则的概念及各基本原则的具体内容，明确基本原则在整个卫生法体系中的功能和价值，了解卫生法基本原则的确立标准；使学生能够认识到卫生法律责任的特殊性和常见类型。

1. 掌握：卫生法的概念及特点；卫生法的调整对象的概念与特征；卫生法律关系的构成要素；卫生法各基本原则的具体内容；卫生法律责任的概念、特征、种类。
2. 熟悉：卫生法学与卫生法的区别；卫生法的具体调整对象；卫生法律关系的概念与特征；卫生法基本原则的概念及功能；卫生法律责任的构成要件。
3. 了解：卫生法学的概念、特征与学科地位；卫生法的作用；卫生法律关系的产生、变更与消灭；卫生法基本原则的确立标准；国内外卫生立法的历史演进。

第一节 卫生法概述

一、卫生法的概念与特征

（一）卫生法的概念

卫生法是指调整国家在保障公民健康权实现的活动或过程中所产生的社会关系的法律规范的总称，即国家立法机关制定或认可的，以国家强制力保证实施的，在调整和保护公民健康权实现的活动或过程中所形成的各种社会关系的法律规范的总称。卫生法有广义与狭义之分。广义的卫生法是指一切涉及卫生领域的法律法规的总称，包括所有立法机关和被授权立法机关所制定的有关法律法规，即包括卫生单行法律法规和其他法律法规中就卫生领域所作的规定。狭义的卫生法专指全国人大及其常委会制定的卫生专门法律。

（二）卫生法的特征

卫生法作为我国法律体系的重要组成部分，具有法律的一般属性，但是由于卫生法的调整对象是围绕人体健康生命权益而产生的各种社会关系，它不仅要受到政治、经济、文化、社会习俗的影响和制约，而且要受到自然规律和科学技术发展水平的影响。因此，卫生法和其他法律部门相比，又有自己独有的特点。

1. 形式上无统一法典　在形式上，卫生法由宪法、法律、行政法规等众多的法律文件所构成，是卫生法律规范的总和。卫生法的这一特征，是由其自身的特殊性所决定的。在卫生领域，需要卫生法调整的范围十分广泛、内容十分繁杂；卫生特别是医疗卫生事项繁琐多变，与卫生有关的法律法规甚多而又修改频繁，这都使卫生法难以在目前对卫生问题作出统一的规定、制定一部统一的卫生法。卫生法体系中还有相当一部分规范性文件是以"办法""规定""通知"等政策形式出现的。我国的《民法通则》第六条就明确规定："民事活动必须遵守法律，法律没有规定的，应当遵守国家政策。"即政策也是人们必须遵守的规范。因此，国家和党的卫生政策在卫生法律关系中也是同样适用的，可以说在目前我国卫生法的体系中还占有相当的地位。

2. 融入大量技术性规范　医药卫生工作是一项科学技术性很强的工作，当前科技发展更使医学诊断和治疗过程日益复杂，而卫生法保护的是人体健康，这就要求将直接关系到公民健康的医疗方法、程序、操作规范、卫生标准等大量的技术规范法律化，把遵守技术法规确定为法律义务，确保公民健康权的实现。因此，在众多卫生法律文件中，都包含着大量的操作规程、技术常规和卫生标准。如我国《药品管理法》规定："药品必须符合国家药品标准……国务院卫生行政部门颁布的《中华人民共和国药典》和药品标准为国家药品标准。"这里所说的《中华人民共和国药典》和药品标准即属于技术规范，决定着药品的名称、成分、制作工艺等等。

这种技术性规范和卫生标准的规定和要求几乎在各种卫生法律法规中都有体现，如《食品安全法》《职业病防治法》《国境卫生检疫法》等。这些广泛适用于医疗卫生的规定，既具有科技性，又具有法律性，构成了卫生法的重要内容，这是在绝大多数非卫生法律规范文件中所没有的。

3. 稳定性不强　一般来说，法律应具有相对稳定性。但是，由于我国卫生行政法制建设才刚刚起步，相当一部分卫生方面的事务还在靠政策来调整。同时，卫生法的调整对象涉及卫生行政组织、卫生行政执法和监督、医疗机构和医师管理、计划生育和母婴保健、药品、食品及健康相关产品、公共卫生等多个领域。而这些领域主要由技术性操作规范和技术标准构成，也导致了卫生法内容的科技性。而这些事项的发展与进步，如器官移植、脑死亡、基因诊断与治疗、生殖技术等，不断需要新的立法并对原有的卫生法进行不断的修改和完善，因而其调整的范围也就具有不稳定性，导致卫生法不得不随着卫生事业事项的变更而变更，因此修改就较为频繁，表现为多变性。

4. 法律调节手段具有综合性　卫生法调整社会关系的广泛性，决定了其调节手段的多样性，既要采用行政手段来调整卫生行政组织管理活动中产生的社会关系，如用行政许可手段来处理机关、团体、企事业单位及公民提出的卫生许可申请，对违法者予以行政处罚，用行政强制措施来控制传染病流行等，又要采用民事手段来调整卫生服务活动中的权利与义务关系，如医患关系等，同时对于在医疗卫生和提供食品、药品等服务活动中存在的严重侵权行为还要追究相应的刑事责任。从这一角度看，卫生法是多元的，因此国外卫生法学将卫生法解释为卫生保健以及与卫生保健直接有关的一般民事法、行政法及刑法的法律规范的总称。

二、卫生法的历史演进

（一）国外及国际组织的卫生立法概况

1. 国外卫生立法概况　国外的卫生法起源较早。在公元前 3000 年左右，古代埃及就颁布了一些医药卫生方面的法令，比如对尸体掩埋、排水等公共卫生方面，对失职医生处罚等医疗方面就有详尽规定。在公元前 2000 年，古印度制定了《摩奴法典》，规定了死者火葬、提倡素食、重罚酗酒等。到公元前 1750 年，古巴比伦王国第六代国王汉谟拉比颁布了《汉谟拉比法典》，医药卫生方面的条文就有四十余款，涉及医师地位与责任、医疗活动、食品卫生等方面。在古代奴隶制社会中，罗马奴隶制社会的医疗卫生法律最为发达，涉及医疗卫生的许多方面，其中最为著名的是公元前 45 年颁布的《十二铜表法》《阿拉基法》《科尼利阿法》《得森维尔法》，对医生的监督管理、医疗事故的处罚赔偿、城市预防疾病、食品卫生监督等方面都进行了规定。

公元 5 世纪至 15 世纪，欧洲封建国家先后建立。在此期间，不少国家都加强了卫生立法，调整的范围逐步扩大，内容涉及公共卫生、医事制度、食品和药品管理、学校卫生管理、卫生检疫等方面。比如 12 世纪西西里王罗格尔二世颁布了禁止未经政府考试的医生行医的法令，严格规定了医生的资格；13世纪法国国王腓特烈二世颁布了《医生开业法》《药剂师开业法》以及有关医科学校管理的法令。

随着资本主义的发展，卫生法进入了新的历史阶段，许多国家制定了专门的卫生法。比如13世纪威尼斯制定了药剂师管理规章；14世纪，威尼斯、马赛等地颁布了检疫法，开创了国境卫生检疫的先河；15世纪前后，佛罗伦萨、纽伦堡、巴塞尔等地出现了药典。英国于1601年制定的《伊丽莎白济贫法》是最早的现代资本主义卫生立法，1848年又制定了《卫生法》，1859年公布了《食品药品法》，1878年颁布了《全国检疫法》，以后又逐步制定了《助产士法》《妇幼保健法》《精神缺陷法》《国家卫生服务法》《卫生和安全法》等。第二次世界大战后，随着社会经济的发展和科技的进步，各国普遍重视卫生立法，均在社会公共卫生、医政管理、药政管理、医疗保健、科技发展与个人行为等方面加强了卫生立法工作。

2. 国际组织卫生立法概况　生态环境、温室气体排放、卫生状况等关系到全球居民的生命健康，且健康领域的很多问题是任何一个国家都很难独立解决的。很显然，在世界经济一体化的进程中，国家与国家之间的国际组织在保护人类环境和人类健康方面具有不可替代的作用。鉴于此，国际组织一直致力于人类健康保护的立法，促使国与国之间签署了或承认了在共同保护人类生命健康活动中产生拘束力的原则、规则、规定、章程、制度等签约国共同认可的规范性文件。

1851年，在巴黎举行的第一次国际卫生会议上，有11个参加国共同签署了第一个世界性的《国际卫生公约》。1905年，美洲24个参加国签署了《泛美卫生法规》。WHO自1948年成立，规范了国际卫生公约、规则，制定了食品卫生、药品、生物制品的国际标准，以及诊断诊治方法的国际规范和标准。为防止传染病在国际间传播，制定了《国际卫生条例》。为控制药品质量，倡导药品生产质量管理规范（GMP），与国际放射防护委员会（TCRP）合作制定了放射防护基本安全标准。与联合国粮农组织（FAO）合作设立了食品法典委员会，制定并公布了食品卫生标准。

（二）我国卫生立法概况

1. 我国古代卫生立法概况　我国古代卫生法的制定和实施，散见于各种律书和古籍中。我国古代卫生法的文字记载最早可以追溯到殷商时期。《韩非子·内储说上》《周易》《春秋》《周礼》《左传》等的记载，可以反映出古代对繁衍健康后代的认识和重视。《周礼》翔实记载了当时的医事管理制度，包括司理医药的机构、病历书写和医生考核制度等。春秋、战国后，进入封建社会，出现了较系统的成文法典，其中有一些关于医疗卫生及传染病预防的条文，如《秦律》禁止杀婴堕胎等。

唐、宋时期，卫生立法有了较大的发展。《唐律》中有许多涉及医药卫生的条文，对医师误伤、欺诈、调剂失误、医药害人等行为均有刑律规定，同时对饮食卫生、卫生管理等方面也有一些规定。自宋代开始，设立了管理宫廷内外的专门药政机构，开设了国家药局。另外宋慈所著的《洗冤录》是现存世界上最早的法医学著作。元、明、清各朝代也都颁布过一些卫生方面的法令。13世纪初的《元典章》中明确规定禁止假医假药，禁止贩卖毒药，并设立了医师管理制度。明代的《大明会典》中，对医生的资格及庸医杀人等也都有规定。《清朝会典》中对太医院的职责和管理作了一些规定，并对天花等一些传染病发布了法令。

2. 我国近代卫生立法概况　中华民国时期是我国卫生立法进入专门化、具体化的时期。在民国中央政府设有中央卫生署即卫生部，开始构筑卫生法律体系，颁布了全国卫生行政大纲和卫生法律法规、条例，制定了《全国海关检疫条例》《公立医院设置规划》《中医条例》及《医师法》《药师法》《医事人员检核办法》《中医师检核办法》《传染病预防条例》等法规。

新民主主义革命时期，中国共产党在革命根据地大力开展卫生工作，在建立健全公立机构的同时进行了卫生立法，先后颁布实施了《卫生法规》《卫生运动纲要》《卫生防御条例》《战时卫生勤务条例》等。

3．新中国卫生立法概况　新中国成立后，我国卫生立法经历了三个阶段。

第一阶段：从新中国成立到1954年第一部宪法颁布。立国之初，百废待兴，但国家仍然重视卫生事业和卫生法制建设，制定了大量的卫生法规来促进医药卫生事业的发展和保障公民的身体健康。除起到临时宪法作用的《共同纲领》之外，先后颁布了《中央人民政府卫生组织条例》《种痘暂行办法》《交通检疫暂行办法》《管理麻醉药品暂行条例》《工厂卫生暂行条例》《医师暂行办法》《中医师暂行条例》及《民用航空检疫暂行办法》等。此阶段为新中国卫生立法的起步阶段。

第二阶段：1954年至1976年。在宪法的指导下，国家先后颁布了大量的卫生法规。1954年卫生部颁发了《卫生防疫暂行办法》，促进了各级卫生防疫站的建设，并在此基础上发布了《卫生防疫站工作条例》。1955年卫生部颁发了《传染病管理办法》，规定了法定传染病的种类、报告制度及处理办法。同时，在劳动卫生及食品卫生方面，先后颁布了《工厂安全卫生规程》《工业企业卫生设计暂行卫生标准》《职业病范围和职业病患者处理办法》《职业病中毒和职业病报告试行办法》《食品卫生管理试行条例》《饮用水质标准》等一系列条例和标准。1957年公布了《中华人民共和国国境卫生检疫条例》及其实施细则，随后在药政管理方面颁发了《关于加强药政管理的若干规定》《管理毒药、限制剧毒药暂行规定》等。1965年又再版了《中华人民共和国药典》。由于此阶段的卫生立法不注重借鉴国外卫生立法的先进经验，加之国内卫生立法的经验不足，此阶段卫生立法的水平不高。1966年至1976年十年内乱期间，社会主义法律制度被破坏殆尽，卫生法制也遭到了践踏，卫生立法处于空白状态。

第三阶段：1978年党的十一届三中全会之后。这一时期卫生立法重新起步，有了突破性进展。1982年宪法明确规定了"国家发展医药卫生事业"、"保护人民健康"，为新时期卫生立法指明了方向，提供了宪法依据。随着社会主义市场经济的逐步建立，卫生法制建设日益重要，卫生立法步伐大大加快。改革开放三十多年，全国人民代表大会常务委员会先后制定了《中华人民共和国食品卫生法》（以下简称《食品卫生法》）《中华人民共和国药品管理法》（以下简称《药品管理法》）《中华人民共和国国境卫生检疫法》（以下简称《国境卫生检疫法》）《中华人民共和国传染病防治法》（以下简称《传染病防治法》）《中华人民共和国红十字法》（以下简称《红十字法》）《中华人民共和国母婴保健法》（以下简称《母婴保健法》）《中华人民共和国献血法》（以下简称《献血法》）《中华人民共和国执业医师法》（以下简称《执业医师法》）《中华人民共和国职业病防治法》（以下简称《职业病防治法》）等法律，并修订通过了《中华人民共和国食品安全法》（以下简称《食品安全法》）。国务院批准颁布的卫生行政法规有100多部，如《麻醉药品管理办法》《精神药品管理办法》《医疗用毒性药品管理办法》《医疗事故处理条例》等。在此期间，卫生行政部门制定和颁发的卫生规章和规范性文件数以千计。同时，地方卫生立法也较为普遍。

（杜仕林）

第二节　卫生法的调整对象

【案例1-1】

2003年12月9日，刘某经批准取得某市野生动物保护站颁发的"动物驯养繁殖许可证"，许可证载明养殖种类为果子狸。刘某从外地购进果子狸种苗31只，共花费50900元。随后当地省疾控中心对市场上采集的果子狸进行检测，发现果子狸粪便中有大量的冠状病毒，与人类身上的病毒有高度同源性，存在着野生动物传播传染性非典的可能性。于是，省卫生厅、林业厅等部门联合下发了一份内部文件，要求对果子狸饲养场进行严格的监督管理。2004年1月19日，县林业局、卫生局、卫生防疫站及当地乡政府在没有出具任何法律文书的情况下，对刘某驯养的31只果子狸进行了宰杀和销毁。为此，刘某将县卫生局、林业局等四个单位告上法庭，要求判令四被告赔偿经济损失。

法庭审理后，判决确认被告宰杀果子狸的具体行政行为违法，判决被告赔偿原告直接经济损失5万元。

一、卫生法的调整对象

（一）卫生法调整对象的概念

卫生法的调整对象，是国家卫生行政机关、医疗卫生机构及组织、企事业单位、个人、国际组织之间在保护和增进人体健康的活动过程中产生的各种社会关系，它涉及医疗保健、卫生防疫、医药监督管理、医学科研等诸多方面。

（二）卫生法调整对象的内容

卫生法的调整对象具有很强的范围广泛性和内容复杂性。一般来说，卫生法主要调整以下七个方面的社会关系。

1. 卫生组织关系　卫生组织是指各级卫生行政机关和各级各类医疗卫生机构及组织。目前，在我国，医疗卫生机构及组织主要是指各类医疗机构、卫生监督及疾病控制机构、血站、医学会及医学协会、红十字会等。卫生组织关系是指各级卫生行政机关以及医疗卫生机构之间所形成的内外组织、领导关系。国家通过法律条文的形式将各级卫生行政机关和各级各类医疗卫生机构及组织的法律地位、组织形式、隶属关系、职权范围以及权利义务等固定下来，形成合理的管理体系和制度。

2. 卫生管理关系　卫生管理是指国家卫生行政机关根据国家法律规定，从社会生活总体角度进行的全局性的统一管理，是国家行政管理的重要内容和职责，对于控制和消灭疾病，维护公民健康权利，保障医疗市场正常运营，稳定卫生秩序具有重要意义。在卫生管理过程中，卫生法调整国家卫生行政机关与其他国家机关、企事业单位、社会团体及公民形成的权利义务关系。它包括医疗卫生机构及组织的标准、准入、许可；药品、食品、血液制品、化妆品、保健品、医疗器械器材、生物材料等与健康相关产品的生产、销售及其标准和准入、许可的管理监督等，这是一种纵向的法律关系。

3. 卫生服务关系　卫生服务关系是指卫生行政机关、医疗卫生机构及组织、有关企事业单位、社会团体和公民向社会公众提供的医疗预防保健服务、卫生咨询服务、卫生设施服务等活动。这是一种横向的社会关系，它表现为提供服务和接受服务的平等主体之间的民事权利与义务关系。

4. 医疗卫生技术人员管理关系　医疗卫生技术人员是从事卫生事业的主力军，是人类生命与健康的"工程师"、"守护神"。他们承担着防病治病、救死扶伤、保障健康、维护卫生秩序的重要职责。医疗卫生行政管理，主要是指对执业医师、护士、药师及药剂师、卫生监督人员及其他卫生技术人员等人力资源进行合理配置和管理。由于其素质的高低直接影响卫生法立法目的和宗旨的实现，因此既要通过制定相应的法律法规、规章等形式，运用法律手段，提高他们的职业道德和业务素质，又要努力保障他们的合法权益。

5. 生命健康权益保护关系　生命健康权是指人的机体组织和生理功能的安全受到法律保护的权利。人最宝贵的是生命，健康是人们幸福生活乃至生命安全的重要前提。生命一旦丧失，任何权利都失去了意义，生命健康权是公民最根本的人身权，是公民参加一切社会活动、享有其他一切权利的基础。所以,生命健康权益保护关系理应属于卫生法调整的范畴,包括生育权利、医患权益的保护、医疗保障、初级卫生保健、特殊人群权益保障、疾病预防与控制、环境污染防治与人体健康的关系等。

6. 现代医学与生命科学技术关系　现代医学与生命科学技术不断发展,日新月异。它在给人类带来巨大利益和福祉的同时,也向法律提出了前所未有的挑战。卫生法不仅要调整与生命健康相关的法律关系,也要规范和调整现代医学与生命科学技术发展中的许多新问题。如器官移植、人类辅助生殖技术、基因工程、脑死亡与安乐死等引起的法律问题都将是卫生法的调整对象。

7. 国际卫生关系　国际卫生关系是指由我国参加的国际公约和国际条例,并得到我国法律许可的有关国际共同遵守的、我国承诺的卫生法律关系。

二、卫生法律关系

(一)卫生法律关系的概念与特征

1. 概念　卫生法律关系是指卫生法律规范在调整人们的卫生活动中所形成的权利与义务关系。

2. 特征　卫生法律关系有如下特征:

第一,是在卫生管理和医疗卫生预防保健服务过程中,基于保障和维护人体健康而结成的法律关系。其他法律关系尽管也可能涉及卫生领域,但它不会始终全面地关注人的健康权问题。而卫生法律关系无论是在卫生行政管理中形成的,或者是在卫生服务中形成的,还是在生产经营过程中形成的,其内容都体现了个人和社会的健康利益,其宗旨都是为了保障人类健康。

第二,是由卫生法所确认和调整的社会关系,必须以相应的卫生法律规范的存在为前提。国家为了确保公共卫生安全和人体健康,通过卫生立法,对那些直接关系人体健康的卫生关系应如何建立、必须具备哪些条件、该怎样正常有序地运转加以具体规定,保护其不受非法行为的侵害。当这些卫生关系为卫生法所确认和保护时,就上升为卫生法律关系,具有卫生法律的形式。

第三,是一种纵横交错的法律关系。这一特点,是由卫生法所调整的卫生行政部门与卫生机构、其他行政相对人之间的关系的不平等性和医疗卫生机构等在提供卫生服务或保证卫生服务的过程中与接受服务者之间的关系的平等性所决定的。

(二)卫生法律关系的分类

在卫生法律关系中,根据当事人之间权利义务内容的发生是否取决于当事人的自愿为标准,可以将卫生法律关系区分为平等主体间的卫生法律关系和非平等性的卫生法律关系。

1. 平等主体间的卫生法律关系　也称为横向卫生法律关系,是指医药卫生单位同国家机关、企事业单位、社会组织和公民之间,在医药卫生服务过程中所发生的权利义务关系。在这种法律关系中,双方当事人的地位是平等的,每一方当事人既享有一定的权利,又承担一定的义务,当事人所享有的权利和所承担的义务是对等的。如药品器械的生产者、经营者与相关产品的用户、消费者之间的关系,医疗机构与病患之间基于医疗服务所形成的关系。这都是平等层次的卫生法律关系,这种法律关系不是基于一方对于另一方的强迫命令而产生的,而是基于自愿而形成的。

2. 非平等性的卫生法律关系　也称为纵向法律关系,是指国家机关、企事业单位、社会组织和公民在卫生管理过程中形成的权利义务关系。在这种法律关系中,当事人的法律地位是不平等的,属于隶属关系。如存在于医药卫生行政机关或者医药企事业单位内部的具有职务关系的上下级之间的隶属关系,卫生管理机关与职权范围内的行政相对人之间基于管理职权的行使所形成的卫生行政法律关系。当事人在这种法律关系中的权利义务不对等，是命令与服从的关系。

（三）卫生法律关系的构成要素

卫生法律关系由主体、内容、客体三个要素组成。

1. 卫生法律关系的主体

卫生法律关系的主体，是指卫生法律关系的当事人或参加者，即在卫生法律关系中享有权利并承担义务的人。在我国，卫生法律关系的主体包括：第一，国家机关，主要有各级卫生行政管理部门、各级药政监督管理部门、卫生检疫部门等依法具有卫生管理职责的机关和部门。第二，企事业单位，包括卫生企事业单位和一般企事业单位。第三，社会团体，如中国红十字会、中华医学会、中国农村卫生协会、医师协会等单位。第四，自然人，包括中国公民和在中国境内的外国人和无国籍人。

2. 卫生法律关系的内容　卫生法律关系的内容，是指卫生法律关系主体依法所享有的权利和承担的义务。

法律权利，是指卫生法律关系中的权利主体依法所享有的某种能力或利益。它表现为在卫生法规定的范围内，权利主体可以作出某种行为或不作出某种行为，或有权要求他人作出或不作出某种行为。如果权利主体的卫生权利遭受侵害或者义务主体不履行卫生义务，权利主体可以请求人民法院给予法律保护。

法律义务，是指卫生法律关系中的义务主体应当这样行为或不应当这样行为的限制或约束。它表现为义务主体应当依据卫生法的规定为一定行为或者不为一定行为，以便实现权利主体的某种利益。这是一种法定义务，受到国家强制力的约束，如果义务主体不履行或者不适当履行义务，就要承担相应的法律责任。

法律权利和法律义务是相辅相成、辩证的对立统一关系。世界上没有绝对的权利，也没有绝对的义务，它们从不同的角度来表现同一个卫生法律关系的具体内容。

3. 卫生法律关系的客体　卫生法律关系的客体，是指卫生法律关系主体的权利和义务所指向的对象。它主要包括：

第一，行为。指卫生法律关系中卫生法律关系主体行使权利和履行义务的活动，包括作为（积极行为）和不作为（消极行为）。前者是指以积极的身体活动所实施的行为；后者是指不实施依法有义务实施的行为。

第二，物。指能够被人所支配、利用，具有一定价值和使用价值的有形物，如食品、药品、化妆品、医疗器械等。

第三，智力成果。指人们脑力劳动所创造的成果，如学术著作、学术论文、专利、发明等。智力成果可以转换成一定的物质财富。

（四）卫生法律关系的产生、变更和消灭

卫生法律关系的产生、变更和消灭，均以相应的卫生法律规范的存在为前提。产生，是指卫生法律关系主体间形成了权利与义务关系；变更，是指卫生法律关系主体、内容或客体发生了变化；消灭，是指卫生法律关系主体间的权利与义务关系完全终止。

能够促使卫生法律关系产生、变更和消灭的前提条件，就是法律事实。依是否以人们的意志为转移作标准，可以将法律事实分为两大类，即法律事件和法律行为。法律事件是指导致一定法律后果而又不以人们意志为转移的特定社会现象，如人的出生、死亡、洪水、地震、传染病流行等。法律行为是指基于人们的意思表示并可以发生法律后果的行为，包括合法行为和违法行为。

（李娜玲）

第三节 卫生法的基本原则

【案例 1-2】

　　李某出身于七台河市桃山区万宝河镇一个农民家庭，年轻时曾经当过一段时间的"赤脚医生"，粗通一点医学知识，并真的治好了一批病人。近几年由于年老体弱，难以从事农村体力活了，于是便操起了"赤脚医生"的老本行。对其非法行医行为，区卫生行政部门分别在2006年10月和2008年7月两次给予行政处罚。在第二次对其处罚时有关人员明确警告他，如果再一次发现他非法行医，将移送公安机关追究非法行医罪的刑事责任。此后，李某下决心不干了，也曾有几个乡亲找到他要求打针配药也都被他回绝了。

　　2008年10月19日晚上六点多钟，同村农民田某突然跑到家来找李某，说是他12岁的儿子不知道吃什么东西卡住了气管，人眼看就要不行了，求李某去给想办法救一救。李某说自己也没有什么办法，没有医生资格也不能随便想什么办法。但由于想到救人要紧还是去了。来到现场后，李某见孩子呼吸、心跳已经停止，他知道县医院的救护车赶到至少也要50分钟，孩子肯定性命不保了。在孩子父母等亲人的哀求下，李某果断地为孩子实施了简易的气管切开手术。很快，手术见效了，孩子有了心跳和呼吸。果然50分钟之后，救护车也赶到了。孩子的性命保住了，但却半身瘫痪。医院的诊断结果认为是最初实施的气管切开手术不当导致的结果。县卫生行政部门知道这一情况后，将情况报告给公安机关，公安机关以李某的行为涉嫌非法行医罪立案侦查后向检察机关移送起诉。

　　法院认为被告人李某虽然没有取得医生执业资格，并在手术过程中造成被害人半身瘫痪，表面上符合非法行医罪的构成要件，但是其是在被害人生命危急的关头，不得已为其采取简易的气管切开手术，其行为是为了保护较大的法益，即人的生命权，符合紧急避险的要件，故对公诉机关指控被告人犯非法行医罪的理由不予支持。根据《刑法》第20条的规定，判决被告人李某无罪。[1]

一、卫生法基本原则概述

（一）卫生法基本原则的概念

　　基本原则体现着法的根本价值。同样的，卫生法的基本原则作为联系卫生法理念与规则的桥梁，也必须一方面指导着卫生法规则的建立，另一方面体现着卫生法所要表达和追求的特殊价值。换言之，卫生法的基本原则是卫生法理念的载体和重现。

　　卫生法的基本原则，是指效力贯穿于整个卫生法律关系，集中体现着卫生法的目的和价值，对卫生法规范的制定与实施具有普遍指导和规制作用的根本性法律准则。

（二）卫生法基本原则的功能

　　卫生法的基本原则不单纯是一个理论问题，它还对卫生法律实践活动起着不可替代的多种功能。具体而言，主要包括：

　　1. 指导和指针功能　卫生法基本原则的指导功能主要呈现于以下领域：一是立法指导，即指导着卫生法的制定、修改、废止。卫生法律规范的制定，无论是立法机关或行政机关，在本质上都是运用立法权进行的具有法律效力的立法活动，在缺乏法律规范意义上的上位法时，应以卫生法基本原则作为立法依据，确立其立法目的、组织和架构规则体系。同时，卫生法规范的修改、废止也要与基本原则保持一致。二是卫生法的基本原则可以指导卫生法规范的实

---

[1] 付建国，赵春岭. 本案赤脚医生救命伤人如何定性? 人民法院网. [2009-03-09]. http：//www.chinacourt.org/article/detail/2009/03/id/348433.shtml

施，指导卫生执法和卫生司法活动，防止卫生执法和卫生司法出现错误和偏差。

2．补充适用和解释功能　法律是人类理性的高度凝结，而人类主观认识的局限性以及社会生活的千变万化，都导致立法活动的滞后和疏漏。卫生法系调整公民生命健康法律关系的所有法律规范，非以一部法典所能囊括，而卫生法的发展又与科技进步、医学水平的不断提高休戚相关，当卫生法规范无法应对现实社会生活的挑战时，卫生法基本原则必须担负起弥补卫生法规范的不足、直接充当卫生执法或审判依据、消解社会现实与立法有限之间矛盾的使命。

卫生法基本原则的意义主要体现在法律规范没有规定或法律规范的规定存在冲突之时，可以代替法律规范作为法官作出判决的依据。在法律规范缺失的情形下，法官可以而且应该以合目的性和合理性的精神，从卫生法基本原则中推导出派生的法律规则，以此来否定或证成某种法律行为和法律关系。在卫生法规范的含义不明或者社会实践发生变化，需要提出解决方案时，以卫生法基本原则为标准对同一层级不同规范、不同层级类似规范之间的冲突提供有效合理的解释，为疑难案件的处理和裁决提供理性的阐释依据和法理推理前提，避免执法人员和司法人员在适用法律上所面临的困顿，提高裁决的公信力。

3．规制和限制功能　当下法律规范体系庞杂、数目繁多，易粗不易细的立法潜原则以及法律规范自身的不明确、不确定，导致无论是行政机关执法还是司法机关司法，预留裁量余地的问题凸现。法律适用者既可能在法律的指导下进行理性的思维活动，依法裁定案件，也可能在个性、习性、直觉、偏见等非理性的因素影响下作出错误的判决，使法律丧失可预测性。对国家权力的行使者进行限制，使其自觉而有节制地运用权力，规制裁量权于合理范围之内，就必须引入卫生法基本原则作为衡量和鉴定各类主体的行为合法与否、适当与否的标尺，以实现卫生法的立法意图。权力的行使需要具有灵活的裁量权以应对社会生活各种各样的变化，基本原则正是规制和限制权力滥用的有效方式。

4．说明和教示功能　卫生法基本原则有助于人们对卫生法的学习、理解和掌握。卫生法基本原则最直接、最集中地体现卫生法的精髓和观念，描述卫生法的基本价值，为守法者描绘一幅最直观、最便捷的掌握和理解卫生法内涵的画卷，而非晦涩难懂、漫无边际的以具体权利义务为内容的规范系统。通过对卫生法基本原则的说明和教示，人们提纲挈领地领会卫生法涵摄范围，清楚地领悟卫生法与其他部门法的差别。卫生法基本原则是教育、指示人们了解卫生法律制度整体的切入点，是人们对卫生法律制度的信赖和尊重的价值支撑点，为人们尊重法律、遵守法律编写了一部简洁干练的读本。

（三）卫生法基本原则的确立标准

对基础理论的重视并最终形成，标志着一门学科的独立和成熟。对卫生法基本原则这一基础理论的研究和讨论，是卫生法形成独立法律部门不可逾越的必由之路。哪些才能作为卫生法的基本原则，首先需要具体而明确的确立标准。

卫生法基本原则的确立，需要从卫生法自身的特点出发，不仅应提示卫生法的外在表现，更需要注重卫生法的内在价值追求和目标；不仅应明确基本原则的指导意义，还应认识到基本原则的补充、制约功能。卫生法的基本原则应该具备法规范所具有的形式要件。但真正理解卫生法基本原则的确立标准，必须找出其实质标准。通过对卫生法基本原则的解读，可以看出卫生法基本原则确立的实质标准应当包括两方面的判断依据。

1．效力的普遍性和贯穿性　即卫生法的基本原则适用于卫生法各种规范之中，卫生立法、卫生执法、司法机关对卫生争议案件的处理都应当遵守卫生法的基本原则。这一特点是卫生法基本原则与具体原则的主要区别。卫生法规范中的具体原则只是在卫生法的某一领域内发挥效能，如知情同意原则，仅是医疗法所必须遵从的原则，而无法适用于所有的卫生法律体系中。卫生法基本原则的效力高于卫生法规范中的具体原则，此类具体原则的内容必须符合卫生法基本原则的精神而不能有所超越，否则需要予以修订。卫生法基本原则在卫生法各领域中属于绝对原则,成就此领域内的高位阶效力。

2. 内容的特殊性和根本性　如何体现其内容的根本性,需要从卫生法的立法目的、价值追求之间的关系上判断。卫生法所要追求的最根本的价值是保障公民的生命健康权,所有的卫生法规范均围绕这一核心展开和确立,并体现着这一价值目标。卫生法是保障公民生命健康权的法,因此卫生法的基本原则主要是关于生命健康权的存在、行使和获得保障的准则,其基本内容是公民的生命健康权如何得到最好的保障和最终的实现的法理要求。正是因为卫生法基本原则的根本性和特殊性,才能使其与具体原则区别开来。同时,也将卫生法基本原则与宪法原则、行政法原则、民法原则等部门法原则区别开来,体现卫生法特殊的价值目标。

二、卫生法基本原则的具体介绍

(一)保障公民生命健康权原则

健康权作为一项独立权利首次被确定于区域性人权公约——1988年的《美洲人权公约附加议定书》(即《圣萨尔瓦多议定书》),其第10条提出,人人享有健康权,而健康权理解为享受最高水准的生理、心理和社会福祉。[1] 2000年5月,联合国经济、社会和文化权利委员会于日内瓦针对《经济、社会和文化权利公约》第12条发表的第14号一般性意见作为国际性公约提出了健康权概念,即享有能达到的最高健康标准的权利。[2] 第32届世界卫生大会通过的《阿拉木图宣言》中明确指出"健康权是一项基本人权"。

生命健康权在我国作为一项法律权利存在已无争议。单纯就我国宪法规定而言,生命权、健康权并非文本意义上的宪法权利,而是国际人权公约以及区域性人权公约的规定。我国宪法条文中无独立的关于健康权的明文规定,只规定了相关的保障措施。如《宪法》第21条规定了国家保障一般公民健康的举措,第25条、第42条、第45条承认了国家在维护健康方面的责任,第36条、第49条规定了特定公民的健康保障。[3] 但这些条文并没有明确提出健康权概念,只是一些与健康相关权利的设定。

生命权的权利范围相对明确,生命的存在与否有着实证判断的标准和依据,主要涉及生与死两个方面的权利范畴,包括生命权是否可随意剥夺、出生的确定标准、死亡的确定标准、公民是否有选择死亡的权利等。而健康权作为一项母权利,派生出其他法律权利并由此构成统一、客观的规范秩序。在健康权概念之下,涉及的权利并不统一,多由相关公约加以规范,包括卫生保健权和医药治疗权,公共卫生权,医药保健权,卫生保护权,获得安全饮用水和卫生设施权,适当的生活标准和住房,安全健康环境权,安全健康的工作场所以及对怀孕妇女得到工作场所保护不受伤害的权利,受教育以及获取与健康相关资讯的权利等项派生权利。[4]

保障公民生命、健康权原则,作为卫生法基本原则,要求一切与公民生命、健康相关的活动都应当遵循这一准则。这一原则包括如下内容:①尊重和保障公民生命权和健康权不仅是每个公民的义务,更是国家责无旁贷的责任。一切机关、组织和个人都必须将尊重和保障公民的生命、健康权放在其行为和活动的首位,一切与公民生命、健康相关的医药卫生活动均必须依这一原则展开。②尊重和保障生命、健康权意味着对于生命、健康权的保护,国家既负有消极义务也负有积极义务。换言之,既包括尊重生命、健康权,国家采取消极不侵犯的态度对待公民的生命、健康权,也包括保障和实现生命、健康权,即国家具有积极保障公民生命、健康权

---

[1]《美洲人权公约》即 American Convention on Human Rights (1969)。
[2] UN Committee on Economic, Social and Cultural Rights. General Comment No. 14:The right to the highest attainable standard of health. [2000-08-11]. http://www.nesri.org/resources/general-comment-no-14-the-right-to-the-highest-attainable-standard-of-health.
[3] 杜承铭,谢敏贤. 论健康权的宪法权利属性及实现. 河北法学,2007,1:64-67.
[4] 雷娟. 地图理论:审视人权公约与宪法关系新路径——以健康权为分析对象. 前沿,2010,13:107.

利实现的义务。③立法机关应以尊重和保护公民生命、健康权为出发点，根据我国经济发展水平和公民对生命健康的要求，及时制定、修改和完善相关卫生立法，以保障公民生命、健康权有法可依，有法可循。④所有侵犯公民生命、健康权的行为，无论是由公民、法人或其他组织实施的，还是由代表国家行使公权力的各国家机关及其工作人员实施的，都应依法承担相应的刑事、民事、行政责任。这一基本原则贯穿于卫生法的各个环节和领域，包括立法环节、执法环节、司法环节、卫生法运行和实施环节。⑤在具体案件中如何适用法律存在争议时，尊重和保护公民生命、健康权原则，应是争议解决的首要推理依据，以此为出发点来解决纠纷、解释法律。

（二）国家卫生监督原则

受市场经济利益机制的驱使，在食品、药品、化妆品、医疗用品等领域，违反法律、法规规定的制假造假、滥用等侵犯公民生命健康的现象大量存在，这些都要求我们必须把卫生行政主体监督与其他机关监督、社会监督、群众监督紧密结合起来，加大监督力度。

国家卫生监督原则是指国家卫生行政机关或法律、法规、规章授权的行使卫生职能的组织等卫生行政主体，对公民、法人或者其他组织执行国家颁布的卫生法律、法规、规章以及规范性文件的情况进行督促、检查和管理，掌握其守法情况，并促使其履行义务的准则。公民、法人或者其他组织，其行为都应受到法律控制，符合法律要求，否则行为本身可能被撤销，并承担相应的违法责任。国家卫生监督原则强调国家保障公民生命健康权义务实现的过程和步骤。

国家卫生监督原则要求：①其他机关遵守法律约束。除了卫生行政管理机关外，立法机关、司法机关作为国家机关一样负有遵守法律约束的职责。立法机关应及时对违宪、违反上位法的法律以及过时的法律进行清理，需要废止的及时废止，需要修订的适时修订，根据立法规划制定相应卫生立法征求意见稿和草案并依法定程序审议通过。司法机关应本着保护公民生命、健康权的原则根据法律规定对卫生民事案件、卫生刑事案件以及卫生行政案件进行审理和裁判。②公民、法人或其他组织作为平权法律关系主体，同样负有遵守法律的义务。无论在卫生民事法律关系、卫生行政法律关系以及卫生刑事法律关系中，均应遵守平等自愿、诚实信用等基本准则，按照法律预设的内容，享有权利，履行义务。医务人员应履行法律规定的诊疗义务，遵循基本操作规范，遵守法律和职业规范。

卫生行政主体应开展定期监督、经常监督、联合监督、单独监督，采取调卷审查、实地检查、登记统计等方式，掌握行政相对人守法情况，担负其服务和管制职能。

（三）保障和依赖科技进步原则

随着近代细菌学说的出现，医学技术快速发展，为法律的完善提供了科学依据，同时也令法律面对前所未有的挑战。一方面，公民健康权的实现依赖于医学科技的进步，另一方面，公民健康权实现与医学科技进步间有着无法调和的矛盾。

保障和依赖科技进步原则是指在防病治病活动中，高度重视当今科学技术的发展和作用，不断提高医学预防和治疗技能以及医疗器械设备的现代化，推动医学科学研究和实践，最终实现对公民生命健康权益的维护。此原则从医学对人类的积极影响、科技造福于人类的角度提出。科技进步对各个领域，尤其是医学领域和公民生命健康权保护领域，产生着不容忽视的影响。保障和信赖科技进步原则具体体现在：①保障科学创造和创新自由权利，加大医学科技投入，保障医学科研秩序，维护医学科研人员的合法利益。②及时跟进医学发展水平，适时制定和修改相关法律，保障医学科技研究的环境和成果推动。③在医学科技进步与公民生命健康权发生冲突时，突出生命健康权的绝对价值，法律须明确禁止一切以侵犯公民生命健康权为代价的医学研究。

克隆人、器官移植、辅助生殖、脑死亡、基因等一系列现象的出现，提高了卫生领域的立法速度及立法水平，如《人工辅助生殖技术管理办法》、《人体器官移植条例》的相继出台。

同时也展现了法律自身滞后性和有限性的弊端，如脑死亡问题，法律一直没有作出回应，代孕生殖的完全禁止无法满足社会的客观需求等。这些都需要卫生立法部门、卫生行政管理部门、司法部门在保障和依赖科技进步原则的指导下，协同作业，分工负责，共同面临和应对科技带给法律的挑战。

（四）预防为主原则

新中国成立前红军初建时期，我党即提出"对于疾病，着重预防"的指导思想，预防为主原则初见雏形。新中国成立后，1949年9月召开的全国卫生行政会议上，暂定"预防为主"方针为建国初期卫生工作的试行方针。在1950年和1952年由中央人民政府卫生部召开的第一、第二次全国卫生会议肯定了"预防为主"方针的正确性。[1]之后我国卫生工作一直坚持预防为主的方针，从病后治疗转向病前预防，在改善城乡环境卫生状况，妇女儿童保健，防治传染病、地方病、寄生虫病、职业病、非传染性慢性病、公共卫生突发事件应对等方面，在卫生立法、卫生监督以及预防医学科研等领域得到贯彻实施。

预防为主原则是指以维护公民健康为目的的各项卫生活动中，应坚持防治结合、预防为主的方针，始终坚持把预防工作放在卫生立法、卫生行政和司法首位的准则。近年来全球范围内非传染性慢性疾病逐渐取代传染病成为导致人类患病以及死亡的主要原因，应对慢性疾病是一个更强调个人饮食习惯、生活习惯、行为方式、环境和心理因素等的系统工程。这一系统工程要求：①政府应当将预防和保健作为医疗改革和国民健康的总体规划目标，增强全民预防保健的意识，加强公民的预防保健工作。②加大卫生基本建设，通过加大体育基础建设力度，包括城市和农村体育健身器材的投放，体育场馆等基层公共体育设施的建设，促进全民健康发展，提高全民身体素质以预防和控制疾病。③加强母婴保健、传染病的控制与预防、食物中毒、职业病的预防，将孕产期优生筛查及儿童的计划免疫纳入基本医疗卫生服务体系，免费提供以保护和增进人口健康和质量，提高公共卫生服务水平。④重视与公民生命健康相关产品、服务的市场准入与市场监管，强化对工业发展带来的危害公民健康的新因素的管理，尤其是环境、食品药品、饮用水等生活必需品的安全管理。⑤建立国家公共卫生监测系统，进行公共卫生学监测、流行病学监测，提出预防控制对策。根据监测结果及时制定和调整与疾病预防控制和公共卫生相关的法律、法规、规章、政策、标准和疾病防治规划等。建立重大公共卫生问题的应急反应系统，以做到防治结合，预防为主。

在立法上，我国预防保健法律日益完善，目前已经制定有《卫生检疫法》《传染病防治法》《艾滋病防治条例》《母婴保健法》《职业病防治法》《国境卫生检疫法》等法律法规。在行政上，强化政府的指导监督功能，引导和示范正确的生活习惯和行为方式，加大监督卫生预防执法力度。在司法上，《刑法修正案（八）》提高危害食品安全的法定刑，增设食品监管渎职罪，侧重对危害公众健康行为的打击力度。

（五）注重医学伦理原则

从卫生法的历史发展过程我们能够得出这样的结论：卫生法长期以来吸收了大量伦理道德规则，注重伦理至今为止依然是国际卫生组织制定行为规范的准则，也应成为我国制定卫生法规范的基本准则。这一原则及其要求是指，国家在制定卫生法规范以及确立卫生政策时，必须增加伦理参数的权重；在卫生资源配置领域，增强医学伦理以实现其合理和优化；在医疗保险制度领域，注重伦理导向；在医患关系中，得到医生的践行和医疗机构的承诺；在医疗纠纷处理中，用法制实现公正；在科学技术领域，伦理优先。[2]

该原则具体包括：①立法过程中关注医学伦理。在卫生立法过程中，立法机关必须充分

---

[1] 李伶. 中国"预防为主"卫生工作方针诞生记——访博士将军涂通今. 党史博览，2003，10：43-46.
[2] 赵红征，齐华先. 对新世纪医学伦理若干应用问题的前瞻. 中国卫生经济，2000，7：18-20.

考虑医学伦理因素和标准，以适当的形式将医学伦理的根本原则吸纳入法律。在涉及人的生物医学和临床研究领域，应遵循《赫尔辛基宣言》所确立的医学研究的基本原则，特别需要强化伦理委员会的组织结构、功能职责、遴选程序、退出机制和法律责任，使伦理委员会真正成为预防医疗违法和犯罪行为的第一道防线，保证公民的知情同意权和知情选择权的实现。在医疗资源配置领域，医疗机构设置和医疗人员分配上应突出医学伦理原则。在器官移植领域，现行活体器官移植仅在亲属之间开放，应充分考虑我国医学伦理委员会学术年会所提出的《器官移植的伦理原则》，对非亲属间器官移植的法律问题作出回应。在医务人员职业道德建设方面，应将医务人员职业道德法制化，通过法律责任来强化医务人员的道德责任。关注医学伦理还强调在医学科技发展与法律滞后发生冲突时，应以人为本，以保障公民生命、健康权为价值取向，在进行充分地伦理论证后再涉及法律应对。同时加重违反医学伦理原则侵犯人体生命健康权行为的法律责任，尤其是刑法责任。②执法过程中侧重医学伦理。法律要得到全面正确地贯彻，制定的法律都是良法只是前提，还需要法律得到很好的执行。因此，行政机关在执法过程中是否充分认识到医学伦理的重要性，关系到卫生法的实施效果。卫生行政管理机关以及其他执法机关，在执法活动中，应注重科学家的责任不单纯是研究成果，更应考察科学应用所引发的伦理困境和难题，防患于未然。同时，由于行政权的灵活性和直接性，及时解决社会生活中出现的矛盾时，应充分重视人的尊严，将伦理效果与法律效果相结合进行利益权衡。③司法过程中重视医学伦理。司法是正义的最后一道防线。法院在处理卫生争议时，应充分考察其中所涉及的医学伦理，以切勿伤害、利益病患、病人自主、公平公正的医学伦理原则[1]为逻辑推理依据，作出符合医学伦理考量的利益衡量裁决。在新类型的疑难案件处理过程中，应以医学伦理为判决衡量依据，将医学伦理作为审理案件时应遵循的根本准则之一。④守法过程中强调医学伦理。主要有三方面含义：第一，作为身体权利主体的公民对自己的身体处分应遵循伦理义务。"由于人是社会生产力的要素之一，因而其对自己身体的处分在很大程度上涉及整个社会的利益，因此，人负有不得随意伤害或处置其身体的伦理义务。"[2]第二，公民在作出行为选择时应履行守法伦理义务。作为平权卫生法律关系主体的公民、法人或其他组织，只有通过守法才能使抽象的卫生法律规范转化为具体的现实法律活动，使权利被享有、义务被履行、禁令被遵守。"正义是社会制度的首要美德，正如真理之于思想体系一样。"[3]个人对正义的把握和追求是正义作为社会制度的首要美德实现的基础。第三，公民在作出行为时应遵循医学伦理要求，对他人的生命、健康予以尊重。对医学伦理的尊重即是对生命的尊重，对人自身的尊重。无论医务人员还是生产健康相关产品的企业以及每个公民个体，都应将注重医学伦理当做处理人与人、人与社会相互关系时应遵循的道德和行为准则，对医学伦理以及包括医学伦理的法律普遍信仰和自觉遵守。

（雷　娟）

第四节　卫生法律责任

【案例1-3】

2005年6月8日，产妇阮某在云南省昆明市某医院做完剖宫产手术后，出现子宫大出血，

---

[1] 戴正德. 东西方医学伦理思维之共通性. 医学与哲学，2007，9：12-13.
[2] 刘长秋. 器官移植法研究，北京：法律出版社，2005：31.
[3] John Rawls. A theory of justice. Cambridge：the Belknap Press of Harvard University Press，1999：3.

需紧急输血。当时,医院没有储存 AB 型血,寻找义务献血者又未果。医院院长在电话征得区卫生局领导同意的情况下,同意主治医生卢某义务献血 200 毫升,使阮某转危为安。8 月 15 日,该医院接到省卫生厅开具的《行政处罚决定书》,认定该医院无采供血许可证,采供血行为系违法行为,责令该医院立即整改,并处以 6 万元罚款。[1]

一、卫生法律责任概述

(一)卫生法律责任的概念与特征

法律责任是指由特定事实引起的,对损害予以补偿、强制履行或接受惩罚的特殊义务。[2] 可见,对于法律责任的承担者而言,法律责任意味着强制、负担和痛苦。在我国,依据法律关系的不同类型,法律责任可分为违宪责任、民事责任、行政责任和刑事责任。卫生法律责任,顾名思义,就是因医疗卫生领域的法律关系而产生的法律义务。在我国司法实践中,常见的卫生法律责任是民事责任、行政责任和刑事责任,分别来源于卫生民事法律关系、卫生行政法律关系和卫生刑事法律关系。

卫生民事法律关系是指卫生行政机关、医疗卫生机构及组织、有关企事业单位、社会团体和自然人向社会公众提供的医药预防保健服务、卫生咨询服务、卫生设施服务等活动。这种关系表现为提供服务和接受服务的平等主体之间的民事权利与义务关系强调各方的平等、意思自治、等价有偿。卫生行政法律关系是指卫生行政主体行使行政职能和接受行政法制监督而与卫生行政相对人、行政法制监督主体之间发生的各种关系,以及行政主体内部发生的各种关系。卫生刑事法律关系是指国家对医疗卫生活动中的犯罪行为进行追究制裁时发生的关系。[3]

综上,卫生法律责任有四个特征:①卫生法律责任是违反卫生法律规范的后果。②卫生法律责任基于卫生法律、法规和规章的明确规定。③卫生法律责任以国家强制力作为后盾。④卫生法律责任必须由国家授权的专门机关在法定职权围内依法予以追究。[4]

(二)卫生法律责任的种类

如前所述,常见的卫生法律责任有如下三种。

第一,民事责任。民事责任是一种特别债,由国家公权力保障其实施。[5] 根据我国《民法通则》的规定,民事责任的承担方式为:①停止侵害;②排除妨碍;③消除危险;④返还财产;⑤恢复原状;⑥修理、重作、更换;⑦赔偿损失;⑧支付违约金;⑨消除影响、恢复名誉;⑩赔礼道歉。以上承担民事责任的方式,可以单独适用,也可以合并适用。

第二,行政责任。行政责任是指行政主体因违反行政法律规范而依法必须承担的法律责任。它是行政违法以及部分行政不当所引起的法律后果。行政责任的承担形式主要有:承认错误、赔礼道歉;恢复名誉、消除影响;履行职务;撤销违法;纠正不当;返还权益;恢复原状;行政赔偿。以上承担方式,可以单独适用,也可以合并适用。[6]

第三,刑事责任。刑事责任是指行为人因其犯罪行为所应承受的,代表国家的司法机关根据刑事法律对该行为所作的否定评价和对行为人进行的谴责的责任。[7] 我国《刑法》规定,承担刑事责任的方式有刑罚、非刑罚处罚方法和单纯宣告有罪。

---

[1] 陈鹏,丁观有,马志恒. 医生献血医院受罚,情法之争碰撞现行采供血制度. 搜狐网. [2005-09-13] http://news.sohu.com/20050913/n226949208.shtml.
[2] 张文显. 法理学. 3 版. 北京:高等教育出版社,2007:168.
[3] 吴江生,苏玉菊. 医疗卫生法律关系之探析. 海南医学院学报,2009,5:528-530.
[4] 吴崇其. 卫生法学. 北京:法律出版社,2005:121.
[5] 梁慧星. 民法总论. 3 版. 北京:法律出版社,2007:87.
[6] 胡建淼. 行政法学. 2 版. 北京:法律出版社,2003:463.
[7] 张明楷. 刑法学. 3 版. 北京:法律出版社,2007:386.

我国《执业医师法》第 39 条规定："未经批准擅自开办医疗机构行医或者非医师行医的，由县级以上人民政府卫生行政部门予以取缔，没收其违法所得及其药品、器械，并处十万元以下的罚款；对医师吊销其执业证书；给患者造成损害的，依法承担赔偿责任；构成犯罪的，依法追究刑事责任。"实际上，该法条覆盖了三大法律责任。首先，"由县级以上人民政府卫生行政部门予以取缔，没收其违法所得及其药品、器械，并处十万元以下的罚款；对医师吊销其执业证书"为行政责任。其次，"给患者造成损害的，依法承担赔偿责任"为民事责任。最后，"构成犯罪的，依法追究刑事责任"为刑事责任。

二、卫生民事责任

卫生民事责任的构成必须同时具备以下要件：①具有违反卫生法律法规的行为；②有损害事实的存在；③行为人的行为与损害结果之间有因果关系；④行为人主观方面有过错。[1]

目前，卫生民事责任主要体现在我国《民法通则》《侵权责任法》和《执业医师法》等法律之中。例如，《侵权责任法》第 59 条规定："因药品、消毒药剂、医疗器械的缺陷，或者输入不合格的血液造成患者损害的，患者可以向生产者或者血液提供机构请求赔偿，也可以向医疗机构请求赔偿。患者向医疗机构请求赔偿的，医疗机构赔偿后，有权向负有责任的生产者或者血液提供机构追偿。"又如，《侵权责任法》第 62 条规定，"医疗机构及其医务人员应当对患者的隐私保密。泄露患者隐私或者未经患者同意公开其病历资料，造成患者损害的，应当承担侵权责任。"

三、卫生行政责任

卫生行政责任是指法律关系主体违反卫生法律、法规所确立的卫生行政管理秩序，尚未构成犯罪，所应承担的具有惩戒或制裁性的法律后果。[2]在我国，主要包括行政处罚和行政处分两种形式。

行政处罚，是指特定的行政主体依法对违反行政管理秩序而尚未构成犯罪的行政相对人（公民、法人或其他组织）所给予的行政制裁。[3]根据我国《行政处罚法》和相关卫生法律的规定，卫生行政处罚的种类主要有：警告、罚款、没收违法所得、没收非法财物、责令停产停业、暂扣或吊销有关许可证等。

行政处分，主要是对卫生行政机关或有关机关内部的执法人员、公务人员，及医疗卫生机构内部的医疗卫生人员违反卫生行政管理秩序所给予的一种制裁。例如，我国《执业医师法》第 36 条规定："以不正当手段取得医师执业证书的，由发给证书的卫生行政部门予以吊销；对负有直接责任的主管人员和其他直接责任人员，依法给予行政处分。"又如，《执业医师法》第 42 条规定："卫生行政部门工作人员或者医疗、预防、保健机构工作人员违反本法有关规定，弄虚作假、玩忽职守、滥用职权、徇私舞弊，尚不构成犯罪的，依法给予行政处分……"

四、卫生刑事责任

卫生刑事责任是指法律关系主体违反卫生法律规范，侵害了刑法所保护的社会关系，构成犯罪所应承担的法律后果。[4]在我国刑法典中，与卫生刑事责任有关的罪名主要有生产、销售伪劣商品罪、扰乱市场秩序罪、侵犯公民人身权利罪、危害公共卫生罪、渎职罪、军人违反职

---

[1] 吴崇其. 卫生法学. 北京：法律出版社，2005：125.
[2] 吴崇其. 卫生法学. 北京：法律出版社，2005：124.
[3] 胡建淼. 行政法学. 2 版. 北京：法律出版社，2003：289.
[4] 吴崇其. 卫生法学. 北京：法律出版社，2005：125.

责罪。其中，常见的罪名有故意杀人罪、医疗事故罪和非法行医罪。

第一，故意杀人罪。我国《刑法》第 232 条规定："故意杀人的，处死刑、无期徒刑或者十年以上有期徒刑；情节较轻的，处三年以上十年以下有期徒刑。"该罪名包括两种行为方式，一是以"不作为"的方式故意杀人。按照我国刑法理论的通说，医生在职务行为中可以涉嫌以不作为方式实施故意杀人罪，因为医生具有职务上要求的作为义务。[1]例如，当值医生甲明知不对危重病人进行紧急救治，病人将死亡。甲在能够救治的情况下，由于他与病人有过节或者有其他情况而没有施救导致病人死亡。二是以"作为"的方式杀人。一般认为，医生积极地以作为的方式实施安乐死的行为会涉嫌实施故意杀人罪。

第二，医疗事故罪。我国《刑法》第 335 条规定："医务人员由于严重不负责任，造成就诊人死亡或者严重损害就诊人身体健康的，处三年以下有期徒刑或者拘役。"若医务人员工作中违反医院规章制度，收受他人现金，出具虚假报告单，导致就诊人未能得到有效救治而死亡，其行为就可能构成医疗事故罪。

第三，非法行医罪。我国《刑法》第 336 条规定："未取得医生执业资格的人非法行医，情节严重的，处三年以下有期徒刑、拘役或者管制，并处或者单处罚金；严重损害就诊人身体健康的，处三年以上十年以下有期徒刑，并处罚金；造成就诊人死亡的，处十年以上有期徒刑，并处罚金。"

【案例 1-4】

邱某从 2001 年起就在深圳市罗湖区湖贝新村内私自开设未经注册的诊所非法行医。2005 年 8 月 30 日，被害人洪某感觉要分娩，就来到邱某的诊所内就诊。邱某检查后，给洪某注射葡萄糖和催产素针水。用药后，洪某感觉不适，并且身体出现异状，脸色不正常。邱某立即以喂开水及人工呼吸的方式对洪某实施抢救。不久，洪某肚子抽搐、嘴角流血，邱某心生惧意，随即让女婿拨打 120，自己则迅速离开现场。洪某在 120 到达现场后经抢救无效死亡。检方称，邱某在为洪某接生的过程中，使用催产素的方法极不规范，没有任何子宫收缩强弱记录，且无任何药物浓度的记录，在孕妇存在胎盘早期剥离的情况下仍使用催产素，导致洪某因羊水栓塞死亡。经公安机关网上通缉，逃亡 6 年后，邱某于 2011 年 9 月 15 日投案自首。邱某明知自己没有取得医生执业资格，却私自开设未经注册的诊所非法行医，在为被害人接生时滥用催产素，导致一尸两命的严重后果。罗湖区检察院以非法行医罪起诉邱某。[2]

（姜 雯）

问题与思考

1. 卫生法的概念和特征是什么？
2. 请结合案例，谈谈卫生法的调整对象有什么特点？具体范围有哪些？
3. 请结合案例，阐述卫生法律关系的特点和构成要素。
4. 请阐述国外卫生立法的历史演进。
5. 结合案例，分析基本原则与规则之间的相互关系。
6. 什么是卫生法的基本原则？
7. 如何理解基本原则的功能？

---

[1] 高铭暄．刑法专论．北京：高等教育出版社，2006：172.
[2] 张仁望，陈慧．嫌犯非法行医害死孕妇逃亡 6 年投案自首．搜狐网．[2013-07-25].
   http://health.sohu.com/20130725/n382558252.shtml

8．简述卫生法基本原则的确立标准。
9．如何理解尊重和保障公民生命权和健康权原则？
10．如何理解注重医学伦理原则？
11．如何理解卫生法律责任？

第二章 医疗卫生资源管理法律制度

【学习目标】

通过本章的学习,使学生掌握医疗卫生资源管理的法律、法规,把握医疗机构、卫生技术人员及大型医用设备的基本法律制度,并能运用相关法律、法规分析和解决医疗卫生资源管理中的实际问题。

1. 掌握:执业医师、执业护士、执业药师的职责;医疗机构的执业规则。
2. 理解:执业医师、执业护士与执业药师考试与注册的法律规定;医疗机构的执业要求及其监督和评审制度;大型医用设备的使用与监督管理规定。
3. 了解:执业医师、执业护士与执业药师的法律责任;医疗机构的设置审批程序及医疗机构的法律责任;大型医用设备的配置审批程序及违反大型医用设备管理法律制度的法律责任。

【案例 2-1】药店非法行医受处罚

2007年4月7日,某市卫生局接到某药店非法行医的举报后立即前往调查,发现一"医师"正在药店接诊患者。卫生执法人员对正在坐堂行医的情况当场予以拍照和录像,对药店负责人、行医者、就诊患者分别制作了询问笔录。经查证,该药店是某大药房有限公司的分店之一,取得有《工商营业执照》及《药品经营许可证》,未取得《医疗机构执业许可证》。该药店自2007年1月份就开始开展诊疗活动,招聘了一名医师。医师黄某取得了《医师资格证书》并在某县卫生局注册取得了《医师执业证书》。某市卫生局依据《执业医师法》第14条、《医疗机构管理条例》第24条、第44条及《医疗机构管理条例实施细则》第77条的规定,作出以下行政处罚决定:责令该药店立即停止执业活动,没收开展诊疗活动使用的药品、医疗器械,罚款4 000元,同时责令医师黄某停止执业活动。[1]

医疗卫生资源是指,在一定社会经济条件下,国家、社会和个人对卫生部门综合投资的总称。医疗卫生资源是人类开展医疗卫生活动的人力和物质技术基础,包括卫生硬资源和卫生软资源两大类。卫生硬资源是指医疗卫生人力资源、医疗卫生物力资源及医疗卫生财力资源等有形资源。卫生软资源是指医疗卫生技术资源、医疗卫生信息资源、医疗卫生管理资源、医疗卫生法规等无形资源。

第一节 卫生技术人员管理法律制度

卫生技术人员是我国医疗卫生工作的主力军。为了加强对卫生技术人员的管理,提高卫生技术人员的职业道德和业务素质,保护卫生技术人员的合法权益,保护人民健康,国家颁布了一系列法律法规。全国人大常委会于1998年6月颁布了《执业医师法》,并于1999年5

---

[1] 鞠小春,宋海涛,贺国春. 药店未取得《医疗机构执业许可证》开展诊疗活动受行政处罚案例分析. 首席医学网. [2008-12-23]. http://journal.9med.net/html/9ikan/dxxblyyyxyxb/20082271/wz/20081224092018872-45144.html.

月1日起施行；卫生部相继颁布实施了《卫生技术人员职务试行条例》（1981年）、《医院工作人员职责》（1982年）、《外国医师来华短期行医暂行管理办法》（1992年）、《医师执业注册暂行办法》（1999年）、《医师资格考试暂行办法》（1999年）、《关于医师执业注册中执业范围的暂行规定》（2001年）、《医师外出会诊管理暂行规定》（2005年）、《护士执业注册管理办法》（2008年）等。原卫生部、人力资源社会保障部于2010年又联合颁布了《护士执业资格考试办法》。国务院先后颁布了《乡村医生从业管理条例》（2003年）、《护士条例》（2008年）等。国家食品药品监督管理局颁布了《执业药师资格制度暂行规定》（1999年）、《执业药师资格考试实施办法》（1999年）、《执业药师注册管理暂行办法》（2000年）、《执业药师继续教育管理暂行办法》（2003年）、《关于执业药师注册管理暂行办法的补充意见》（2008年）等规范性文件。

一、卫生技术人员概述

卫生技术人员是指受过高等或中等医药卫生教育或培训，掌握相关医药卫生知识和技能，经卫生行政部门考试或考核合格并登记注册，从事医疗、预防、保健、药剂、护理、医技等专业的技术人员。

卫生技术人员依据其从事业务性质的不同，可分为医疗防疫人员、药剂人员、护理人员和其他卫生技术人员四类。

1．医疗防疫人员　从事医疗、卫生防疫、寄生虫及地方病防治、工业卫生、妇幼保健、计划生育等专业工作的中医（含民族医）、西医、中西医结合等人员。

2．药剂人员　从事药剂、药检人员，包括从事中药和西药专业的技术人员。

3．护理人员　在医院、门诊部和其他医疗预防机构中担任各种护理工作的人员。

4．其他卫生技术人员　从事检验、理疗、病理、口腔、同位素、放射、营养、机器维修及生物制品生产等专业的技术人员。

二、执业医师管理的法律规定

执业医师是指取得医师资格或者执业助理医师资格，经注册在医疗、预防、保健机构中执业的专业医务人员，包括计划生育服务机构的医师、乡村医生和来华暂时行医的外国医师。

（一）医师资格考试与注册管理

为加强医师队伍建设，提高医师的职业道德和业务素质，国家实行医师资格考试和医师执业注册制度。

1．医师资格考试　医师资格考试是世界各国普遍采用的行业准入形式，是评价申请医师资格者是否具备从事医师工作所必需的专业知识与技能的考试。医师资格考试实行国家统一考试，每年举行一次。考试种类分为执业医师资格考试和执业助理医师资格考试。

（1）报考的条件：①在执业医师指导下，在医疗、预防、保健机构中试用期满1年的；②取得执业助理《医师执业证书》后，具有高等学校医学专科学历，在医疗、预防、保健机构中工作满2年的；具有中等专业学校医学专业学历，在医疗、预防、保健机构中工作满5年的；③以师承方式学习传统医学满3年或者经多年实践医术确有专长的，经县级以上人民政府卫生行政部门确定的传统医学专业组织或者医疗、预防、保健机构考核合格并推荐的；④具有高等学校医学专科学历或者中等专业学校医学专业学历，在执业医师指导下，在医疗、预防、保健机构中试用期满1年的。其中具备上述第①②③种条件之一的，可以参加执业医师资格考试；具备上述第③④种条件之一的，以参加执业助理医师资格考试。

（2）考试结果：医师资格考试成绩合格者，取得执业医师资格或者执业助理医师资格。

2. 医师执业注册　取得医师资格的，可以向所在地县级以上人民政府卫生行政部门申请注册。卫生行政部门应当自收到申请之日起 30 日内准予注册，并发给由国务院卫生行政部门统一印制的《医师执业证书》。医师经注册后，方可在医疗、预防、保健机构中按照注册的执业地点、执业类别、执业范围，从事相应的医疗、预防、保健业务。未经医师注册取得执业证书，不得从事医师执业活动。

一般情况下，医师只能在一个医疗卫生机构中执业，但在多点执业试点地区，符合条件的医师经过申请注册，最多可以在 3 个执业地点从事执业活动。医师依法取得两个或两个类别以上医师资格的，除法律规定的特别情况外，只能选择一个类别及其中一个相应的专业作为执业范围进行注册，从事执业活动。医师注册后有下列情形之一的，不属于超范围执业：①对病人实施紧急医疗救护的，如医师在火车上抢救突发疾病的患者；②临床医师依据《住院医师规范化培训制度》和《全科医师规范化培训试行办法》等，进行临床转科的；③依据国家有关规定，经医疗、预防、保健机构批准的卫生支农、会诊、进修、学术交流、承担政府交办的任务和卫生行政部门批准的义诊等；④多点执业试点地区的医师依照规定进行多点执业的；⑤省级以上人民政府卫生行政部门规定的其他情形。

(1) 不予注册的规定：有下列情形之一的，不予注册：①不具有完全民事行为能力的；②因受刑事处罚，自刑罚执行完毕之日起至申请注册之日止不满 2 年的；③受吊销《医师执业证书》行政处罚，自处罚决定之日起至申请注册之日止不满 2 年的；④有国务院卫生行政部门规定的其他情形的。

(2) 变更注册的规定：医师变更执业地点、执业类别、执业范围等注册事项的，应当依法到准予注册的卫生行政部门办理变更注册手续。多点执业试点地区的医师拟进行多点执业的，应当向其多点执业机构所在地县级以上人民政府卫生行政部门提出申请，符合规定的，卫生行政部门予以批准并在其《医师执业证书》"变更注册记录"中增加执业地点，医师即可在注册的多个医疗、预防、保健机构中从事相应的执业活动。

(3) 注销注册的规定：医师注册后有下列情形之一的，其所在的医疗、预防、保健机构应当在 30 日内报告准予注册的卫生行政部门，卫生行政部门应当注销注册，收回《医师执业证书》：①死亡或者被宣告失踪的；②受刑事处罚的；③受吊销《医师执业证书》行政处罚的；④因参加医师定期考核不合格暂停执业活动期满，再次考核仍不合格的；⑤中止医师执业活动满 2 年的；⑥有国务院卫生行政部门规定的其他情形的。

(二) 医师的执业规则

1. 医师应当依法按照注册的执业地点、执业类别、执业范围，从事相应的医疗、预防、保健业务。

2. 医师实施医疗、预防、保健措施，签署有关医学证明文件，必须亲自诊查、调查，并按照规定及时填写医学文书，不得隐匿、伪造或者销毁医学文书及有关资料，不得出具与自己执业范围无关或者与执业类别不相符的医学证明文件。

3. 对急危患者，医师应当采取紧急措施进行诊治，不得拒绝急救处置。

4. 医师应当使用经国家有关部门批准使用的药品、消毒药剂和医疗器械。除正当诊断治疗外，不得使用麻醉药品、医疗用毒性药品、精神药品和放射性药品。

5. 医师应当如实向患者或者其家属介绍病情，但应注意避免对患者产生不利后果。医师进行实验性临床医疗，应当经医院批准并征得患者本人或者其家属同意。

6. 医师不得利用职务之便，索取、非法收受患者财物或者牟取其他不正当利益。

7. 遇有自然灾害、传染病流行、突发重大伤亡事故及其他严重威胁人民生命健康的紧急情况时，医师应当服从县级以上人民政府卫生行政部门的调遣。

8. 医师发生医疗事故，发现传染病疫情，发现患者涉嫌伤害事件或者非正常死亡时，应当按照有关规定及时向所在机构或者有关部门报告。

执业助理医师应当在执业医师的指导下，在医疗、预防、保健机构中按照其执业类别执业。在乡、民族乡、镇的医疗、预防、保健机构中工作的执业助理医师，可以根据医疗诊治的情况和需要，独立从事一般的执业活动。

（三）医师的考核和培训管理

1. 医师的考核　受县级以上人民政府卫生行政部门委托的有关机构或者组织应当依据《医师定期考核管理办法》的规定，对医师的业务水平、工作成绩和职业道德状况进行定期考核。医师定期考核每两年组织一次。

考核结果分为合格和不合格两种。考核机构应当将考核结果报告准予注册的卫生行政部门备案。考核不合格者，县级以上人民政府卫生行政部门可以责令其暂停执业活动3～6个月，并接受培训和继续医学教育。暂停执业活动期满，再次进行考核，考核仍不合格者，由县级以上人民政府卫生行政部门注销注册，收回《医师执业证书》。

2. 医师的培训　县级以上人民政府卫生行政部门应当制订医师培训计划，为医师接受继续医学教育提供条件。同时，采取有力措施，对在农村和少数民族地区从事医疗、预防、保健业务的医务人员实施培训。医师所在医疗、预防、保健机构和承担医师考核任务的医疗卫生机构，都应当为医师的培训和接受继续医学教育提供和创造条件。

（四）法律责任

1. 行政责任

（1）以不正当手段取得《医师执业证书》的，由发给证书的卫生行政部门予以吊销；对负有直接责任的主管人员和其他直接责任人员，依法给予行政处分。

（2）医师在执业活动中，有下列行为之一的，由县级以上人民政府卫生行政部门给予警告或者责令暂停6个月以上1年以下执业活动；情节严重的，吊销其执业证书：

①违反卫生行政规章制度或者技术操作规范，造成严重后果的；②由于不负责任延误急危患者的抢救和诊治，造成严重后果的；③造成医疗责任事故的；④未经亲自诊查、调查，签署诊断、治疗、流行病学等证明文件或者有关出生、死亡等证明文件的；⑤隐匿、伪造或者擅自销毁医学文书及有关资料的；⑥使用未经批准使用的药品、消毒药剂和医疗器械的；⑦不按照规定使用麻醉药品、医疗用毒性药品、精神药品和放射性药品的；⑧未经患者或者其家属同意，对患者进行实验性临床医疗的；⑨泄露患者隐私，造成严重后果的；⑩利用职务之便，索取、非法收受患者财物或者牟取其他不正当利益的；⑪发生自然灾害、传染病流行、突发重大伤亡事故以及其他严重威胁人民生命健康的紧急情况时，不服从卫生行政部门调遣的；⑫发生医疗事故或者发现传染病疫情，患者涉嫌伤害事件或者非正常死亡，不按照规定报告的。

（3）未经批准擅自开办医疗机构行医或者非医师行医的，由县级以上人民政府卫生行政部门予以取缔，没收其违法所得及其药品、器械，并处10万元以下的罚款，对医师吊销其执业证书。

（4）阻碍医师依法执业，侮辱、诽谤、威胁、殴打医师或者侵犯医师人身自由、干扰医师正常工作、生活的，依照《治安管理处罚法》的规定处罚。

（5）医疗、预防、保健机构未依照《执业医师法》的规定履行报告职责，导致严重后果的，由县级以上人民政府卫生行政部门给予警告，并对该机构的行政负责人依法给予行政处分。

（6）卫生行政部门工作人员或者医疗、预防、保健机构工作人员违反规定，弄虚作假、玩忽职守、滥用职权、徇私舞弊，尚不构成犯罪的，依法给予行政处分。

2. 民事责任　未经批准擅自开办医疗机构行医或者非医师行医，给患者造成损害的，依法承担赔偿责任。患者在诊疗活动中受到损害，医疗机构及其医务人员有过错的，由医疗机构承担赔偿责任。

3．刑事责任

（1）违反《执业医师法》的规定，构成犯罪的，依法追究刑事责任。

（2）依据《刑法》第335条的规定，医务人员由于严重不负责任，造成就诊人死亡或者严重损害就诊人身体健康的，处3年以下有期徒刑或拘役。

（3）依据《刑法》第336条的规定，未取得医生执业资格的人非法行医，情节严重的，处3年以下有期徒刑、拘役或者管制，并处或者单处罚金；严重损害就诊人身体健康的，处3年以上10年以下有期徒刑，并处罚金；造成就诊人死亡的，处10年以上有期徒刑，并处罚金。未取得医生执业资格的人擅自为他人进行节育复通手术、假节育手术、终止妊娠手术或者摘取宫内节育器，情节严重的，处3年以下有期徒刑、拘役或者管制，并处或者单处罚金；严重损害就诊人身体健康的，处3年以上10年以下有期徒刑，并处罚金；造成就诊人死亡的，处10年以上有期徒刑，并处罚金。

三、执业护士管理的法律规定

护士是指经执业注册取得《护士执业证书》，依法从事护理活动，履行保护生命、减轻痛苦、增进健康职责的卫生技术人员。

（一）护士资格考试与注册管理

1．护士执业资格考试　国家实行护士执业资格统一考试制度。考试每年举行一次。在中等职业学校、高等学校完成国务院教育主管部门和国务院卫生主管部门规定的普通全日制3年以上的护理、助产专业课程学习，包括在教学、综合医院完成8个月以上护理临床实习取得相应学历证书的人员，以及具有护理、助产专业中专和大专以上学历的人员均可以参加护士执业资格考试。考试成绩合格者，取得考试成绩合格证明。

2．护士执业注册　护士执业，应当向拟执业地省、自治区、直辖市卫生主管部门提出执业注册申请取得《护士执业证书》，方可按照注册的执业地点从事护理工作。护士执业资格考试成绩合格，并符合国务院卫生主管部门规定的健康标准者，可以申请护士执业注册。护士执业注册申请，应当自通过护士执业资格考试之日起3年内提出；逾期提出申请的或者中断护理执业活动超过3年的，还应当在省、自治区、直辖市人民政府卫生行政部门规定的教学、综合医院接受3个月临床护理培训并考核合格。

护士执业注册有效期为5年。护士执业注册有效期届满需要继续执业的，应当在有效期届满前30日，向原注册部门申请延续注册。护士在其执业注册有效期内变更执业地点的，应当向拟执业地注册主管部门办理变更手续。

（二）护士的职责

护士在执业活动中应当履行下列职责：①遵守法律、法规、规章和诊疗技术规范的规定。②在执业活动中发现患者病情危急的，应当立即通知医师，在紧急情况下为抢救垂危患者生命，应当先行实施必要的紧急救护。③发现医嘱违反规定的，应当及时向开具医嘱的医师提出。必要时，应当向该医师所在科室的负责人或者医疗卫生机构负责医疗服务管理的人员报告。④尊重、关心、爱护患者，保护患者的隐私。⑤参与公共卫生和疾病预防控制工作。发生自然灾害、公共卫生事件等严重威胁公众生命健康的突发事件时，应当服从县级以上人民政府卫生主管部门或者所在医疗卫生机构的安排，参加医疗救护。

（三）法律责任

1．护士在执业活动中有下列情形之一的，由县级以上地方人民政府卫生主管部门依据职责分工责令改正，给予警告；情节严重的，暂停其6个月以上1年以下执业活动，直至由原发证部门吊销其《护士执业证书》：①发现患者病情危急未立即通知医师的；②发现医嘱违反法律、法规、规章或者诊疗技术规范的规定，未依照规定提出或者报告的；③泄露患者隐私的；④发生自然灾害、公共卫生事件等严重威胁公众生命健康的突发事件，不服从安排参加医疗救护的。

2．护士在执业活动中造成医疗事故的，依照《侵权责任法》及医疗事故处理的有关规定承担法律责任。护士被吊销执业证书的，自执业证书被吊销之日起2年内不得申请执业注册。

3．扰乱医疗秩序，阻碍护士依法开展执业活动，侮辱、威胁、殴打护士，或者有其他侵犯护士合法权益行为的，由公安机关依照《治安管理处罚法》的规定给予处罚；构成犯罪的，依法追究刑事责任。

4．卫生主管部门的工作人员违反《护士条例》的规定，在护士监督管理工作中滥用职权、徇私舞弊，或者有其他失职、渎职行为的，依法给予处分；构成犯罪的，依法追究刑事责任。

四、执业药师管理的法律规定

执业药师是指经全国统一考试合格，取得《执业药师资格证书》并经注册登记，在药品生产、经营、使用单位中执业的药学技术人员。

（一）执业药师资格考试与注册管理

1．执业药师资格考试　国家实行执业药师执业资格统一考试制度。考试每年举行一次。具备下列条件者均可以参加执业药师资格考试：①取得药学、中药学或相关专业中专、大专或本科学历，从事药学或中药学专业工作分别满7年、5年或3年的；②取得药学、中药学或相关专业第二学士学位、研究生班结业或取得硕士学位，从事药学或中药学专业工作满1年的。③取得药学、中药学或相关专业博士学位的。执业药师资格考试成绩合格的，颁发《执业药师资格证书》。

2．执业药师注册　执业药师资格实行注册制度。取得《执业药师资格证书》者，应当向所在省、自治区、直辖市食品药品监督管理局申请注册。符合条件者，颁发《执业药师注册证》。经注册后，方可按照注册的执业地区、执业类别、执业范围从事相应的执业活动。未经注册者，不得以执业药师身份执业。

执业药师只能在一个省、自治区、直辖市注册。执业药师变更执业地区、执业范围应当办理变更注册手续。执业药师注册有效期为3年，有效期满前3个月，必须到注册机构办理再次注册手续。再次注册者，还须提交参加继续教育的证明。

（二）执业药师的职责

药师在执业活动中应当履行下列职责：（1）遵守职业道德，忠于职守，以对药品质量负责、保证人民用药安全有效为基本准则。（2）严格执行《药品管理法》及国家有关药品研究、生产、经营、使用的各项法规及政策。执业药师对违反《药品管理法》及有关法规的行为或决定，有责任提出劝告、制止、拒绝执行并向上级报告。（3）在执业范围内负责对药品质量的监督和管理，参与制定、实施药品全面质量管理及对本单位违反规定的处理。（4）负责处方的审核及监督调配，提供用药咨询与信息，指导合理用药，开展治疗药物的监测及药品疗效的评价等临床药学工作。（5）参加继续教育。国家实行执业药师继续教育登记制度。执业药师参加继续教育经考核合格，颁发国家食品药品监督管理局统一印制的《执业药师继续教育登记证书》，作为再次注册的依据。

（三）法律责任

1．对未按规定配备执业药师的单位，应限期配备，逾期将追究单位负责人的责任。

2．对已在需由执业药师担任的岗位工作，但尚未通过资格考试的人员，要进行强化培训，限期达到要求。对经过培训仍不能通过考试者，必须调离岗位。

3．涂改、伪造或以虚假和不正当手段获取《执业药师资格证书》或《执业药师注册证》

的人员，发证机构应收回证书，取消其执业药师资格，注销注册。并对直接责任者根据有关规定给予行政处分，直至送交有关部门追究法律责任。

4. 执业药师违反《执业药师资格制度暂行规定》的，所在单位须如实上报，由食品药品监督管理部门根据情况给予处分。注册机构对执业药师所受处分，应及时记录在其《执业药师资格证书》中。

5. 执业药师在执业期间违反《药品管理法》及其他法律法规构成犯罪的，依法追究其刑事责任。

第二节　医疗卫生机构管理法律制度

【案例2-2】司法判决：心理咨询机构不属于医疗机构

2010年8月，获得心理咨询师资格证的北京律师黄某，一度想要自己开办一个心理咨询机构。但他却屡屡受挫于心理咨询机构的注册登记。无奈之下，只好将拒绝给他办理工商注册登记的北京市海淀区工商局告到了法院。一审法院以黄某没有取得《医疗机构执业许可证》以及他所租赁的房屋不是商业用房为由，判决其败诉。黄某不服，上诉到北京市第一中级人民法院。北京市第一中级人民法院作出终审判决，就开办心理咨询机构是否需要取得《医疗机构执业许可证》作出了与一审法院不同的认定，首次从司法裁判确认的角度上"扫除了心理咨询机构设置的最大障碍"。北京市第一中级人民法院对双方争议的三个焦点分别进行了认定。关于开办心理咨询机构是否需要取得《医疗机构执业许可证》一事，审理的法官认为，现行《医疗机构管理条例》虽然规定医疗机构执业必须登记，领取《医疗机构执业许可证》，但这一条例的第二条同时明确了条例的适用范围是"从事疾病诊断、治疗活动的医院、卫生院、疗养院、门诊部、诊所、卫生所（室）以及急救站等医疗机构"，因此工商登记前应取得《医疗机构执业许可证》的是上述医疗机构。而根据现行的《北京市精神卫生条例》的规定，心理咨询机构不得从事精神疾病的诊断、治疗，《北京市心理咨询行业管理办法》中也有类似的规定。据此，二审法院认为，心理咨询机构并非《医疗机构管理条例》中所称之"医疗机构"，因此也不在《医疗机构管理条例》的调整范围之列。一审法院要求黄某在进行工商注册登记时提交《医疗机构执业许可证》，"缺乏法律依据……现予以纠正"。这一判决，从司法裁判的角度确认了心理咨询机构不属于医疗机构，从而不需要在注册登记前领取《医疗机构执业许可证》。在现行法律法规没有对心理咨询机构作出明确界定之前，这一判决对实务界长期争议的心理咨询机构性质具有重要的指引意义。[1]

医疗卫生机构主要包括医疗机构、疾病预防控制机构、健康教育机构、采供血机构、卫生监督机构、医学科研机构、医学在职教育机构等卫生事业单位。为了加强对医疗机构的管理，稳定医疗机构秩序，促进医疗卫生事业的发展，保障公民健康，我国颁布了一系列关于医疗机构管理的行政法规、部门规章。国务院于1994年2月颁布了《医疗机构管理条例》，并于同年9月1日起实施。此后，卫生部于1994年相继颁布实施了《医疗机构管理条例实施细则》、《医疗机构评审委员会章程》、《医疗机构基本标准（试行）》、《医疗机构设置规划指导原则》、《医疗机构诊疗科目名录》，又于2006年颁布了《妇幼保健机构管理办法》等。卫生部等部委于2000年先后颁布了《关于城镇医疗机构分类管理的实施意见》、《中外合资、合作医疗机构管理暂行办法》，于2006年颁布了《医疗广告管理办法》。

---

[1] 杜仕林. 卫生法学. 广州：中山大学出版社，2012：81-82.

一、医疗机构的概念与分类

医疗机构是指依法经登记取得《医疗机构执业许可证》，从事疾病诊断、治疗活动的卫生机构的总称。医疗机构以救死扶伤，防病治病，为公民的健康服务为宗旨。医疗机构依据不同的标准，可划分为不同的类别。依据功能、任务、规模等为标准，医疗机构可分为以下类别：①综合医院、中医医院、中西医结合医院、民族医医院、专科医院、康复医院；②妇幼保健院；③社区卫生服务中心、社区卫生服务站；④中心卫生院、乡（镇）卫生院、街道卫生院；⑤疗养院；⑥综合门诊部、专科门诊部、中医门诊部、中西医结合门诊部、民族医门诊部；⑦诊所、中医诊所、民族医诊所、卫生所（站）、医务室、卫生保健所；⑧村卫生室（所）；⑨急救中心、急救站；⑩临床检验中心；⑪专科疾病防治院（所、站）；⑫护理院（站）；⑬其他诊疗机构。

依据经营目的、服务任务等为标准，医疗机构可分为非营利性医疗机构和营利性医疗机构。此外，我国还允许开办中外合资、合作医疗机构。

二、医疗机构管理的法律规定

（一）医疗机构的设置管理

1. 医疗机构的设置规划　为了合理配置卫生资源，全面统筹医疗机构的数量、规模和分布，提高医疗卫生资源的利用率，设置医疗机构应当符合当地医疗机构设置规划和医疗机构基本标准。

县级以上地方人民政府卫生行政部门应当依据《医疗机构设置规划指导原则》，并结合本行政区域内的人口、医疗资源、医疗需求和现有医疗机构的分布状况，制定医疗机构设置规划，经上一级卫生行政部门审核，报同级人民政府批准，在本行政区域内发布实施。县级以上地方人民政府应当把医疗机构设置规划纳入当地的区域卫生发展规划和城乡建设发展总体规划。机关、企业和事业单位可以根据需要设置医疗机构，并纳入当地医疗机构的设置规划。

2. 医疗机构的设置审批　单位或者个人设置医疗机构，必须经县级以上地方人民政府卫生行政部门审查批准，并取得《设置医疗机构批准书》。

在城市设立诊所的个人，必须同时具备下列条件：①经医师执业技术考核合格，取得《医师执业证书》；②取得《医师执业证书》或者医师职称后，从事5年以上同一专业的临床工作；③省级卫生行政部门规定的其他条件。在乡镇和村设立诊所的个人的条件，由省级卫生行政部门规定。

申请设置医疗机构，应当提交下列材料：①设置申请书；②设置可行性研究报告；③选址报告和建筑设计平面图。其中不设床位或者床位不满100张的医疗机构，向所在地的县级人民政府卫生行政部门申请；床位在100张以上的医疗机构和专科医院按照省级人民政府卫生行政部门的规定申请。国家统一规划的医疗机构的设置，由国务院卫生行政部门决定。

县级以上地方人民政府卫生行政部门应当自受理设置申请之日起30日内，作出批准或者不批准的书面答复；批准设置的，发给《设置医疗机构批准书》。设置中外合资、合作医疗机构的，其申请获卫生部批准后，还需要按照有关规定向商务部提出申请，取得《外商投资企业批准书》。

（二）医疗机构的登记与校验管理

1. 医疗机构的登记　医疗机构执业，必须向批准其设置的卫生行政部门进行登记，领取《医疗机构执业许可证》。申请医疗机构执业登记，应当具备下列条件：①有《设置医疗机构批准书》；②符合医疗机构的基本标准；③有适合的名称、组织机构和场所；④有与其开展的业务相适应的经费、设施、设备和专业卫生技术人员；⑤有相应的规章制度；⑥能够独立承担民事责任。

县级以上地方人民政府卫生行政部门应当自受理执业登记申请之日起45日内作出是否批准的决定。审核合格的,予以登记,发给《医疗机构执业许可证》;审核不合格的,以书面形式通知申请人并说明不予批准的理由。

医疗机构改变名称、场所、主要负责人、诊疗科目、床位,必须向原登记机关办理变更登记。医疗机构非因改建、扩建、迁建原因停业超过1年的,视为歇业。医疗机构歇业,必须向原登记机关办理注销登记,由登记机关收缴《医疗机构执业许可证》。

2. 医疗机构的校验 经登记取得《医疗机构执业许可证》的医疗机构,应当按照规定定期进行校验。其中床位在100张以上的医疗机构校验期为3年;其他医疗机构的校验期为1年。医疗机构应当于校验期满前3个月向原登记机关申请办理校验手续。

(三)医疗机构的执业管理

医疗机构执业,必须遵守有关法律、法规和医疗技术规范。具体来说应遵守下列执业要求和执业规则。

1. 医疗机构执业的基本要求 ①任何单位或者个人,必须取得《医疗机构执业许可证》,才能开展诊疗活动;②应当按照核准登记的诊疗科目开展诊疗活动,并将《医疗机构执业许可证》、诊疗科目、诊疗时间和收费标准悬挂于明显处所;③不得使用非卫生技术人员从事医疗卫生技术工作;④工作人员上岗,必须佩戴载有本人姓名、职务或者职称的标牌;⑤必须按照人民政府或者物价部门的有关规定收取医疗费用,详列细项,并出具收据。

2. 医疗机构的执业规则 ①加强对医务人员的医德教育,督促医务人员恪守职业道德;②加强医疗质量管理,实施医疗质量保证方案;③未经医师(士)亲自诊查病人,医疗机构不得出具疾病诊断书、健康证明书或者死亡证明书等证明文件;④对危重病人应当立即抢救,对限于设备或者技术条件不能诊治的病人,应当及时转诊;⑤医疗机构实施手术、特殊检查、特殊治疗时,应当及时向患者说明医疗风险、替代医疗方案等情况,并取得其书面同意;不宜向患者说明的,应当向患者的近亲属说明,并取得其书面同意。因抢救生命垂危的患者等紧急情况,不能取得患者或者其近亲属意见的,经医疗机构负责人或者授权的负责人批准,可以立即实施相应的医疗措施;⑥应当按照国家有关规定处理发生的医疗事故,按照国家有关规定对传染病、精神病、职业病等患者进行特殊诊治和处理;⑦依法加强对药品的管理,不得使用假劣药品、过期和失效药品以及违禁药品;⑧承担县级以上人民政府卫生行政部门委托的支援农村、指导基层医疗卫生工作等预防保健工作。⑨发生重大灾害、事故、疾病流行或者其他意外情况时,医疗机构及其卫生技术人员必须服从县级以上人民政府卫生行政部门的调遣。

(四)医疗机构的监督管理

国务院卫生行政部门负责全国医疗机构的监督管理工作。县级以上地方人民政府卫生行政部门负责本行政区域内医疗机构的监督管理工作。县级以上地方人民政府卫生行政部门行使下列监督管理职权:①负责医疗机构的设置审批、执业登记和校验;②对医疗机构的执业活动进行检查指导;③负责组织对医疗机构的评审;④对违反规定的行为给予处罚。

国家实行医疗机构评审制度,由医院管理、医学教育、医疗、医技、护理和财务等专家组成的评审委员会按照医疗机构评审办法和评审标准,对医疗机构的执业活动、医疗服务质量等进行综合评价。县级以上地方人民政府卫生行政部门负责组织本行政区域医疗机构评审委员会,根据评审委员会的评审意见,对达到评审标准的医疗机构,发给评审合格证书;对未达到评审标准的医疗机构,提出处理意见。

(五)法律责任

1. 未取得《医疗机构执业许可证》擅自执业的,由县级以上人民政府卫生行政部门责令其停止执业活动,没收非法所得和药品、器械,并可以根据情节处以1万元以下的罚款。

2. 逾期不校验《医疗机构执业许可证》仍从事诊疗活动的，由县级以上人民政府卫生行政部门责令其限期补办校验手续；拒不校验的，吊销其《医疗机构执业许可证》。

3. 出卖、转让、出借《医疗机构执业许可证》的，由县级以上人民政府卫生行政部门没收非法所得，并可以处以5000元以下的罚款；情节严重的，吊销其《医疗机构执业许可证》。

4. 诊疗活动超出登记范围的，由县级以上人民政府卫生行政部门予以警告、责令其改正，并可以根据情节处以3000元以下的罚款；情节严重的，吊销其《医疗机构执业许可证》。

5. 使用非卫生技术人员从事医疗卫生技术工作的，由县级以上人民政府卫生行政部门责令其限期改正，并可以处以5000元以下的罚款；情节严重的，吊销其《医疗机构执业许可证》。

6. 出具虚假证明文件的，由县级以上人民政府卫生行政部门予以警告；对造成危害后果的，可以处以1000元以下的罚款；对直接责任人员由所在单位或者上级机关给予行政处分。

第三节 大型医用设备管理法律制度

【相关材料】

2006年年初A市卫生局报请卫生部审批A市肿瘤医院射波刀配置申请。在卫生部组织专家对射波刀技术进行研究、尚未批复同意配置的情况下，A市肿瘤医院于2006年9月购买了射波刀，并投入使用。同年，B自治区卫生厅和C市卫生局也分别向卫生部报送了B自治区某医院和C市某医院射波刀配置申请，两家医院都在未获批准的情况下，于2007年先后购置了射波刀。B自治区某医院射波刀已投入使用。另外，D省某医院未履行申报程序，于2006年10月购买射波刀并投入使用。A市肿瘤医院、B自治区某医院、C市某医院和D省某医院4家医院在没有获得卫生部审批许可的情况下，擅自装备射波刀，严重扰乱了大型医用设备配置管理秩序，存在严重的医疗安全隐患，损害患者利益，是典型的违纪违规行为。卫生部根据《大型医用设备配置与使用管理办法》规定，予以全国通报批评。并由当地卫生行政部门责令其停止使用、封存射波刀设备，给予医院主要领导或有关责任人调离岗位等纪律处分。

大型医用设备是医疗卫生资源的重要组成部分，是医疗机构提高服务质量、服务水平不可或缺的重要装备，具有价格昂贵、运行成本高、应用技术复杂、检查治疗收费价格较高等特点，与卫生费用和人民群众的健康利益密切相关。为合理配置和有效使用大型医用设备，控制卫生费用过快增长，维护患者权益，促进卫生事业的健康发展，国家相关部委颁布了一系列部门规章。卫生部、国家发展和改变委员会、财政部制定了《大型医用设备配置与使用管理办法》，并自2005年3月1日起施行。此后，卫生部又相继颁布了《关于进一步加强医疗器械集中采购管理的通知》（2007年）、《卫生部甲类大型医用设备配置审批工作制定（暂行）》（2008年）、《乙类大型医用设备阶梯配置指导意见（2009—2011年）》（2009年）、《2011—2015年全国乙类大型医用设备配置规划的通知》（2011年）、《甲类大型医用设备集中采购工作规范（试行）》（2012年）、《乙类大型医用设备集中采购工作指导意见》（2013年）、《新型大型医用设备配置管理规定》（2013年）等一系列规范性文件，使我国对大型医用设备管理有了更加具体详细的法律依据。

一、大型医用设备的概念与分类

（一）大型医用设备的概念

大型医用设备是指列入国务院卫生行政部门管理品目的医用设备，以及尚未列入管理品目、省级区域内首次配置的整套单价在500万元人民币以上的医用设备。

（二）大型医用设备的分类

依据设备的费用高低、技术的复杂程度，大型医用设备管理品目可分为甲、乙两类。

甲类大型医用设备是指资金投入量大、运行成本高、使用技术复杂、对卫生费用增长影响大的设备，包括 X 线-正电子发射计算机断层扫描仪（PET-CT，包括正电子发射型断层仪即 PET）、伽马射线立体定位治疗系统（γ刀）等已列入管理品目的设备和新型大型医用设备两部分。

新型大型医用设备是指首次从境外引进或国内研发制造，经药品监督管理部门注册，单台（套）市场售价在 500 万元人民币以上，尚未列入国家大型医用设备管理品目的医学装备。

乙类大型医用设备是指管理品目中的除甲类以外的其他大型医用设备，如 X 线电子计算机断层扫描装置（CT）、医用磁共振成像设备（MRI）等。

二、大型医用设备配置管理

为了合理配置大型医用设备，提高设备使用率，实现区域卫生资源共享，我国对大型医用设备的管理实行配置规划和配置证制度。大型医用设备配置包括医疗机构新增购置、更新和以核心硬件更换为主的性能升级。

（一）大型医用设备配置规划

配置规划的制定主要依据我国国民经济的发展状况、医学科学技术的进步情况及社会多层次医疗服务需求情况等。国务院卫生行政部门委托中介组织对大型医用设备的先进性、经济性和适宜性进行专业技术论证，定期发布阶梯配置入选机型，适时公布淘汰机型，指导配置工作。

国家卫计委、国家发展和改革委员会负责编制甲类大型医用设备配置规划，确定全国和各省、自治区、直辖市配置规划数量，并提出乙类大型医用设备配置规划指导意见。省级卫生行政部门会同省级有关部门根据该指导意见，同时结合本地区卫生资源配置标准进行制定，报国务院卫生行政部门核准后实施。

（二）大型医用设备配置审批

大型医用设备的配置审批必须严格依据相应配置规划和配置标准，按管理权限分级审批。其中，国家卫计委负责全国甲类大型医用设备配置审批工作；省级卫生行政部门负责全国乙类大型医用设备配置审批工作。

1．甲类大型医用设备配置审批程序

（1）申报：医疗机构申请配置甲类大型医用设备，应对设备适用性、先进性和可行性等进行论证，并提交相应材料。申请配置甲类大型医用设备的医疗机构应通过所在地卫生行政部门逐级申报至省级卫生行政部门。

（2）受理：省级卫生行政部门审核同意后统一报国家卫计委，国家卫计委受理后下发《甲类大型医用设备配置申请受理通知书》。

（3）论证审批：大型医用设备的配置实行专家评审制度，国家卫计委组织专家评审，省级卫生行政部门和医疗机构须共同参加论证评审。国家卫计委在专家评审工作结束后 20 个工作日内批复省级卫生行政部门。对于需要纳入大型医用设备管理品目的，国家卫计委制定大型医用设备配置规划。符合配置规划的，予以正式配置许可。

（4）印发配置许可证：医疗机构收到配置计划，按照大型医用设备集中采购程序进行采购。设备到货安装、调试、验收合格后，将购置设备的相关材料送交省级卫生行政部门审核通过后，转报国家卫计委。审核合格的，国家卫计委颁发《甲类大型医用设备配置许可证》。

2．乙类大型医用设备配置审批程序　医疗机构配置乙类大型医用设备，应按属地化原则向当地卫生行政部门提出申请，逐级上报至省级卫生行政部门审批。乙类大型医用设备审批工作制度由各地参照甲类大型医用设备配置审批程序，结合当地实际制定。省级卫生行政部门从大型医用设备配置申请受理之日起 60 个工作日内，作出是否同意的批复。符合条件的，颁发《乙类大型医用设备配置许可证》。

（三）大型医用设备配置方式

医疗机构只有在获得《大型医用设备配置许可证》后，方可按国家规定进行集中采购。由政府拨款资助的设备，必须实行政府采购。所购置的设备必须具有国家颁发的生产或进口注册证。

由于大型医用设备不仅价格高昂，而且与人民群众的健康利益密切相关，所以严禁医疗机构购置进口二手大型医用设备或引进境外研制但境外医疗机构尚未配置使用的大型医用设备，严禁医疗机构使用国家已公布的淘汰机型。购置其他医疗机构更新替换下来的大型医用设备，必须依法办理配置审批手续。

三、大型医用设备使用与监督管理

（一）大型医用设备使用管理

医疗机构要加强大型医用设备使用管理，严格操作规范，保证设备使用安全、有效。大型医用设备的上岗人员，包括医生、操作人员、工程技术人员等都要接受岗位培训，取得相应的上岗资质。大型医用设备必须达到计（剂）量准确，安全防护、性能指标均合格后方可正式使用。大型医用设备的检查治疗收费项目和收费办法由国家物价主管部门会同卫生行政部门制定，但营利性医疗机构的收费实行市场调节。

（二）大型医用设备监督管理

对大型医用设备实行分级管理的原则，国务院卫生行政部门及同级相关部门负责监管甲类设备配置和使用情况；省级卫生行政部门及同级相关部门负责监管乙类设备及本地区新型大型医用设备配置和使用情况。

各级卫生行政部门按管理权限，负责对大型医用设备的配置、使用情况及上岗人员取得资质情况进行监督检查。对设备使用、操作规范情况及应用质量的安全、有效、防护情况进行监督和评审；各级物价部门负责对收费价格进行监督检查；发展改革、财政部门负责对政府拨款资助的大型医用设备购置的资金使用情况进行监督检查。

四、法律责任

1. 卫生行政部门违法审批大型医用设备配置的，由国务院卫生行政部门对其主要负责人、经办人通报批评，并有权撤销其批准决定。

2. 医疗机构违反规定购置大型医用设备的，由卫生行政部门责令其停止使用、封存设备。所在地物价部门有权没收其相应检查治疗收入，并处以相应收入 5 倍以下的罚款。

3. 医疗机构违反规定擅自购置使用新型大型医用设备的，由国务院卫生行政部门予以通报批评，2 年内停止该医疗机构大型医用设备配置审批，并责成所在地省级卫生行政部门封存设备，停止使用，对相关责任人予以处分。

4. 医疗机构违法使用淘汰机型或不合格的大型医用设备的，由卫生行政部门及时封存该设备，吊销其《大型医用设备配置许可证》。情节严重，造成恶劣影响的，可责令其停业整顿；所在地物价部门有权没收其相应检查治疗收入，并处以 5 倍以下的罚款。

5. 医疗机构违法聘用不具备资质人员操作和使用大型医用设备的，由卫生行政部门及时封存其大型医用设备，并吊销《大型医用设备配置许可证》。

问题与思考

1. 简述医师的执业规则。
2. 简述执业护士的职责。
3. 简述执业药师的职责。
4. 简述医疗机构执业的基本要求与执业规则。
5. 简述大型医用设备的使用管理规定。

参考法律法规

《执业医师法》
《侵权责任法》
《医师资格考试暂行办法》
《医师执业注册暂行办法》
《卫生部办公厅关于扩大医师多点执业试点范围的通知》
《关于医师执业注册中执业范围的暂行规定》
《医师外出会诊管理暂行规定》
《护士条例》
《护士执业资格考试办法》
《护士执业注册管理办法》
《执业药师资格制度暂行规定》
《执业药师资格考试实施办法》
《执业药师注册管理办法》
《医疗机构管理条例》
《医疗机构管理条例实施细则》
《中外合资、合作医疗机构管理暂行办法》
《大型医用设备配置与使用管理办法》
《卫生部甲类大型医用设备配置审批工作制度（暂行）》
《卫生部甲类大型医用设备集中采购工作规范（试行）》
《新型大型医用设备配置管理规定》

（王海燕）

第三章 公共卫生法律制度

【学习目标】

通过本章的学习,使学生掌握公共卫生法律制度的基本内涵和特点,把握公共卫生应急、公共卫生监督、传染病防治、职业病防治、精神卫生、母婴保健等法律制度的主要内容,并能够运用法律、法规解决公共卫生实践问题。

1. 掌握:公共卫生法律制度的基本内涵和特点;
2. 理解:公共卫生应急、公共卫生监督、精神卫生等法律制度的主要内容;
3. 了解:我国公共卫生法律制度的立法概况。

第一节 公共卫生应急法律制度

【案例3-1】

2002年9月14日,南京市汤山镇发生严重食物中毒事件,中毒者达三百多人,经抢救无效当天陆续有多人死亡。据调查,中毒者都食用了一家连锁餐饮店的早点。该事件最终造成42人死亡。事故发生后,有关部门高度重视,并积极组织一切力量对中毒者进行救治,公安部、卫生部派员赶赴南京,参与中毒人员的抢救和案件的侦破。公安机关连续奋战78小时,破获此案系犯罪分子陈某为泄私愤,投放有害物质,造成多人中毒及死亡。经检察院提起公诉后,法院最终判处陈某死刑。[1]

一、公共卫生应急法律制度概述

(一)突发公共卫生事件概念和分类

1. 概念 突发公共卫生事件,是指突然发生,造成或者可能造成社会公众健康严重损害的重大传染病疫情、群体性不明原因疾病、重大食物和职业中毒以及其他严重影响公众健康的事件。

突发公共卫生事件发生后,国务院设立全国突发公共卫生事件应急处理指挥部,对全国突发公共卫生事件应急处理统一领导、统一指挥。突发事件应急工作,应当遵循预防为主、常备不懈的方针,贯彻统一领导、分级负责、反应及时、措施果断、依靠科学、加强合作的原则。

2. 分类和分级 突发公共卫生事件包括重大传染病疫情、群体性不明原因疾病、重大食品安全和职业危害,以及其他严重影响公众健康的事件。

根据突发公共卫生事件的性质、危害程度和涉及范围,将其划分为特别重大(Ⅰ级)、重大(Ⅱ级)、较大(Ⅲ级)和一般(Ⅳ级)。

(二)公共卫生应急法律制度现状

与公共卫生应急相关的法律法规及规章制度主要有:《传染病防治法》(2013年修订)、

---

[1] 顾兆农. 南京发生严重食物中毒事件. 人民网. 2002-09-14 [2014-05-14]. http://news.sina.com.cn/z/nanjingzhongdu.

《突发公共卫生事件与传染病疫情监测信息报告管理办法》（2006年修改）、《食品安全法》（2009年）、《食物中毒事故处理办法》（1999年）、《职业病防治法》（2011年修订）、《职业病危害事故调查处理办法》（2002年）、《突发公共卫生事件应急条例》（2003年）、《国家突发公共事件总体应急预案》（2005年）及《国家突发公共卫生事件应急预案》（2006年）等。

二、突发公共卫生事件的预防与应急准备

（一）应急预案

国务院卫生行政主管部门按照分类指导、快速反应的要求，制定全国突发公共卫生事件应急预案，报请国务院批准。省级人民政府根据全国突发事件应急预案，结合本地实际情况，制定本行政区域的突发事件应急预案。

全国突发事件应急预案的主要内容有：①应急处理指挥部的组成和相关部门的职责；②监测与预警；③信息的收集、分析、报告、通报制度；④应急处理技术和监测机构及其任务；⑤分级和应急处理工作方案；⑥预防、现场控制，应急设施、设备、救治药品和医疗器械以及其他物资和技术的储备与调度；⑦应急处理专业队伍的建设和培训。

（二）应急准备

国家建立统一的突发事件预防控制体系。县级以上地方人民政府应当建立和完善突发事件监测与预警系统。县级以上地方人民政府卫生行政主管部门，应当指定机构负责开展突发公共卫生事件的日常监测，并确保监测与预警系统的正常运行。相关部门根据应急预案的要求，保证应急设施、设备、救治药品和医疗器械等物资储备。加强急救医疗服务网络的建设，配备相应的医疗救治药物、技术、设备和人员。

三、公共卫生应急事件的报告与信息发布

（一）公共卫生应急事件的报告

1. 应急报告制度　国家建立突发事件应急报告制度。国务院卫生行政主管部门制定突发公共卫生事件应急报告规范，建立重大、紧急疫情信息报告系统。

《突发公共卫生事件应急条例》第19条第3款规定："有下列情形之一的，省、自治区、直辖市人民政府应当在接到报告1小时内，向国务院卫生行政主管部门报告：①发生或者可能发生传染病暴发、流行的；②发生或者发现不明原因的群体性疾病的；③发生传染病菌种、毒种丢失的；④发生或者可能发生重大食物和职业中毒事件的。"

国务院卫生行政主管部门对可能造成重大社会影响的突发事件，应当立即向国务院报告。

突发公共卫生事件监测机构、医疗卫生机构和有关单位发现有《突发公共卫生事件应急条例》第19条规定情形之一的，应当在2小时内向所在地县级人民政府卫生行政主管部门报告；接到报告的卫生行政主管部门应当在2小时内向本级人民政府报告，并同时向上级人民政府卫生行政主管部门和国务院卫生行政主管部门报告。县级人民政府应当在接到报告后2小时内向设区的市级人民政府或者上一级人民政府报告；设区的市级人民政府应当在接到报告后2小时内向省、自治区、直辖市人民政府报告。

2. 通报制度　国务院卫生行政主管部门应当根据发生突发事件的情况，及时向国务院有关部门和各省级人民政府卫生行政主管部门以及军队有关部门通报。

突发事件发生地的省级人民政府卫生行政主管部门，应当及时向毗邻省级人民政府卫生行政主管部门通报。

接到通报的省级人民政府卫生行政主管部门，必要时应当及时通知本行政区域内的医疗卫

生机构。

针对已经发生或者发现可能引起突发公共卫生事件的情形，县级以上地方人民政府有关部门应当及时向同级人民政府卫生行政主管部门通报。

（二）公共卫生应急事件的信息发布

国家建立突发事件的信息发布制度。国务院卫生行政主管部门负责向社会发布突发公共卫生事件的信息。必要时，可以授权省级人民政府卫生行政主管部门向社会发布本行政区域内突发公共卫生事件的信息。信息发布应当及时、准确、全面。

四、公共卫生应急事件的处理

突发公共卫生事件应急处理要采取边调查、边处理、边抢救、边核实的方式，以有效措施控制事态发展。

（一）应急措施的准备

卫生行政主管部门应组织专家对突发事件进行综合评估，初步判断突发事件的类型，提出是否启动突发公共卫生事件应急预案的建议。在全国范围内或者跨省、自治区、直辖市范围内启动全国突发公共卫生事件应急预案，由国务院卫生行政主管部门报国务院批准后实施。省、自治区、直辖市启动突发事件应急预案，由省、自治区、直辖市人民政府决定，并向国务院报告。全国突发事件应急处理指挥部对突发事件应急处理工作进行督察和指导，地方各级人民政府及其有关部门应当予以配合。省、自治区、直辖市突发事件应急处理指挥部对本行政区域内突发事件应急处理工作进行督察和指导。

（二）应急预案启动前后相应工作

1．启动前　应急预案启动前，县级以上各级人民政府有关部门应当根据突发事件的实际情况，做好应急处理准备，采取必要的应急措施。

2．启动后　应急预案启动后，突发事件发生地的人民政府有关部门，应当服从突发事件应急处理指挥部的统一指挥，立即到达规定岗位，采取有关的控制措施。医疗卫生机构、监测机构和科学研究机构，应当服从突发事件应急处理指挥部的统一指挥。

突发事件发生后，国务院有关部门和县级以上地方人民政府及其有关部门，应当保证突发事件应急处理所需的医疗救护设备、救治药品、医疗器械等物资的生产、供应；铁路、交通、民用航空行政主管部门应当保证及时运送。

（三）相应措施

1．突发事件应急处理指挥部　①有权紧急调集人员、储备的物资、交通工具以及相关设施、设备；必要时，对人员进行疏散或者隔离，并可以依法对传染病疫区实行封锁。②可以对食物和水源采取控制措施。

2．医疗卫生机构　①对因突发事件致病的人员提供医疗救护和现场救援，对就诊病人必须接诊治疗，并书写详细、完整的病历记录；对需要转送的病人，应当按照规定将病人及其病历记录的复印件转送至接诊的或者指定的医疗机构。②采取卫生防护措施，防止交叉感染和污染。③传染病病人密切接触者应当配合对其采取的医学观察措施。④收治传染病病人、疑似传染病病人，应当依法报告所在地的疾病预防控制机构。

3．对交通工具采取的措施　交通工具上发现需要采取应急控制措施的传染病病人、疑似传染病病人，其负责人应当以最快的方式通知前方停靠点，并向交通工具的营运单位报告。交通工具的前方停靠点和营运单位应当立即向交通工具营运单位行政主管部门和县级以上地方人民政府卫生行政主管部门报告。

涉及国境口岸和入出境的人员、交通工具、货物、集装箱、行李、邮包等需要采取传染病应急控制措施的，依照国境卫生检疫法律、行政法规的规定办理。

4. 传染病相关措施 有关部门、医疗卫生机构应当对传染病做到早发现、早报告、早隔离、早治疗，切断传播途径，防止扩散。

国务院卫生行政主管部门对新发现的突发传染病，根据危害程度、流行强度，依照《传染病防治法》的规定及时宣布为法定传染病；宣布为甲类传染病的，由国务院决定。

对传染病暴发、流行区域内流动人口，突发事件发生地的县级以上地方人民政府应当做好预防工作，落实有关卫生控制措施；对传染病病人和疑似传染病病人，应当采取就地隔离、就地观察、就地治疗的措施。

5. 强制执行措施 需要接受隔离治疗、医学观察措施的病人、疑似病人和传染病病人密切接触者在卫生行政主管部门或者有关机构采取医学措施时应当予以配合；拒绝配合的，由公安机关依法协助强制执行。

五、公共卫生事件的法律责任

（一）行政机关的法律责任

行政机关具有下列情形的，对相关的政府主要领导人、政府部门主要负责人、负有责任的主管人员或其他责任人员依法给予相应的行政处分；构成犯罪的，依法追究刑事责任：①对突发事件隐瞒、缓报、谎报或者授意他人隐瞒、缓报、谎报的；②未依照规定完成突发事件应急处理所需要的设施、设备、药品和医疗器械等物资的生产、供应、运输和储备的；③对上级人民政府有关部门的调查不予配合，或者采取其他方式阻碍、干涉调查的；④在突发事件调查、控制、医疗救治工作中玩忽职守、失职、渎职的；⑤拒不履行应急处理职责的。

（二）医疗卫生机构的法律责任

医疗卫生机构有下列行为之一的，由卫生行政主管部门责令改正、通报批评、给予警告；情节严重的，吊销《医疗机构执业许可证》；对主要负责人、负有责任的主管人员和其他直接责任人员依法给予降级或者撤职的纪律处分；造成传染病传播、流行或者对社会公众健康造成其他严重危害后果，构成犯罪的，依法追究刑事责任：①未履行报告职责，隐瞒、缓报或者谎报的；②未及时采取控制措施的；③未履行突发事件监测职责的；④拒绝接诊病人的；⑤拒不服从突发事件应急处理指挥部调度的。

（三）有关单位和个人的法律责任

在突发事件应急处理工作中，有关单位和个人未依照规定履行报告职责，隐瞒、缓报或者谎报，阻碍工作人员执行职务，拒绝指定的专业技术机构进入突发事件现场，或者不配合调查、采样、技术分析和检验的，对有关责任人员依法给予行政处分或者纪律处分；触犯《治安管理处罚法》，构成违反治安管理行为的，由公安机关依法予以处罚；构成犯罪的，依法追究刑事责任。

在突发事件发生期间，散布谣言、哄抬物价、欺骗消费者，扰乱社会秩序、市场秩序的，由公安机关或者工商行政管理部门依法给予行政处罚；构成犯罪的，依法追究刑事责任。

（古津贤）

第二节 公共卫生监督法律制度

【相关材料】

2011年10月16日，教育部办公厅发布《关于近期学校食物中毒和肠道传染病流行事件的通报》。该通报称，校园食物安全事件的发生，严重影响学生的身心健康和学校正常教学秩序，也充分暴露出学校食品安全管理工作还存在不少漏洞和隐患。据了解，2011年秋季开学以来，河北、江西、湖南、贵州、山西等地相继发生6起学校食物中毒和肠道传染病流行事件。9月1日-6日，河北省唐山市玉田县育英小学25名学生陆续出现发热、腹泻等症状；9月5日，河北省承德市隆化县章吉营中学因学校自备水源被污染使得135名学生发生腹泻；9月6日，江西省高安市独城镇红星幼儿园23名儿童发生疑似食物中毒；9月8日，湖南省长沙市雨花区枫树山小学70名学生发生疑似食物中毒；9月20日，贵州省遵义市桐梓县茅石乡中学26名学生因食用在学校食堂购买的月饼出现头晕、无力、心慌等症状；10月10日，山西省太原市新晓双语小学197名学生发生疑似食源性疾病。[1]

一、学校卫生监督法律制度

（一）学校卫生监督概念

学校卫生监督是指县级以上地方人民政府卫生行政部门依法对辖区内各学校的卫生工作进行审查评估，督促改进，并对违反相关法律法规的单位和个人追究法律责任的卫生行政执法活动。

学校卫生工作的主要任务有：①监测学生健康状况；②对学生进行健康教育，培养学生良好的卫生习惯；③改善学校卫生环境和教学卫生条件；④加强对传染病、学生常见病的预防。

（二）学校卫生监督法律依据

学校卫生监督法律依据主要有《义务教育法》、《未成年人保护法》、《食品安全法》、《传染病防治法》、《医疗机构管理条例》、《生活饮用水卫生监督管理办法》、《学校卫生工作条例》、《健康促进学校工作指南》、《关于加强学校预防艾滋病健康教育工作的通知》、《学校卫生监督工作规范》、《中小学校建筑设计规范》、《电视教室座位布置范围和照度卫生标准》等。

（三）学校卫生监督管理部门及其职责

1. 学校卫生管理部门　《学校卫生工作条例》明确规定："教育行政部门负责学校卫生工作的行政管理。卫生行政部门负责对学校卫生工作的监督指导。"

2. 学校卫生监督职责　《学校卫生监督工作规范》规定县级以上卫生行政部门实施学校卫生监督指导工作，各级卫生监督机构在同级卫生行政部门领导下承担学校卫生监督工作任务。

学校卫生监督职责包括：①教学及生活环境的卫生监督；②传染病防控工作的卫生监督；③生活饮用水的卫生监督；④学校内设医疗机构和保健室的卫生监督；⑤学校内公共场所的卫生监督；⑥配合相关部门对学校突发公共卫生事件应急处置工作落实情况的卫生监督；⑦根据教育行政部门或学校申请，开展学校校舍新建、改建、扩建项目选址、设计及竣工验收的预防性卫生监督指导工作；⑧上级卫生行政部门交办的其他学校卫生监督任务。

3. 学校卫生监督机构　省级和设区的市级卫生监督机构应当设立学校卫生监督科（处）室，承担学校卫生监督的具体工作；县级卫生监督机构应当指定科室承担学校卫生监督工作，并指定专人负责。

（四）学校卫生监督行政奖励与处罚

学校卫生监督的特点是奖励与惩罚相结合。《学校卫生工作条例》规定："对在学校卫生工作中成绩显著的单位或者个人，各级教育、卫生行政部门和学校应当给予表彰、奖励。"拒绝或妨碍学校卫生监督员依照《学校卫生工作条例》实施卫生监督的，由卫生行政部门对直接责任单位或者个人给予警告。情节严重的，可建议教育行政部门给予行政处分或者处以200元以下的罚款。

---

[1] 杜仕林. 卫生法学. 广州：中山大学出版社，2012：111-112.

二、托幼机构卫生监督法律制度

（一）托幼机构卫生监督概念

托幼机构卫生监督是指托幼机构卫生监督主体依据法律法规对托儿所、幼儿园等机构从事与卫生有关的事项许可，对执行托幼机构法律规范的情况进行监督检查，并对其行为作出处理的行政执法活动。

（二）托幼机构卫生监督法律依据

托幼机构卫生监督法律依据主要有《托儿所幼儿园卫生保健管理办法》、《母婴保健法》、《传染病防治法》、《食品安全法》、《药品管理法》、《执业医师法》、《托儿所幼儿园卫生保健工作规范》、《消毒管理办法》、《母婴保健法实施办法》、《传染病防治法实施办法》、《卫生部贯彻 2011～2020 年中国妇女儿童发展纲要实施方案》等。

（三）托幼机构卫生监督内容

《托儿所幼儿园卫生保健管理办法》规定，县级以上各级人民政府卫生行政部门应当将托幼机构的卫生保健工作作为公共卫生服务的重要内容，加强监督和指导。具体监督内容包括托儿所幼儿园卫生保健管理、预防性和经常性卫生监督、卫生室的监督以及托幼机构卫生保健工作情况监督。

（四）法律责任

托幼机构违反《托儿所幼儿园卫生保健管理办法》相关规定的，由卫生行政部门责令限期改正，通报批评；逾期不改者，给予警告；情节严重者，由教育行政部门依法给予行政处罚。

托幼机构未取得《医疗机构执业许可证》擅自设立卫生室，进行诊疗活动的，按照《医疗机构管理条例》的相关规定进行处罚。

托幼机构未按照规定履行卫生保健工作职责，造成传染病流行、食物中毒等突发公共卫生事件的，由卫生行政部门、教育行政部门依据相关法律法规处罚。

三、公共场所卫生监督法律制度

（一）公共场所卫生监督概念

公共场所卫生监督是指政府有关行政部门依据卫生法律、法规对公共场所经营单位从事与卫生有关的事项许可，对执行卫生法律规范的情况进行监督检查，并对其行为作出处理的行政执法活动。

按照《公共场所卫生管理条例》的规定，公共场所包括供公众从事学习、社交、娱乐、医疗、休息和旅游等活动的 7 类 28 种场所。除此以外，银行和邮政营业厅、证券交易厅、会展中心、照相馆（婚纱影楼）、网吧、按摩店、棋牌室、台球室、殡仪馆等也都属于公共场所。新修订的《公共场所卫生管理条例实施细则》规定："公共场所卫生监督的具体范围由省、自治区、直辖市人民政府卫生行政部门公布。"

（二）公共场所卫生监督法律依据

公共场所卫生监督法律依据主要有《公共场所卫生管理条例》、《公共场所卫生管理条例实施细则》、《公共场所集中空调通风系统卫生管理办法》、《住宿业卫生规范》、《沐浴场所卫生规范》和《美容美发场所卫生规范》等。根据社会发展的需要，公共场所的卫生标准正在进行新一轮的修订。

（三）公共场所卫生监督主体

根据《公共场所卫生管理条例》及《公共场所卫生管理条例实施细则》的规定，卫生部主管全国公共场所卫生监督管理工作。负责具体卫生监督工作的主体包括：①县级以上地方各级人民政府卫生行政部门，具体负责本行政区域的公共场所卫生监督管理工作；②出入境检验检疫机构，具体负责国境口岸及出入境交通工具的卫生监督管理工作；③铁路部门所属的卫生主管部门，具体负责对管辖范围内的车站、等候室、铁路客车以及主要为本系统职工服务的公共场所的卫生监督管理工作。

（四）公共场所卫生管理

公共场所卫生管理是指公共场所经营者依照国家有关卫生法律法规，对公共场所进行预防疾病、保障公众健康的卫生管理工作。

《公共场所卫生管理条例实施细则》在卫生管理方面明确规定公共场所的法定代表人或者负责人是其经营场所卫生安全的第一责任人，并在卫生管理的主体和内容、法律责任的内容和处罚尺度等方面作了详细规定。

公共场所卫生管理内容包括：卫生管理责任制度、卫生管理制度和卫生管理档案、宣传培训、健康检查、设施设备、禁烟制度、定期检测、危害事故预防和处理等。

（五）公共场所卫生监督

1. **公共场所预防性卫生监督**　是指卫生监督主体依据卫生法律、法规对公共场所的新建、改建、扩建的建设项目所开展的卫生审查和竣工验收。预防性卫生审查程序和具体要求由省、自治区、直辖市人民政府卫生行政部门制定。

2. **公共场所经常性卫生监督**　是指卫生监督主体定期或不定期地对管辖范围内的公共场所遵守卫生法律规范的情况进行的日常性监督活动。公共场所经常性卫生监督内容包括对公共场所卫生许可证件的监督、对各项卫生要求和卫生设施的监督、开展公共场所健康危害因素监测、量化分级管理制度、危害健康事故处理等。

（六）法律责任

1. **公共场所经营者的法律责任**　公共场所经营者违反《公共场所卫生管理条例》等规定的，由县级以上地方人民政府卫生行政部门根据情节，给予限期改正、警告、罚款、停业整顿、吊销卫生许可证等处罚。构成犯罪的，依法追究其刑事责任。

2. **公共场所监督主体的法律责任**　县级以上人民政府卫生行政部门及其工作人员玩忽职守、滥用职权、收取贿赂的，由有关部门对单位负责人、直接负责的主管人员和其他责任人员依法给予行政处分。构成犯罪的，依法追究其刑事责任。

四、控烟法律制度

（一）概述

2006年1月9日《烟草控制框架公约》对我国生效以来，我国烟草控制工作扎实稳步推进，较好地履行了《公约》规定的责任和义务。

（二）控烟的法律规定

1. **全国性法律法规**　《烟草专卖法》规定：国家和社会加强吸烟危害健康的宣传教育，禁止或者限制在公共交通工具和公共场所吸烟，劝阻青少年吸烟，禁止中小学生吸烟。

《未成年人保护法》规定：父母或者其他监护人应当引导未成年人进行有益身心健康的活动，预防和制止未成年人吸烟。任何人不得在中小学校、幼儿园、托儿所的教室、寝室、活动室和其他未成年人集中活动的场所吸烟。

2. **部门规章和规定**　《关于在公共交通工具及其等候室禁止吸烟的规定》指出，除特别指定区域外，在下列公共交通工具及其等候室禁止吸烟：各类旅客列车的软卧、硬卧、软座、硬座、旅客餐车车厢内；各类客运轮船的旅客座舱、卧舱及会议室、阅览室等公共场所，长途客运汽车；民航国内、国际航班各等客舱内；地铁、轻轨列车，各类公共汽车、电车（包括有轨电车）、出租汽车，各类客渡轮（船）、游轮（船）、客运索道及缆车；各类车站、港口、机场的旅客等候室、售票厅及会议室、阅览室等公共场所。

《公共场所卫生管理条例实施细则》规定：室内公共场所禁止吸烟。公共场所经营者应当设置醒目的禁止吸烟警语和标志。室外公共场所设置的吸烟区不得位于行人必经的通道上。公共场所不得设置自动售烟机。公共场所经营者应当开展吸烟危害健康的宣传，并配备专（兼）职人员对吸烟者进行劝阻。

3. 地方性条例和规定　地方性控烟规定有《北京市公共场所禁止吸烟范围若干规定》、《上海市公共场所控制吸烟条例》、《四川省公共场所卫生管理办法》、《广州市控制吸烟条例》、《杭州市公共场所控制吸烟条例》、《哈尔滨市防止二手烟草烟雾危害条例》、《天津市控制吸烟条例》等。

（娄峰阁）

第三节　传染病防治法律制度

【案例 3-2】

1992 年 8 月 27 日，何某因早产入住某医院，手术期间进行输血（此血液由某医院自行采集），何某后来感染了丙肝病毒。何某以某医院存在医疗过失为由，于 2004 年将某医院起诉至平顶山市卫东区人民法院要求赔偿损失，法院判决某医院对何某进行赔偿。某医院不服判决，提起上诉，平顶山市中级人民法院于 2008 年 2 月作出维持原判二审判决。某医院不服二审判决，向河南省高级人民法院申请再审。2009 年 11 月，河南省高级人民法院裁定驳回某医院的再审申请。2010 年，何某感染丙肝的症状明显，于 2010 年 3 月 21 日在中国人民解放军某医院住院治疗，何某被诊断为病毒性肝炎丙型慢性。何某再次起诉某医院，要求某医院承担赔偿责任。一审判决支持何某的诉讼请求。某医院不服，提起上诉，称其不存在过错。二审法院作出维持原判判决。[1]

一、传染病防治法律制度概述

新中国成立以后，党和政府采取了一系列综合性措施，大力开展爱国卫生运动，制定了"预防为主"的卫生工作方针，紧抓"卫生防疫"，使传染病防治工作取得了显著的成绩。

（一）传染病的界定和分类

一般认为，传染病是指由病源性细菌、病毒、立克次体和原虫等引起的，能在人与人、动物与动物或人与动物之间相互传播的疾病。我国《传染病防治法》）所规范的传染病是指全国发病率较高、流行面较大、危害严重的急性和慢性传染病。根据传染病对人类的危害程度、传播方式、速度的不同，划分为甲类传染病、乙类传染病、丙类传染病三类。其中，甲类传染病是指鼠疫、霍乱。

乙类传染病是指传染性非典型肺炎、艾滋病、病毒性肝炎、脊髓灰质炎、人感染高致病性禽流感、麻疹、流行性出血热、狂犬病、流行性乙型脑炎、登革热、炭疽、细菌性和阿米巴性痢疾、肺结核、伤寒和副伤寒、流行性脑脊髓膜炎、百日咳、白喉、新生儿破伤风、猩红热、布鲁氏菌病、淋病、梅毒、钩端螺旋体病、血吸虫病、疟疾。

丙类传染病是指流行性感冒、流行性腮腺炎、风疹、急性出血性结膜炎、麻风有、流行性和地方性斑疹伤寒、黑热病、包虫病、丝虫病；除霍乱、细菌性和阿米巴性痢疾、伤寒和副伤寒以外的感染性腹泻病。

根据我国《传染病法治法》的规定，国务院卫生行政部门根据传染病暴发、流行情况和危

---

[1] 河南省平顶山市中级人民法院民事判决书（2013）平民三终字第 24 号。

害程度，可以决定增加、减少或者调整乙类、丙类传染病病种并予以公布。省、自治区、直辖市人民政府对本行政区域内常见、多发的其他地方性传染病，可以根据情况决定按照乙类或者丙类传染病管理并予以公布，报国务院卫生行政部门备案。需要解除采取的甲类传染病预防、控制措施的，由国务院卫生行政部门报经国务院批准后予以公布。

（二）传染病的立法体系

我国一直以来重视传染病的防治工作，包括传染病的立法工作。自第一届全国人民代表大会制定了《中华人民共和国卫生检疫条例》以来，我国形成了以《传染病防治法》为核心的法律、行政法规、司法解释、部门规章、规范性文件、国际条约多层次的立法体系，对于我国的传染病防治进行规范治理。

（三）传染病防治法

1989年2月21日通过了《传染病防治法》，并于同年9月1日起开始施行。1991年12月6日，经国务院准，卫生部发布了《中华人民共和国传染病防治法实施办法》（以下简称《传染病防治法实施办法》）。2004年与2013年我国分别修订了《传染病防治法》。

《传染病防治法》规定，在中华人民共和国领域内的一切单位和个人，必须接受预防控制机构、医疗机构有关传染病的调查、检验、采集样本、隔离治疗等预防控制措施，如实提供有关情况。一切单位包括我国的所有机关、企事业单位、社会团体，也包括我国领域内的外资、中外合资、合作企业等；一切个人即我国领域的所有自然人，包括中国人、外国国籍的人和无国籍人。根据我国有关法律规定和国际惯例，外交人员不享有传染病防治方面的豁免权。

二、传染病的预防和监控法律制度

根据我国《传染病防治法》的规定，国务院及其卫生行政主管部门、各级人民政府及医疗机构是传染病预防和监控的法定机构。《传染病防治法》同时规定，政府各相关部门和地方政府应该采取有效的预防和监控措施，预防传染病的产生和传播。

相关的预防和监控措施包括：爱国卫生运动、计划免疫、传染病菌种（毒种）建库、监测、传染病预警、疫情报告以及疫情控制等。

1. **爱国卫生运动措施**　为了从源头上预防传染病的产生和传播，我国历来注重群众性卫生运动，并建立了专门的爱国卫生运动委员会，专职负责爱国卫生运动。根据国务院有关规定，在爱国卫生运动方面，各级政府应当抓好以下工作：①动员全社会力量同疾病作斗争，使爱国卫生活动成为任何单位和个人均自觉参加的群众性卫生活动；②通过预防传染病的健康教育，提高公众防治意识和应对传染病的能力；③倡导积极健康的生活方式，注意环境卫生建设，防止带有病原微生物的废弃物污染空气、水资源、土壤、农作物，消除环境中可能存在的疾病传播因素，创造清洁的工作和生活环境；④消除鼠害和蚊蝇等病媒生物的危害。[1]

2. **计划免疫措施**　根据我国《传染病防治法》的规定，我国实行有计划的预防接种制度。国务院卫生行政主管部门和省级卫生行政部门制定传染病预防接种规划并组织实施，对预防接种规划项目，各级卫生行政部门要因地制宜保证落实。国家实行儿童预防接种证制度，学龄前儿童在办理入托、入学时，必须要有符合规定、记录完整的预防接种证，无证或未按规定接种者，必须补种、补证，否则学校不予接收。[2]

---

[1] 比如，针对铁路、交通工具及相关场所的鼠害和蚊蝇等生物的危害，各级政府和部门应当制订实施方案，采取必要措施，包括对相关场所进行经常性消毒、在交通工具上配备必要的防护用品和无毒物品、加强对系统内员工的传染病防治知识宣传和健康教育、增强他们的防护意识和能力等。

[2] 为此，原卫生部专门制定了《计划免疫技术管理规程》（卫疾控发[1998]第50号），规定婴儿出生后应接种卡介苗、乙肝疫苗；满2个月龄口服脊髓灰质炎糖丸疫苗；满3个月龄接种百白破疫苗；满8个月龄接种麻疹疫苗等。

3. 传染病监测措施　国务院卫生行政部门制定国家传染病监测规划和方案，省级卫生行政部门据国家的监测规划和方案，制定本行政区域的传染病监测计划和工作方案。

4. 传染病预警措施　国务院卫生行政部门和省、自治区、直辖市人民政府根据传染病发生、流行趋势预测及时发出预警，予以公布。相关传染病预防、控制预案应该包括如下内容：①指挥部的组成和相关部门的职责；②监测、信息收集、分析、报告、通报机制；③疾病预防控制机构、医疗机构在疫情发生时的任务与职责；④传染病暴发、流行情况的分级及应急工作方案；⑤疫点、疫区现场控制，应急设施、救治药物和医疗器械及其他物资和技术的储备与调用。

同时，在工作分工上，要求：第一，当地方政府及疾病预防控制机构接到上级发出的传染病预警后，应当按照传染病预防控制预案，采取相应措施；并指定专门人员负责对医疗机构传染病预防工作进行指导、考核和调查；第二，医疗机构必须严格执行管理制度、操作规范，防止传染病的医源性感染和医院感染；并确立专门部门或人员承担疫情报告，及单位内的传染病预防、控制，承担区域内的传染病预防工作和医疗活动中与医院感染有关的危险因素监测、安全防护、消毒、隔离和医疗废物处理。

以上两机构的实验室和从事病原微生物实验的人员，应当按照规定和技术标准，建立严格的监督管理制度，防止传染病病原体和病源微生物的扩散。

5. 传染病菌种、毒种建库措施　对此，《传染病防治法》要求对传染病的菌种、毒种和传染病检测样本的采集、保藏、携带、运输，实行分类管理，建立健全严格的管理制度。包括：对有可能导致甲类传染病传播的菌种、毒种和传染病检测样本，确需采集、保藏、携带、运输和使用的，必须经省级以上人民政府卫生行政部门审批；对受到传染病病原体污染的水源、场所和物品，必须在疾病预防控制机构的指导下按要求严格消毒。

6. 疫情报告、通报和公布措施　我国《传染病防治法》规定，疾病预防控制机构、医疗机构和采供血机构及其执行公务的人员发现法律规定的传染病疫情或者发现其他传染病暴发、流行以及突发原因不明的传染病时，应当遵循疫情报告的属地管理原则，按照国务院规定的或者国务院卫生行政部门规定的内容、程序、方式和时限报告。任何单位和个人发现传染病病人或者疑似传染病病人时，应当及时向附近的疾病预防控制机构或者医疗机构报告。负有传染病疫情报告职责的人民政府有关部门、疾病预防控制机构、医疗机构、采供血机构及其工作人员，不得隐瞒、谎报、缓报传染病疫情。

国务院卫生行政部门应当及时向国务院其他有关部门和各省、自治区、直辖市人民政府卫生行政部门通报全国传染病疫情以及监测、预警的相关信息。

7. 疫情控制措施

（1）医疗机构发现甲类传染病时，对病人、病原携带者，予以隔离治疗，根据医学检查结果确定隔离期；对疑似病人，确诊前在指定场所单独隔离治疗；对医疗机构内的病人、病原携带者、疑似病人的密切接触者，在指定场所进行医学观察和采取其他必要的预防措施。对于拒绝隔离治疗或者隔离期未满擅自脱离隔离治疗的，可由公安机关协助医疗机构采取强制隔离治疗措施。

（2）疾病预防控制机构发现传染病疫情或者接到传染病疫情报告时，首先应对传染病疫情进行流行病学调查，根据调查结果提出划定疫点、疫区的建议，并向卫生行政部门提出疫情控制方案，对被污染的场所进行卫生处理，密切接触者应在指定场所进行医学观察并采取必要的其他预防措施；其次，传染病暴发流行时，应对疫点、疫区进行卫生处理，并向卫生行政部门提出疫情控制方案以及按照卫生行政部门的要求采取措施；最后，上级疾病预防控制机构应指导下一级机构实施传染病预防、控制措施，组织和指导有关单位对传染病疫情进行处理。

（3）县级以上人民政府对发生甲类传染病病例的场所或者该场所内的人员实施隔离的，

应报告上一级人民政府；接到报告的上级人民政府应当即时作出是否批准的决定。如不予批准，采取隔离措施的人民政府应当立即解除隔离措施；隔离措施的解除，由原决定机关决定并宣布。

（4）当传染病暴发和流行时，县级以上地方人民政府应当立即组织力量，按照预防和监控预案进行防治，切断传染病的传播途径；必要时，报经上一级人民政府决定后，可以采取下列紧急措施：①限制或者停止集市、影剧院演出或者其他人群聚集的活动；②停工、停业、停课；③封闭或者封存被传染病病原体污染的公共饮用水源、食品以及相关物品；④控制或者扑杀染疫野生动物、家畜家禽。紧急措施的解除应当由原决定机关决定并宣布。

（5）当甲类、乙类传染病暴发或者流行时，由国务院决定并宣布跨省、自治区、直辖市的疫区。省、自治区、直辖市人民政府决定对本行政区域内甲类传染病疫区的封锁措施；而大、中城市的疫区或者跨省、自治区、直辖市的疫区，以及封锁疫区导致中断干线交通或者封锁国境的，由国务院决定。县级以上地方人民政府报经上一级人民政府决定后，可以宣布本行政区部分或者全部为疫区。发生甲类传染病时，各级人民政府依法对通过传染病区的交通工具及其乘运人员、物资，实施交通卫生检疫。根据传染病疫情控制的需要，国务院有权在全国范围以及跨省、自治区、直辖市范围，县级以上地方人民政府有权在本行政区域内采取紧急调集人员或者调用储备物资、临时征用房屋、交通工具以及相关设施设备等措施。

（6）组织协调和保障供应。传染病暴发或者流行时，药品和医疗器械生产、供应商应当及时生产、供应防治传染病的药品和医疗器械；铁路、交通、民用航空经营单位，必须优先运送处理传染病疫情的人员以及防治传染病的药品和医疗器械。县级以上人民政府有关部门应当做好组织协调工作。

三、传染病医疗救治的法律制度

（一）专门医疗机构的设置

《传染病防治法》要求县级以上人民政府加强和完善传染病医疗救治服务网络建设，并指定具备传染病救治条件和能力的医疗机构承担传染病的救治任务，或者根据传染病救治需要设置传染病医院。

（二）救治措施

医疗机构应当对传染病患者或者疑似传染病患者提供医疗救护、现场救援和接诊治疗。医疗机构还应当实行传染病预检分诊制度，对传染病患者、疑似患者引导隔离分诊。医疗机构不具备相应救治能力的，应当将患者转至具有相应能力的医院救治。

四、传染病防治监管机构的管理职权

根据《传染病防治法》的规定，省级以上人民政府卫生行政部门负责组织对传染病防治重大事项的处理。县级以上人民政府卫生行政部门对传染病防治工作履行下列监督职责：①对下级人民政府卫生行政部门履行法律规定的传染病防治职责进行监督检查；②对疾病预防控制机构、医疗机构的传染病防治工作进行监督检查；③对采供血机构的采供血活动进行监督检查；④对用于传染病防治的消毒产品及其生产单位进行监督检查，并对饮用水供水单位从事生产或者供应活动以及涉及饮用水卫生安全的产品进行监督检查；⑤对传染病菌种、毒种和传染病检测样本的采集、保藏、携带、运输、使用进行监督检查。⑥对公共场所和有关单位的卫生条件和传染病预防、控制措施进行监督检查。

县级以上人民政府卫生行政部门在履行监督检查职责时，享有如下权力：①进入被检查单位和传染病疫情发生现场调查取证，查阅或者复制有关的资料和采集样本。被检查单位有义务

配合。②发现被传染病病原体污染的公共饮用水源、食品以及相关物品，如不及时采取控制措施可能导致传染病传播、流行的，可以采取封闭公共引用水源、封存食品以及相关物品或者暂停销售等临时措施，并予以消毒。经检验，属于被污染的食品，实施销毁；对未被污染的食品或者经过消毒可以继续使用的物品，卫生行政管理部门应当解除控制措施。

五、法律责任

《传染病防治法》以及相关法律法规对于违反我国传染病防治法律制度的行为课以法律责任，其中又以对单位或者个人的行政责任和刑事责任为主。

（一）地方各级人民政府及其有关部门的法律责任

根据《传染病防治法》的规定，地方各级政府及其相关责任人，未履行法律规定的疫情报告、组织救治、采取控制措施等职责，就要承担法律责任。具体而言：对于行政部门的下列行为由上级机关责令改正、通报批评：①未履行规定的报告职责。报告职责是指在传染病疫情或者可能发生传染病疫情时，人民政府及其有关人员负有报告和通报义务。②在传染病暴发、流行时未及时组织救治，采取控制措施的。对于相关的责任人，依法给予行政处分；构成犯罪的，依法追究刑事责任。

（二）传染病预防控制机构以及相关责任人的法律责任

传染病预防控制机构违反《传染病防治法》的规定，有下列情形之一的，由县级以上人民政府卫生行政部门责令限期改正、通报批评、警告；对于责任人依法给予降级、撤职、开除的处分，依法吊销相关责任人的执业证书；构成犯罪的，依法追究刑事责任：①未依法履行传染病监测职责的；②未依法履行传染病疫情报告、通报职责或者隐瞒、谎报、缓报传染病疫情的；③未主动收集传染病疫情信息或者对传染病疫情信息和疫情报告未及时进行分析、调查、核实的；④发现传染病疫情时，未根据职责及时采取法律规定的措施的；⑤故意泄露传染病患者、病原携带者、疑似传染病病人、密切接触者涉及个人隐私的有关信息、资料的。

（三）医疗机构以及相关责任人的法律责任

根据《传染病防治法》的规定，医疗机构有下列情形之一的，由县级以上人民政府卫生行政部门责令改正，通报批评，给予警告；造成传染病传播、流行或者其他严重后果的，对负有责任的主管人员和其他直接责任人员，依法给予降级、撤职、开除的处分，并可以依法吊销有关责任人员的执业证书；构成犯罪的，依法追究刑事责任：①未按照规定承担本单位的传染病预防、控制工作、医院感染控制任务和责任区域内的传染病预防工作的；②未按规定报告传染病疫情或者隐瞒、谎报、缓报传染病疫情的；③发现传染病疫情时，未按规定对传染病病人、疑似传染病病人提供医疗救护、现场救援、接诊、转诊的，或者拒绝接受转诊的；④未按规定对医疗机构内被传染病病原体污染的场所、物品以及医疗废物实施消毒或者无害化处置的；⑤未按规定对医疗器械进行消毒，或者对按照规定一次使用的医疗器械未予销毁、再次使用的；⑥在医疗救治过程中未按规定保管医学记录资料的；⑦故意泄露传染病病人、病原携带者、疑似传染病病人、密切接触者涉及个人人隐私的信息、资料的。

（四）采供血机构以及其责任人的法律责任

采供血机构有下列行为的，由上级卫生行政管理部门责令改正、通报批评、警告，对于采供血机构负有责任的主管人员和其他直接责任人员给予行政处分（降级、撤职、开除）、行政处罚（吊销执业许可证），构成犯罪的，追究刑事责任：①未依法报告传染病疫情或者隐瞒、谎报、缓报传染病疫情或者未执行国家有关规定，导致因输入血液引起经血液传播疾病发生的；②未按献血法对采供血过程中操作规范的严格规定，因而导致因输血引起经血液传播疾病发生的。

（五）国境卫生检疫机关、动物防疫机构及其责任人的法律责任

国境卫生检疫机关、动物防疫机构有下列行为的，由有关部门给予责令改正、通报批评的处理，对主管人员及其他直接责任人员依法给予降级、撤职、开除等行政处分，构成犯罪的，追究刑事责任：①国境卫生检疫机关发现甲类传染病病人、病原携带者、疑似传染病病人时，未依照国家有关规定立即向国境、口岸所在地的疾病预防控制机构或者所在地县级以上地方人民政府卫生行政部门报告并相互通报的；②动物防疫机构和疾病预防控制机构未及时互相通报动物间和人间发生的人畜共患传染病疫情以及相关信息的。

此外，《传染病防治法》以及相关的法律法规对铁路、交通、民用航空经营单位以及饮用水供应单位以及工程项目施工过程中的传染病预防、控制、救治的法律责任作了明确规定。

（冯　曦）

第四节　职业病防治法律制度

【相关材料】

2008年年初，苏州某科技有限公司开始为苹果公司提供触摸屏，其中一道工序是擦拭触摸屏。2009年春节过后，在该科技工作的贾某感觉一天到晚手都不会干，双腿无力，走不了多远就很累，走到哪里都想靠靠。2009年5月，听说车间里有个小姑娘瘫痪了，员工之间交流多起来，发现很多人的身体状况是一样的。去医院检查，结果是"正己烷中毒"。在媒体的广泛关注下，2011年2月15日，苹果公司发布《2011年供应商责任进展报告》，承认"因暴露于正己烷环境，健康遭受不利影响"，"毒苹果"事件有了结论性的进展。[1]

一、职业病防治法律制度概述

（一）职业病

我国的法定职业病是指企业、事业单位和个体经济组织等用人单位的劳动者在职业活动中，因接触粉尘、放射性物质和其他有毒、有害因素而引起的疾病。

职业病必须具备四个条件：①患病主体必须是企业、事业单位或者个体经济组织等用人单位的劳动者；②必须是在从事职业活动的过程中产生的；③必须是因接触粉尘、放射性物质或其他有毒、有害因素而引起的；④必须是国家公布的职业病分类和目录所列的职业病。

原卫生部和原劳动保障部在2002年4月18日公布《职业病目录》，将职业病定为十大类115种。今后职业病的分类和目录由国务院卫生行政部门会同国务院安全生产监督管理部门、劳动保障行政部门制定、调整并公布。

（二）职业病防治法

2001年10月公布的《职业病防治法》是21世纪我国颁布的第一部卫生单行法律，并于2011年12月修订。《职业病防治法》确立了我国职业病防治工作坚持预防为主、防治结合的原则，建立用人单位责任、行政机关监管、行业自律、职工参与和社会监督的机制，实行分类管理、综合治理。该法规定了国家职业病防治工作总体运行制度，即政府监管与指导、用人单位实施与保障、劳动者权益维护与自律、社会监督与参与、职业卫生服务技术保障等。

（三）职业病防治法律关系主体

《职业病防治法》确定的职业病防治法律关系主体有：政府相关行政部门、产生职业病危

---

[1] 杜仕林. 卫生法学. 广州：中山大学出版社，2012：132.

害的用人单位、接触职业病危害因素的劳动者以及承担职业卫生检测、体检和职业病诊断的职业卫生技术服务单位等四方。该法明确了上述四方之间的行政和民事法律关系,并分别规定了各自的权利义务、法律地位和法律责任。

(四) 劳动者职业卫生保护权利

职业卫生保护权利包括:①获得职业卫生教育及培训;②获得职业健康检查、职业病诊疗、康复等职业病防治服务;③了解工作场所产生或者可能产生的职业病危害因素、危害后果和应当采取的职业病防护措施;④要求用人单位提供符合防治职业病要求的职业病防护设施和防护用品,改善工作条件;⑤对违反职业病防治法律法规以及危害生命健康的行为提出批评、检举和控告;⑥拒绝违章指挥和强令进行没有职业病防护措施的作业;⑦参与用人单位职业卫生工作的民主管理,对职业病防治工作提出意见和建议。

二、职业病防治的主要制度

(一) 前期预防制度

职业病前期预防突出强调用人单位应当依照法律法规要求,严格遵守国家职业卫生标准,落实职业病预防措施,从源头上控制和消除职业病危害。

《职业病防治法》规定,产生职业病危害的用人单位的设立除应当符合法律法规规定的设立条件外,其工作场所还应当符合下列职业卫生要求:①职业病危害因素的强度或者浓度符合国家职业卫生标准;②有与职业病危害防护相适应的设施;③生产布局合理,符合有害与无害作业分开的原则;④有配套的更衣间、洗浴间、孕妇休息间等卫生设施;⑤设备、工具、用具等设施符合保护劳动者生理、心理健康的要求;⑥法律、行政法规和国务院卫生行政部门、安全生产监督管理部门关于保护劳动者健康的其他要求。

(二) 劳动过程中的防护与管理制度

《职业病防治法》规定,用人单位应当采取下列职业病防治管理措施:①设置或者指定职业卫生管理机构或者组织,配备专职或者兼职的职业卫生管理人员,负责本单位的职业病防治工作;②制定职业病防治计划和实施方案;③建立、健全职业卫生管理制度和操作规程;④建立、健全职业卫生档案和劳动者健康监护档案;⑤建立、健全工作场所职业病危害因素监测及评价制度;⑥建立、健全职业病危害事故应急救援预案。

(三) 职业病诊断与鉴定制度

《职业病防治法》规定,医疗卫生机构承担职业病诊断,应当经省、自治区、直辖市人民政府卫生行政部门批准。省、自治区、直辖市人民政府卫生行政部门应当向社会公布本行政区域内承担职业病诊断的医疗卫生机构的名单。

劳动者可以在用人单位所在地、本人户籍所在地或者经常居住地依法承担职业病诊断的医疗卫生机构进行职业病诊断。职业病诊断标准和职业病诊断、鉴定办法由国务院卫生行政部门制定。职业病伤残等级的鉴定办法由国务院劳动保障行政部门会同国务院卫生行政部门制定。

承担职业病诊断的医疗卫生机构在进行职业病诊断时,应当组织三名以上取得职业病诊断资格的执业医师集体诊断。职业病诊断证明书应当由参与诊断的医师共同签署,并经承担职业病诊断的医疗卫生机构审核盖章。

(四) 职业病病人保障制度

用人单位应当按照国家有关规定,安排职业病病人进行治疗、康复和定期检查;对不适宜继续从事原工作的职业病病人,应当调离原岗位,并妥善安置;对从事接触职业病危害作业的劳动者,应当给予适当岗位津贴。职业病病人的诊疗、康复费用,伤残以及丧失劳动能力的职业病病人的社会保障,按照国家有关工伤保险的规定执行。用人单位发生分立、合并、解散、破产等情形的,应当对从事接触职业病危害作业的劳动者进行健康检查,并按照国家有关规定妥善安置职业病病人。

《职业病防治法》规定：职业病诊断、鉴定过程中，在确认劳动者职业史、职业病危害接触史时，当事人对劳动关系、工种、工作岗位或者在岗时间有争议的，可以向当地的劳动人事争议仲裁委员会申请仲裁；接到申请的劳动人事争议仲裁委员会应当受理，并在三十日内做出裁决。

（五）职业病防治监督检查制度

《职业病防治法》规定，国家实行职业卫生监督制度，县级以上人民政府职业卫生监督管理部门依照职业病防治法律法规、国家职业卫生标准和卫生要求，依据职责划分，对职业病防治工作进行监督检查。

安全生产监督管理部门履行监督检查职责时有权采取下列措施：①进入被检查单位和职业病危害现场，了解情况，调查取证；②查阅或者复制与违反职业病防治法律法规行为有关的资料和采集样品；③责令违反职业病防治法律法规的单位和个人停止违法行为。

三、法律责任

违反职业卫生与职业病防治法律法规，项目建设单位、用人单位、向用人单位提供可能产生职业病危害的设备材料者、医疗卫生机构、监督管理等相关部门要承担行政责任、民事责任；造成严重后果构成犯罪的，依法追究其刑事责任。

（娄峰阁）

第五节　国境卫生检疫法律制度

【案例 3-3】

1991 年 6 月 15 日，上海远洋运输公司所属"抚顺城"轮由日本抵达宁波镇海装卸区，被告宁波卫生检疫所在镇海港区对该轮实施入境检疫。检疫时，发现该轮大厨顾某、二厨冯某、服务员刘某均未持有由卫生检疫机关签发的健康证书，遂即要求船方办理换证签发手续，但船长以 3 名从业人员所持由交通部颁发的海员健康证书是有效的为由，拒绝办理换证签发手续。同月 18 日，被告在北仑港区对"抚顺城"轮进行出境检疫时，又发现该轮大厨顾某、二厨冯某、服务员刘某仍未持有由卫生检疫机关签发的健康证书。为此，被告再次要求船方办理换证签发手续，但船长以"根据上级通知执行办理"为由，再次予以拒绝。之后，该轮这 3 名从业人员随船出境。同月 24 日，宁波卫生检疫所根据《国境卫生检疫法实施细则》第某条第（三）项、第某条第某款的规定，决定对原告上海远洋运输公司所属"抚顺城"轮罚款人民币 4900 元。原告不服被告的处罚决定，于同年 7 月 15 日向中华人民共和国卫生检疫总所提出复议申请。卫生检疫总所根据《国境卫生检疫法实施细则》第某条第（三）项、第某条第（三）项、第某条的规定，于 9 月 11 日作出维持宁波卫生检疫所对原告罚款 4900 元的复议决定。原告不服卫生检疫总所的复议决定，于同年 10 月 10 日提起行政诉讼。在二审中，"浙江省高级人民法院认为，上诉人上海远洋运输公司所属'抚顺城'轮大厨顾某、二厨冯某、服务员刘某 3 名饮食从业人员未持有卫生检疫机关签发的健康证书，在出、入境检疫时，经卫生检疫机关指出并要求办理换证签发手续时，船长两次予以拒绝，抵制卫生监督，其行为违反了国境卫生检疫法及其实施细则的有关规定，依法应予处罚。被上诉人宁波卫生检疫所作出的行政处罚决定于法有据。"[1]

---

[1] 杜仕林. 卫生法学. 广州：中山大学出版社，2012：137-138.

一、概述

（一）国境卫生检疫

国境卫生检疫，是指国境卫生检疫机关为了防止传染病由国外传入或者由国内传出，依照国境卫生检疫的法律法规，在国境口岸、关口对出入境人员、交通工具、运输设备以及可能传播传染病的行李、货物、邮包等物品实施卫生检疫查验、疾病监测、卫生监督和卫生处理的卫生行政执法行为。

（二）国境卫生检疫法

国境卫生检疫法是为了防止传染病由国外传入或者由国内传出，保护人体健康，在实施国境检验、传染病监测和卫生监督等活动中产生的各种社会关系的法律规范的总称。狭义的国境卫生检疫法仅指《国境卫生检疫法》，广义的还包括《国境卫生检疫法实施细则》、《外国人入境出境管理法》、《传染病防治法》、我国缔结或者参加的有关卫生检疫的国际条约、其他法律法规中有关国境卫生检疫的法律规定及相关法律解释等。

（三）国境卫生检疫主体

国境卫生检疫的主体是国境卫生检疫法所授权的国境卫生检疫机关。该机关是国家在国境口岸设立的依法实施传染病检疫、疾病监测和卫生处理等活动的卫生执法机构，它代表国家在国境口岸行使检疫主权。国家质量监督检验检疫总局，为国务院主管国境卫生检疫的行政部门。

（四）国境卫生检疫范围

国境卫生检疫范围包括：入出境人员[1]、交通工具和运输设备[2]、行李、货物、邮包、快件[3]、尸体、骸骨[4]、微生物及血液等特殊物品[5]、人类遗传资源[6]等。

（五）国境卫生检疫所涉及的传染病

根据《国境卫生检疫法》和国务院有关部门的规定，国境卫生检疫所涉及的传染病有：①检疫传染病：鼠疫、霍乱、黄热病、甲型H1N1流感；②监测传染病：回归热、流行性斑疹伤寒、登革热、脊髓灰质炎、疟疾、流行性感冒、艾滋病；③禁止入境的疾病：严重精神病、传染性肺结核病或者可能对公共卫生造成重大危害的其他传染病。

二、卫生检疫法律规定

（一）入出境检疫的管理

入出境的人员、交通工具、运输设备以及可能传播检疫传染病的行李、货物、邮包等物品，都应接受检疫，经国境检验检疫机关许可，方准出境或入境。

（二）检疫传染病染疫人及染疫嫌疑人的管理

国境卫生检疫机关发现检疫传染病或者疑似检疫传染病时，除采取必要措施外，必须立即

---

[1] 入出境人员是指入、出我国国境的一切人员。外交人员不享有卫生检疫豁免权。
[2] 交通工具是指船舶、航空器、列车和其他车辆。运输设备是指货物集装箱等。
[3] 行李是指入境、出境人员携带的物品。货物是指由国外运进或者由国内运出的一切生产和生活资料。邮包是指入、出国境的邮件，包括与人类健康有关的啮齿动物、病媒昆虫、废旧物等特殊物品。出入境快件是指依法经营出入境快件的企业，在特定时间内以快速的商业运输方式承运的出入境货物和物品。对应当实施检验检疫的出入境快件，未经检验检疫或者经检验检疫不合格的，不得运递。
[4] 入出境的尸体、骸骨托运人或者代理人，必须向国境卫生检疫机关申报，经卫生检查合格后，方准运进或者运出。
[5] 特殊物品包括入出境的微生物、人体组织、生物制品、血液及其制品等。
[6] 人类遗传资源是指含有人体基因组、基因及其产物的器官、组织、细胞、血液、制备物、重组脱氧核糖核酸（DNA）构建体等遗传材料及相关的信息资料。

通知当地卫生行政部门，同时用最快的方法报告国务院卫生行政部门，最迟不得超过 24 小时。国境卫生检疫机关对检疫传染病染疫人必须立即将其隔离，隔离期限根据医学检查结果确定；对检疫传染病染疫嫌疑人应当将其留验，留验期限根据该传染病的潜伏期确定。

三、传染病监测法律规定

国境卫生检疫机关对入出境的人员实施传染病监测，并且采取必要的预防、控制措施。国境卫生检疫机关有权要求入出境的人员填写健康申明卡，出示某种传染病的预防接种书、健康证明或者其他有关证件。对患有监测传染病的人、来自国外监测传染病流行区的人或者与监测传染病人密切接触的人，国境卫生检疫机关应当区别情况，发给就诊方便卡，实施留验或者采取其他预防、控制措施，并及时通知当地卫生行政部门。各地医疗单位对持有就诊方便卡的人员，应当优先诊治。

四、卫生处理法律规定

卫生处理是指国境卫生检疫机关实施的隔离、留验和就地诊验等医学措施及消毒和除鼠、除虫等卫生措施。

1. 交通工具和废旧物品的卫生处理　出入境的交通工具有下列情形之一的，应当由卫生检疫机关实施卫生处理：①来自检疫传染病疫区的；②被检疫传染病污染的；③发现有与人类健康有关的啮齿动物或者病媒昆虫，超过国家卫生标准的。卫生检疫机关对入出境的废旧物品和曾经行驶于境外港口的废旧交通工具，根据污染程度，分别实施消毒、除鼠、除虫，对污染严重的实施销毁。

2. 尸体、骸骨的卫生处理　出入境的尸体、骸骨托运人或代理人应当申请卫生检疫，并出示死亡证明或者其他有关证件，对不符合卫生要求的，必须接受卫生检疫机关实施的卫生处理。

3. 其他物品的卫生处理　出入境的集装箱、行李、货物、邮包等物品需要卫生处理的，由卫生检疫机关实施。对染疫人、染疫嫌疑人的行李、使用过的物品、占用过的部位等要实施除鼠、除虫、消毒；对污染或者有污染嫌疑的饮食及人的排泄物、垃圾、废物等实施消毒；对来自霍乱疫区的水产品、水果、蔬菜、饮料及装有这些制品的邮包，必要时可以实施卫生处理。

五、国境口岸突发公共卫生事件应急处理法律规定

2003 年 11 月 7 日，国家质量监督检验检疫总局发布了《国境口岸突发公共卫生事件出入境检验检疫应急处理规定》。

1. 国境口岸突发公共卫生事件　包括：①发生鼠疫、霍乱、黄热病、肺炭疽、传染性非典型肺炎病例的；②乙类、丙类传染病较大规模的暴发、流行或多人死亡的；③发生罕见的或国家已宣布消除的传染病等疫情的；④传染病菌种、毒种丢失的；⑤发生临床表现相似的但致病原因不明且有蔓延趋势或可能蔓延趋势的群体性疾病的；⑥中毒人数 10 人以上或者中毒死亡的；⑦国内外发生突发事件，可能危及国境口岸的。

2. 应急处理法律规定　突发事件发生后，发生地检验检疫机构经上一级机构批准，采取下列紧急控制措施：①对现场进行临时控制，限制人员出入，对疑为人畜共患的重要疾病疫情，禁止病人或疑似病人与易感动物接触；②对现场有关人员进行医学观察，临时隔离留验；③对出入境交通工具、货物、集装箱、行李、邮包等采取限制措施，禁止移运；④封存可能导致突发事件发生或者蔓延的设备、材料、物品；⑤实施紧急卫生处理措施。

六、法律责任

《国境卫生检疫法》规定，逃避检疫、向国境卫生检疫机关隐瞒真实情况的；入境的人员未经国境卫生检疫机关许可，擅自上下交通工具，或者装卸行李、货物、邮包等物品，不听劝阻的，给予行政处罚。

国境卫生检疫机关工作人员违法失职的，给予行政处分。

违反国境卫生检疫规定，引起检疫传染病的传播或有引起检疫传染病传播严重危险的，处3年以下有期徒刑或拘役，并处或者单处罚金。国境卫生检疫机关工作人员违法失职，情节严重构成犯罪的，依法追究刑事责任。

（娄峰阁）

第六节　环境卫生法律制度

【相关材料】

在我国某地区曾经发生过一种奇怪的脱发病。有人一觉醒来，忽然发现头发一束束脱落，当地人恐惧地称之为"鬼剃头"。经过医学和地质学工作者的考察研究，发现这里的土壤里富含铬、铅、铊、锌等元素。当地人非法开采矿石的现象非常普遍，废弃的矿渣随意堆放，对当地环境造成极大的破坏。对污染地区的人群进行调查，发现乏力、下肢无力、发麻或失眠等症状较多见。少数人有视力下降、四肢远端感觉障碍、疼痛及脱发等症状。[1]

一、概述

（一）环境卫生

环境卫生学研究自然环境和生活环境与人群健康的关系，揭示环境因素对人群健康影响的发生、发展规律，为充分利用环境有益因素和控制环境有害因素提出卫生要求和预防对策，提高人群健康水平。国际上的环境立法以及我国环境保护法都采用了"大环境"概念的内容和外延。"大环境"概念，既包括自然环境，也包括社会环境；既包括生活环境，也包括生态环境。

（二）环境卫生法

环境卫生法是指在保护和改善人类生活环境与生态环境，防止环境污染，保障人体健康活动中而产生的各种社会关系的法律规范的总和。

国际社会制定了60多个环境保护的国际公约：联合国《人类环境宣言》、《联合国海洋法公约》、《关于环境与发展的里约宣言》、《气候变化框架公约》等。我国已加入其中部分公约，并自觉履行条约规定的义务。我国环境卫生立法主要有：1989年颁布了《环境保护法》[2]，并先后制定了《大气污染防治法》、《水污染防治法》、《环境噪声污染防治法》、《固体废料污染环境防治法》和《海洋环境保护法》等法律。还颁布了大量的环境保护方面的行政法规、部门规章和环境标准。

---

[1] 杨克敌．环境卫生学．北京：人民卫生出版社，2003.
[2] 此法已由第十二届全国人民代表大会常务委员会第八次会议于2014年4月24日修订通过，且将于2015年1月1日起实施。

二、环境卫生的基本法律制度

(一) 国家环境质量标准制度

国家制定环境质量标准,也称环境卫生标准,是我国卫生法规的重要组成部分,是控制和消除环境污染危害,实现规划目标的重要依据,也是评价各种卫生技术措施效果的指标。

国家环境质量标准制度包括环境质量标准、污染物排放标准。国务院环境保护主管部门制定国家环境质量标准。省、自治区、直辖市人民政府对国家环境质量标准中未作规定的项目,可以制定地方环境质量标准;对国家环境质量标准中已作规定的项目,可以制定严于国家环境质量标准的地方环境质量标准。地方环境质量标准应当报国务院环境保护主管部门备案。国务院环境保护主管部门根据国家环境质量标准和国家经济、技术条件,制定国家污染物排放标准。省、自治区、直辖市人民政府对国家污染物排放标准中未作规定的项目,可以制定地方污染物排放标准;对国家污染物排放标准中已作规定的项目,可以制定严于国家污染物排放标准的地方污染物排放标准。地方污染物排放标准应当报国务院环境保护主管部门备案。

(二) 环境监测管理制度

环境监测管理制度,是指关于环境监测机构的设置、监测标准、监测任务和监测管理的法律规范的总和。国务院环境保护主管部门制定监测规范,会同有关部门组织监测网络,统一规划国家环境质量监测站(点)的设置,建立监测数据共享机制,加强对环境监测的管理。有关行业、专业等各类环境质量监测站(点)的设置应当符合法律法规规定和监测规范的要求。监测机构应当使用符合国家标准的监测设备,遵守监测规范。监测机构及其负责人对监测数据的真实性和准确性负责。

(三) 环境影响评价制度

我国于2002年颁布了《环境影响评价法》。环境影响评价,是指对规划和建设项目实施后可能造成的环境影响进行分析、预测和评估,提出预防或者减轻不良环境影响的对策和措施,并进行跟踪监测的方法与制度。未依法进行环境影响评价的开发利用规划,不得组织实施;未依法进行环境影响评价的建设项目,不得开工建设。

(四) 现场检查制度

县级以上人民政府环境保护主管部门及其委托的环境监察机构和其他负有环境保护监督管理职责的部门,有权对排放污染物的企业事业单位和其他生产经营者进行现场检查。被检查者应当如实反映情况,提供必要的资料。实施现场检查的部门、机构及其工作人员应当为被检查者保守商业秘密。企业事业单位和其他生产经营者违反法律法规规定排放污染物,造成或者可能造成严重污染的,县级以上人民政府环境保护主管部门和其他负有环境保护监督管理职责的部门,可以查封、扣押造成污染物排放的设施、设备。

(五) 目标责任制和考核评价制度

县级以上人民政府应当将环境保护目标完成情况纳入对本级人民政府负有环境保护监督管理职责的部门及其负责人和下级人民政府及其负责人的考核内容,作为对其考核评价的重要依据。考核结果应当向社会公开。

(六) "三同时"制度

"三同时"制度是建设项目环境管理的一项基本制度,是我国以预防为主的环保政策的重要体现,是环境影响评价制度的保障。建设项目中防治污染的设施,必须与主体工程同时设计、同时施工、同时投产使用。防治污染的设施应当符合经批准的环境影响评价文件的要求,不得擅自拆除或者闲置。

(七) 生态保护补偿制度

国家加大对生态保护地区的财政转移支付力度。有关地方人民政府应当落实生态保护补偿资金，确保其用于生态保护补偿。国家指导受益地区和生态保护地区人民政府通过协商或者按照市场规则进行生态保护补偿。

（八）排污许可与排污收费制度

实行排污许可管理的企业事业单位和其他生产经营者应当按照排污许可证的要求排放污染物；未取得排污许可证的，不得排放污染物。排放污染物的企业事业单位和其他生产经营者，应当按照国家有关规定缴纳排污费。排污费应当全部专项用于环境污染防治，任何单位和个人不得截留、挤占或者挪作他用。依照法律规定征收环境保护税的，不再征收排污费。

三、环境卫生保护的法律规定

（一）大气污染防治的法律规定

2012年修订的《环境空气质量标准》，调整了环境空气功能区分类，将三类区并入二类区；增设了PM2.5浓度限值和臭氧8小时平均浓度限值；调整了PM10、二氧化氮、铅和苯并芘[a]等的浓度限值；调整了数据统计的有效性规定。

《大气污染物综合排放标准》规定了二氧化硫等33种大气污染物的排放限值，其指标体系为最高允许排放浓度、最高允许排放速率和无组织排放监控浓度限值。

（二）水污染防治的法律规定

我国水环境质量标准是根据不同水域及其使用功能和其所控制的对象分别制定的。主要由《地表水环境质量标准》、《农田灌溉水质标准》、《海水水质标准》、《生活饮用水卫生标准》等组成。

为了保护地面水水质，更好地控制水污染，国家先后颁布了《城镇污水处理厂污染物排放标准》、《医疗机构水污染排放标准》等。《水污染防治法》规定，省、自治区、直辖市人民政府对执行国家污染物排放标准不能保证达到水环境质量标准的水体，可以制定严于国家污染物排放标准的地方污染物排放标准。

（三）固体废物污染环境防治的法律规定

2013年6月修订的《固体废物污染环境防治法》，实行减少固体废物的产生量和危害性、充分合理利用固体废物和无害化处置固体废物的原则，促进清洁生产和循环经济发展。国家对固体废物污染环境防治，实行污染者依法负责的原则。产品的生产者、销售者、进口者、使用者对其产生的固体废物依法承担污染防治责任。

（四）环境噪声污染防治的法律规定

为防治环境噪声污染，我国陆续颁布了《环境噪声污染防治法》、《城市区域环境噪声标准》、《工业企业噪声卫生标准（试行）》、《机动车辆允许噪声标准》等，对工业噪声污染、建筑工地噪声污染、交通运输噪声污染等作了具体规定。

（五）防治放射性污染的法律规定

为了防治放射性污染，2003年颁布了《放射性污染防治法》。我国已加入相关的国际公约有：《核安全公约》、《放射性物质越境运输公约》、《核材料实物保护公约》、《核事故或辐射紧急援助公约》等。

1. 放射防护标准　放射卫生防护标准包括基本标准和基础标准、职业照射的防护标准、公众照射的防护标准、医疗照射防护标准、监测规范和方法标准等。其中《电离辐射防护与辐射源安全基本标准》是最重要的基本标准，是制定其他相关标准的重要依据。

2. 放射性"三废"的治理和排放的法律规定　《放射防护规定》指出，凡产生放射性"三废"的单位，应积极改进工艺流程，尽量采用先进技术，大搞"三废"综合利用，力求减少放射性"三废"的体积和放射性物质的含量，不排或少排放射性物质。

四、法律责任

(一)行政责任

1. 企业事业单位和其他生产经营者违法排放污染物,受到罚款处罚,被责令改正,拒不改正的,依法作出处罚决定的行政机关可以自责令改正之日的次日起,按照原处罚数额按日连续处罚。过污染物排放标准或者超过重点污染物排放总量控制指标排放污染物的,县级以上人民政府环境保护主管部门可以责令其采取限制生产、停产整治等措施;情节严重的,报经有批准权的人民政府批准,责令停业、关闭。

2. 建设单位未依法提交建设项目环境影响评价文件或者环境影响评价文件未经批准,擅自开工建设的,由负有环境保护监督管理职责的部门责令停止建设,处以罚款,并可以责令恢复原状。

3. 违反本法规定,重点排污单位不公开或者不如实公开环境信息的,由县级以上地方人民政府环境保护主管部门责令公开,处以罚款,并予以公告。

4. 企业事业单位和其他生产经营者有下列行为之一,尚不构成犯罪的,除依照有关法律法规规定予以处罚外,由县级以上人民政府环境保护主管部门或者其他有关部门将案件移送公安机关,对其直接负责的主管人员和其他直接责任人员,处十日以上十五日以下拘留;情节较轻的,处五日以上十日以下拘留:①建设项目未依法进行环境影响评价,被责令停止建设,拒不执行的;②违反法律规定,未取得排污许可证排放污染物,被责令停止排污,拒不执行的;③通过暗管、渗井、渗坑、灌注或者篡改、伪造监测数据,或者不正常运行防治污染设施等逃避监管的方式违法排放污染物的;④生产、使用国家明令禁止生产、使用的农药,被责令改正,拒不改正的。

5. 上级人民政府及其环境保护主管部门应当加强对下级人民政府及其有关部门环境保护工作的监督。发现有关工作人员有违法行为,依法应当给予处分的,应当向其任免机关或者监察机关提出处分建议。依法应当给予行政处罚,而有关环境保护主管部门不给予行政处罚的,上级人民政府环境保护主管部门可以直接作出行政处罚的决定。

6. 地方各级人民政府、县级以上人民政府环境保护主管部门和其他负有环境保护监督管理职责的部门有下列行为之一的,对直接负责的主管人员和其他直接责任人员给予记过、记大过或者降级处分;造成严重后果的,给予撤职或者开除处分,其主要负责人应当引咎辞职:①不符合行政许可条件准予行政许可的;②对环境违法行为进行包庇的;③依法应当作出责令停业、关闭的决定而未作出的;④对超标排放污染物、采用逃避监管的方式排放污染物、造成环境事故以及不落实生态保护措施造成生态破坏等行为,发现或者接到举报未及时查处的;⑤违反本法规定,查封、扣押企业事业单位和其他生产经营者的设施、设备的;⑥篡改、伪造或者指使篡改、伪造监测数据的;⑦应当依法公开环境信息而未公开的;⑧将征收的排污费截留、挤占或者挪作他用的;⑨法律法规规定的其他违法行为

(二)民事责任

民事责任主要是侵权损害赔偿。因污染环境和破坏生态造成损害的,应当依照《中华人民共和国侵权责任法》的有关规定承担侵权责任。提起环境损害赔偿诉讼的时效期间为三年,从当事人知道或者应当知道其受到损害时起计算。

(三)刑事责任

违反《环境保护法》的规定,构成犯罪的,依法追究刑事责任。

(娄峰阁)

第七节　精神卫生法律制度

【案例 3-4】

2010年3月9日,李元(化名)的妻子吕秀芳(化名)到济南一精神病院称其丈夫有精神病,并为丈夫办理了住院手续,交纳了3000元住院押金。第二天,精神病院4名工作人员乘出租车到李元家,欲将其带往医院治疗。由于李拒不前往,并极力反抗,精神病院工作人员采取了用约束带捆绑的方式,将其从家中强行带出,欲将其塞入出租车带往医院。在此过程中,李元极力反抗,引来部分群众围观。后吕秀芳打电话报警,公安民警到达现场后,精神病院工作人员解开了捆绑李元的约束带。后李元以精神病院和妻子侵犯了自己的人身权和自由权为由提起民事诉讼,并据此要求前者赔偿5万元,后者赔偿3000元。山东省济南市市中区法院以侵犯公民人身自由为由,判决精神病院依法赔偿原告精神损害抚慰金5000元。据了解,这是全国首例生效的公民被当成精神病患者收治引发诉讼的判决。[1]

一、精神卫生法的概述

(一)精神卫生法的概念

精神卫生法是调整精神卫生工作中产生的各种社会关系的法律规范的总和。精神障碍,是指各种原因引起的感知、情感和思维等精神活动的紊乱或者异常,导致患者明显的心理痛苦或者社会适应等功能损害。严重精神障碍,是指疾病症状严重,导致患者社会适应等功能严重损害、对自身健康状况或者客观现实状况不能完整认识,或者不能处理自身事务的精神障碍。

我国于2012年10月26日通过了《精神卫生法》,并于2013年5月1日起正式实施,弥补了我国精神卫生领域的立法空白,为开展维护和增进公民心理健康、预防和治疗精神障碍、促进精神障碍患者康复活动提供了法律依据。

(二)精神障碍患者基本权益保护

精神障碍患者的基本权益保护主要包括:人格尊严、人身和财产安全不受侵犯,教育、劳动、医疗以及从国家和社会获得物质帮助等;除了依法履行职责需要公开之外,应当对精神障碍患者的姓名、肖像、病历资料以及其他可能推断出其身份的信息予以保密;不得歧视、侮辱、虐待、非法限制其人身自由;新闻报道和文学艺术作品等不得含有歧视、侮辱的内容;禁止对其实施家庭暴力或遗弃等。

二、心理健康促进和精神障碍预防

(一)心理健康教育的开展

突发事件应急预案中应当包括心理援助的内容;用人单位根据需要开展心理健康教育;学校心理健康教育开展的对象包括教师和学生;医务人员对就诊者进行心理健康指导;监狱、看守所、拘留所、强制隔离戒毒所等场所,对服刑人员,被依法拘留、逮捕、强制隔离戒毒的人员等,开展精神卫生知识宣传,必要时提供心理咨询和心理辅导。

(二)精神障碍预防

家庭成员之间相互关爱,创造良好、和睦的家庭环境,提高预防意识;新闻媒体、社会组织开展精神卫生的公益性宣传,引导公众关注心理健康,预防精神障碍的发生;心理咨询人员提高业务素质,遵守执业规范,不得从事心理治疗或者精神障碍的诊断、治疗,要为接受咨询

---

[1] 张冬冬. 全国首例"被精神病"法院判决赔偿案. 110法律咨询网. [2011-04-03]. http://www.110/ziliao/article-211627.html

人员的隐私保密。

三、精神障碍的诊断和治疗

（一）精神障碍的诊断

精神障碍的诊断应当以精神健康状况为依据，并由精神科执业医师作出。除法律另有规定外，不得违背本人意志进行确定其是否患有精神障碍的医学检查。精神障碍患者的就诊方式有：个人自行到医疗机构进行精神障碍的诊断；疑似精神障碍患者的近亲属可以将其送往医疗机构进行精神障碍诊断；对查找不到近亲属的流浪乞讨患者，由当地民政等有关部门按照职责分工，帮助送往医疗机构进行精神障碍诊断；疑似精神障碍患者发生伤害自身、危害他人安全的行为，或者有伤害自身、危害他人安全的危险的，其近亲属、所在单位、当地公安机关应当立即采取措施予以制止，并将其送往医疗机构进行精神障碍诊断。

（二）精神障碍的住院治疗

精神障碍的住院治疗实行自愿原则。医疗机构及其医务人员应当向精神障碍患者或者其监护人告知治疗方案和治疗方法、目的以及可能产生的后果。

1．住院治疗和出院条件

（1）自愿住院治疗的精神障碍患者可以随时要求出院。

（2）《精神卫生法》第 30 条第 2 款规定："诊断结论、病情评估表明，就诊者为严重精神障碍患者并有下列情形之一的，应当对其实施住院治疗：①已经发生伤害自身的行为，或者有伤害自身的危险的；②已经发生危害他人安全的行为，或者有危害他人安全的危险的。"

符合第一项规定情形的患者，经其监护人同意，才能对其实施住院治疗；监护人可以随时要求患者出院，医疗机构应当同意。但是，自愿住院或者符合第一项情形住院的患者，医疗机构认为不宜出院的，应当告知不宜出院的理由；患者或者其监护人仍要求出院的，执业医师应当在病历资料中详细记录告知的过程，同时提出出院后的医学建议，患者或其监护人应当签字确认。

符合第二项规定情形的患者，应当住院治疗，患者或者监护人对需要住院治疗的诊断结论有异议的，可以要求再次诊断和鉴定。在出具再次诊断结论、鉴定报告前，收治精神障碍患者的医疗机构应当对患者实施住院治疗。符合第二项规定情形的患者的出院由医疗机构决定。医疗机构认为患者可以出院的，应当立即告知患者及其监护人；根据患者病情及时组织精神科执业医师进行检查评估，不需要继续住院治疗的，应当立即通知患者及其监护人。

2．再次诊断和鉴定　精神障碍的再次诊断，应当自收到诊断结论之日起三日内向原医疗机构或者其他医疗机构提出，由二名初次诊断医师以外的精神科执业医师进行再次诊断并及时出具再次诊断结论。对再次诊断的结论有异议的，可以自主委托依法取得执业资质的鉴定机构进行精神障碍医学鉴定。由二名以上具有该鉴定事项执业资格的鉴定人共同进行鉴定并及时出具鉴定报告。鉴定人本人或者其近亲属与鉴定事项有利害关系，可能影响其独立、客观、公正进行鉴定的，应当回避。

再次诊断结论或者鉴定报告表明：①不能确定就诊者为严重精神障碍患者，或者患者不需要住院治疗的，不得对其实施住院治疗；②精神障碍患者有《精神卫生法》第 30 条第 2 款第二项规定的情形的，其监护人应当同意对患者实施住院治疗。监护人阻碍实施住院治疗或者患者擅自脱离住院治疗的，可以由公安机关协助医疗机构采取措施对患者实施住院治疗。

3．住院和出院手续办理　需要住院治疗的精神障碍患者，本人没有能力办理住院手续的，由其监护人办理；患者属于查找不到监护人的流浪乞讨人员的，由送诊的有关部门办理。精神障碍患者有《精神卫生法》第 30 条第 2 款第二项规定的情形，其监护人不办理住院手续的，由患者所在单位、村（居）民委员会办理，并在患者病历中予以记录。

精神障碍患者出院，本人没有能力办理出院手续的，监护人应当为其办理。

4．保护性医疗措施　精神障碍患者在医疗机构内发生或者将要发生伤害自身、危害他人安全、扰乱医疗秩序的行为，医疗机构及其医务人员在没有其他可替代措施的情况下，可以实施约束、隔离等保护性医疗措施。另外，实施保护性医疗措施后应当告知患者的监护人。禁止利用保护性医疗措施惩罚精神障碍患者。

5．特殊治疗措施的知情同意

（1）禁止对对依照《精神卫生法》第30条第2款规定实施住院治疗的精神障碍患者实施以治疗精神障碍为目的的外科手术。

（2）医疗机构对精神障碍患者实施下列治疗措施，应当向患者或者其监护人告知医疗风险、替代医疗方案等情况，并取得患者的书面同意；无法取得患者意见的，应当取得其监护人的书面同意，并经本医疗机构伦理委员会批准：①导致人体器官丧失功能的外科手术。②与精神障碍治疗有关的实验性临床医疗。实施第一项治疗措施，若因情况紧急查找不到监护人，应当取得本医疗机构负责人和伦理委员会的批准。

禁止对精神障碍患者实施与治疗其精神障碍无关的实验性临床医疗。

6．通讯、会见等权利　除在急性发病期或者为了避免妨碍治疗可以暂时性限制外，不得限制住院精神障碍患者的通讯和会见探访者等权利。

患者及其监护人可以查阅、复制病历资料；但是，患者查阅、复制病历资料可能对其治疗产生不利影响的除外。病历资料保存期限不得少于三十年。

四、精神障碍的康复和保障措施

（一）精神障碍的康复

医疗机构为在家居住的严重精神障碍患者提供精神科基本药物维持治疗，并为社区康复机构提供有关精神障碍康复的技术指导和支持。精神障碍患者的监护人协助患者进行康复训练时需要技术指导的，社区卫生服务机构或者乡镇卫生院、村卫生室、社区康复机构应当提供。

社区卫生服务机构、乡镇卫生院、村卫生室应当建立严重精神障碍患者的健康档案，对在家居住的严重精神障碍患者进行定期随访，指导其服药和开展康复训练，并对患者的监护人进行精神卫生知识和看护知识的培训。

（二）保障措施

国家加强精神卫生服务工作体系的建设，包括加大财政投入，建立康复机构，在学校开展精神卫生课程，精神障碍患者的医疗费用由基本医疗保险基金支付，为严重精神障碍患者免费提供基本公共卫生服务，保证患有精神障碍的适龄儿童、少年接受义务教育，扶持有劳动能力的精神障碍患者从事力所能及的劳动，并为已经康复的人员提供就业服务等措施。

五、法律责任

（一）医疗机构及其医务人员

对医疗机构及其医务人员依法追究法律责任的情形包括：擅自从事精神障碍诊断、治疗的；拒绝对送诊的疑似精神障碍患者作出诊断的；对依照《精神卫生法》第30条第2款规定实施住院治疗的患者未及时进行检查评估或者未根据评估结果作出处理的；违反规定实施约束、隔离等保护性医疗措施的；强迫精神障碍患者劳动的；违反规定对精神障碍患者实施外科手术或者实验性临床医疗的；侵害精神障碍患者的通讯和会见探访者等权利的；将非精神障碍患者诊断为精神障碍患者的。

（二）心理咨询和心理治疗人员

对心理咨询人员依法追究法律责任的情形包括：①心理咨询人员从事心理治疗或者精神障碍的诊断、治疗的；②从事心理治疗的人员在医疗机构以外开展心理治疗活动的；③专门从事心理治疗的人员从事精神障碍的诊断的；④专门从事心理治疗的人员为精神障碍患者开具处方或者提供外科治疗的。心理咨询人员、专门从事心理治疗的人员在心理咨询、心理治疗活动中造成他人人身、财产或者其他损害的，依法承担民事责任。

（三）有关单位和个人

对有关单位和个人依法追究法律责任的情形包括：①违反保密规定，给精神障碍患者造成损害的；②将非精神障碍患者故意作为精神障碍患者送入医疗机构治疗的；③精神障碍患者的监护人遗弃患者，或者有不履行监护职责的其他情形的；④歧视、侮辱、虐待精神障碍患者，侵害患者的人格尊严、人身安全的；⑤非法限制精神障碍患者人身自由的；⑥其他侵害精神障碍患者合法权益的情形。

医疗机构出具的诊断结论表明精神障碍患者应当住院治疗而其监护人拒绝，致使患者造成他人人身、财产损害的，或者患者有其他造成他人人身、财产损害情形的，其监护人依法承担民事责任。

在精神障碍的诊断、治疗、鉴定过程中，寻衅滋事，阻挠有关工作人员依照规定履行职责，扰乱医疗机构、鉴定机构工作秩序的，依法给予治安管理处罚；构成犯罪的，依法追究刑事责任。

（古津贤）

第八节　母婴保健法律制度

【案例 3-5】

原告鲁某的母亲张某怀孕后到被告某区卫生院做产前检查，在该院共做了四次 B 超检查。原告鲁某出生后发现左手腕关节以下缺失。原告认为，由于被告 B 超诊断失误，造成残疾儿童出生，为此以医疗事故人身损害赔偿为由诉至法院，要求赔偿。某区法院审理认为，原告方的起诉理由实为被告在对原告母亲张某进行产前检查时，未能通过 B 超检查手段及时检查出原告为先天性残疾，使原告父母失去了选择引产或分娩的机会，实为优生优育选择权赔偿纠纷，故鲁某不是本案的当事人，即原告主体不适格，依法裁定驳回原告鲁某的起诉。[1]

一、母婴保健法概述

（一）母婴保健法的概念

母婴保健是指为了保障母亲和婴儿健康，提高出生人口素质所进行的各项活动。母婴保健工作以保健为中心，以保障生殖健康为目的，实行保健和临床相结合，面向群体、面向基层和预防为主的方针。母婴保健法是调整在保障母亲和婴儿健康，提高出生人口素质活动中产生的各种社会关系的法律规范的总和。

（二）我国母婴保健立法概述

1994 年 10 月《母婴保健法》颁布，并于 1995 年 6 月 1 日起正式施行；2001 年 6 月 20 日

---

[1] 医院 B 超未检查出胎儿左手缺失是否对胎儿或胎儿父母构成侵权. 110 法律网. [2008-06-26]. http://www.110.com/ziliao/article-43365.html.

国务院发布了《母婴保健法实施办法》；2011年，卫生部组织制定了《孕产期保健工作管理办法》和《孕产期保健工作规范》。

除此以外，《宪法》、《婚姻法》、《劳动法》、《妇女权益保障法》等法律中规定了保护妇女儿童的专门条款，《妇幼卫生工作条例》、《全国城市围产保健管理办法》、《城乡儿童保健工作要求》、《母乳代用品销售管理办法》等法规、规章也都有相关规定。

二、婚前保健

（一）婚前保健内容

婚前保健机构应当为公民提供包括婚前卫生指导、婚前卫生咨询和婚前医学检查在内的婚前保健服务。婚前卫生指导是指对准备结婚的男女双方进行的以生殖健康为核心，与结婚和生育有关的保健知识的宣传教育。婚前卫生咨询是指有关婚配、生育保健等问题的咨询。婚前医学检查是指对准备结婚的男女双方可能患有影响结婚生育的疾病进行医学检查。2003年国务院颁布的《婚姻登记条例》对婚前检查没有作强制性的规定，实行自愿婚检。

（二）婚前医学检查证明和医学意见

婚前医学检查由县级以上妇幼保健院或经设区的市级以上卫生行政部门指定的医疗保健机构承担，不宜生育的严重遗传性疾病的诊断由省级卫生行政部门指定的医疗保健机构负责。

经婚前医学检查，医疗保健机构应当出具婚前医学检查证明。在"医学意见"栏内注明下列情形之一：①建议不宜结婚；②建议不宜生育；③建议暂缓结婚或建议采取医学措施，尊重受检者意愿；④未发现医学上不宜结婚的情形。

三、孕产期保健

（一）孕产期保健内容

孕产期保健是指孕前、孕时、产后的保健和指导，通过系列保健服务不仅保护母亲的健康，同时保护孩子的健康。孕产期保健主要包括母婴保健指导、孕产妇保健、胎儿保健和新生儿保健。母婴保健指导指对孕育健康后代以及严重遗传性疾病和碘缺乏病等地方病的原因、治疗和预防方法提供医学意见。孕产妇保健指为孕产妇提供卫生营养、心理等方面的咨询和指导以及产前定期检查等医疗保健服务。胎儿保健指为胎儿生长发育进行监护，提供咨询和医学指导。新生儿保健指为新生儿生长发育、哺乳和护理提供医疗保健服务。

（二）产前诊断与医学指导

产前诊断是指对胎儿进行先天性缺陷和遗传性疾病的诊断。

医疗机构发现孕妇有下列情形之一的，应当对其进行产前诊断：①羊水过多或过少；②胎儿发育异常或胎儿有可疑畸形；③孕早期接触过可能导致胎儿先天缺陷的物质；④有遗传病家族史或曾经分娩过先天性严重缺陷婴儿；⑤初产妇年龄超过35岁。

提供医学指导与医学意见是医疗机构在提供孕产期保健服务的过程中应当履行的义务，包括：①对患严重疾病或者接触致畸物质，妊娠可能危及孕妇生命安全或者可能严重影响孕妇健康和胎儿正常发育的，医疗机构应当给予医学指导；②医师发现或者怀疑患严重遗传性疾病的育龄夫妻，应提出医学意见，育龄夫妻应根据医学意见采取相应的措施。

（三）终止妊娠

经产前检查和产前诊断，有下列情形之一的，医师应当向夫妻双方说明情况，并提出终止妊娠的医学意见：①胎儿患有严重遗传性疾病的；②胎儿有严重缺陷的；③因患严重疾病，继续妊娠可能危及孕妇生命安全或者严重危害孕妇健康的。实施终止妊娠，采取本人自愿的原则，应当经本人同意，并签署意见。本人无行为能力的，应当经监护人同意，并签署意见。

（四）新生儿出生医学证明和出生缺陷报告

医疗保健机构和从事家庭接生的人员按照国务院卫生行政部门的规定，出具统一制发的新生儿出生医学证明；有产妇和婴儿死亡以及新生儿出生缺陷情况的，应当向卫生行政部门报告。

四、母婴保健医学技术鉴定

母婴保健医学技术鉴定是指母婴保健医学鉴定组织，依法受理接受母婴保健服务的公民的申请，就申请人对母婴保健服务机构所作的婚前医学检查、遗传病诊断、产前诊断结果以及医学技术鉴定结论的异议，进行医学技术鉴定。

（一）鉴定的申请

公民对婚前医学检查、遗传病诊断、产前诊断的结果有异议，可申请技术鉴定。当事人对鉴定意见有异议时，可以向上一级母婴保健医学技术鉴定委员会申请再鉴定。

（二）鉴定机构

县级以上地方人民政府可以设立医学技术鉴定组织，依法行使鉴定权，负责对婚前医学检查、遗传病诊断和产前诊断结果和有异议的下一级医学技术鉴定结论的医学技术鉴定工作。母婴保健医学技术鉴定分为省、市、县级鉴定，国家不设技术鉴定机构，因此省级母婴保健技术鉴定委员会的鉴定为最终鉴定结论。

（三）鉴定人

从事母婴保健医学技术鉴定的人员，必须具有以下条件：①具有认真负责的精神和良好的医德风尚；②具有丰富的医疗保健实践经验和相关学科理论知识；③县级鉴定委员会成员应具有主治医师以上专业技术职务；设区的市级和省级鉴定委员会成员应具有副主任医师以上专业技术职务。医学技术鉴定实行回避制度，凡与当事人有利害关系，可能影响公正鉴定的人员，应当回避。

（四）禁止胎儿性别鉴定

采用技术手段进行非医学需要的胎儿性别鉴定、选择性别的人工终止妊娠，会导致出生人口性别比例失调。《母婴保健法》第32条第2款规定："严禁采用技术手段对胎儿进行性别鉴定，但医学上确有需要的除外。"

五、母婴保健工作的监督和管理

（一）母婴保健管理机构及其职责

国务院卫生行政部门主管全国母婴保健工作。其主要职责是：①执行《母婴保健法》及其实施办法；②制定《母婴保健法》及其实施办法的配套规章及技术规范；③按照分级分类指导原则制定全国母婴保健工作发展规划和实施步骤；④组织推广母婴保健适宜技术；⑤对母婴保健工作实施监督。

县级以上卫生行政部门负责本行政区域内的母婴保健监督管理工作。其主要职责是：①对从事母婴保健工作的机构和人员实施许可，并核发相应的许可证书；②对《母婴保健法》及其实施办法的执行情况进行监督检查；③对违反《母婴保健法》及其实施办法的行为，依法给予行政处罚；④监督管理其他事项。

（二）母婴保健监督员

县级以上地方人民政府卫生行政部门可以设立母婴保健监督员。其主要职责是：①监督检查《母婴保健法》及其实施办法的执行情况；②对违反《母婴保健法》及其实施办法的单位和个人提出处罚意见；③对母婴保健工作提出改进的建议；④完成卫生行政部门交给的其他监督

六、违反母婴保健法的法律责任

（一）行政责任

医疗、保健机构或者人员未取得母婴保健技术许可，擅自从事婚前医学检查、遗传病诊断、产前诊断、终止妊娠手术和医学技术鉴定或者出具有关医学证明的，由卫生行政部门给予警告，责令停止违法行为，没收违法所得并处罚款。

从事母婴保健技术服务的人员出具虚假医学证明文件的，依法给予行政处分；有下列情形之一的，由原发证部门撤销相应的母婴保健技术执业资格或者医师执业证书；①因延误诊治造成严重后果的；②给当事人身心健康造成严重后果的；③造成其他严重后果的。

（二）民事责任

母婴保健机构及其工作人员，在诊疗护理过程中，违反母婴保健法等法律、法规、规章、技术规范，过失造成患者的人身损害，应按照《医疗事故处理条例》等有关规定承担民事责任。

（三）刑事责任

取得相应合格证书的从事母婴保健工作的工作人员由于严重不负责任，造成就诊人死亡或者严重损害就诊人身体健康的，依照《刑法》有关规定追究刑事责任。未取得国家颁发的合格证书，施行终止妊娠手术或者采取其他方法终止妊娠，致人死亡、残疾、丧失或者基本丧失劳动能力的，依照《刑法》有关规定追究刑事责任。

（蒲　川）

第九节　人口与计划生育法律制度

【案例3-6】

原告田某找医生王某为其弟媳周某做B超检查，王某告知"月份小，看不清，等等再说"。原告告知周某大概百分之八九十是女孩，周某夫妇到计生办以计划外怀孕为由要求引产，引下一死女婴。被告某县人口和计划生育委员会对原告作出行政处罚决定书，以原告组织介绍怀孕四个多月的孕妇非法做胎儿性别鉴定为由，对其作出罚款5000元的处罚决定。原告不服，申请行政复议，上一级人口和计划生育委员会作出维持原行政处罚的决定。原告便向法院提起行政诉讼。法院经审理，判决维持被告某县人口和计划生育委员会的行政处罚决定。[1]

一、人口与计划生育法律制度概述

我国是人口众多的国家，为了实现人口与经济、社会、资源、环境的协调发展，维护公民的合法权益，促进家庭幸福、民族繁荣与社会进步，将计划生育确立为国家的基本国策是符合我国社会主义初级阶段基本国情的。国家采取综合措施，控制人口数量，提高人口素质。

人口与计划生育法律法规主要有：《人口与计划生育法》、《计划生育技术服务管理条例（修订）》、《社会抚养费征收管理办法》、《流动人口计划生育工作条例》、《计划生育技术服务机构执业管理办法》、《残疾儿医学鉴定管理办法》、《关于禁止非医学需要的胎儿性别鉴定和选择性别的人工终止妊娠的规定》、《流动人口计划生育管理和服务工作若干规定》、《计划生

---

[1] 田某不服计生委行政处罚案. 110法律网. [2009-06-29]. http://www.110.com/ziliao/article-139029.html.

育药具工作管理办法（试行）》。

二、人口发展规划与生育调节

（一）人口发展规划的制定与实施

1. 人口发展规划的制定　国务院编制人口发展规划，并将其纳入国民经济和社会发展计划；县级以上地方各级人民政府根据全国人口发展规划以及上一级人民政府人口发展规划，结合当地实际情况编制本行政区域的人口发展规划，并将其纳入国民经济和社会发展计划。

2. 人口发展规划的实施　县级以上各级人民政府根据人口发展规划，制定人口与计划生育实施方案并组织实施。人口与计划生育实施方案应当规定控制人口数量，加强母婴保健，提高人口素质的措施。

县级以上各级人民政府计划生育行政部门负责实施人口与计划生育实施方案的日常工作。乡、民族乡、镇的人民政府和城市街道办事处负责本管辖区域内的人口与计划生育工作，贯彻落实人口与计划生育实施方案。

（二）生育调节

公民有生育的权利，也有依法实行计划生育的义务，夫妻双方在实行计划生育中负有共同的责任。

1. 我国现行计划生育政策　《人口与计划生育法》第18条规定："国家稳定现行生育政策，鼓励公民晚婚晚育，提倡一对夫妻生育一个子女；符合法律、法规规定条件的，可以要求安排生育第二个子女。具体办法由省、自治区、直辖市人民代表大会或者其常务委员会规定。少数民族也要实行计划生育，具体办法由省、自治区、直辖市人民代表大会或者其常务委员会规定。"

2. 落实计划生育政策的保障　实行计划生育，以避孕为主。国家创造条件，保障公民知情选择安全、有效、适宜的避孕节育措施。育龄夫妻应当自觉落实计划生育避孕节育措施，接受计划生育技术服务指导。预防和减少非意愿妊娠。

禁止歧视、虐待生育女婴的妇女和不育的妇女。禁止歧视、虐待、遗弃女婴。

3. 社会抚养费制度　《人口与计划生育法》第41条规定："不符合本法第18条规定生育子女的公民，应当依法缴纳社会抚养费。"由国务院制定并颁布的《社会抚养费征收管理办法》于2002年9月1日起正式实施，对社会抚养费的征收管理作了规定。

三、奖励与社会保障

（一）主要奖励措施

1. 公民晚婚晚育，可以获得延长婚假、生育假的奖励或者其他福利待遇。

2. 妇女怀孕、生育和哺乳期间，按照国家有关规定享受特殊劳动保护并可以获得帮助和补偿。公民实行计划生育手术，享受国家规定的休假；地方人民政府可以给予奖励。

3. 自愿终身只生育一个子女的夫妻，国家发给《独生子女父母光荣证》，并按照国家和省、自治区、直辖市有关规定享受独生子女父母奖励。

（二）主要保障措施

法律、法规或者规章规定给予终身只生育一个子女的夫妻奖励的措施中由其所在单位落实的，有关单位应当执行。独生子女发生意外伤残、死亡，其父母不再生育和收养子女的，地方人民政府应当给予必要的帮助。地方各级人民政府对农村实行计划生育的家庭发展经济，给予资金、技术、培训等方面的支持、优惠；对实行计划生育的贫困家庭，在扶贫贷款、以工代赈、扶贫项目和社会救济等方面给予优先照顾。

四、计划生育技术服务

计划生育技术服务是指计划生育技术指导、咨询以及与计划生育有关的临床医疗服务。

（一）计划生育技术服务的内容

1. 计划生育技术指导、咨询　计划生育技术指导、咨询包括的内容有：①生殖健康科普宣传、教育、咨询；②提供避孕药具及相关的指导、咨询、随访；③对已经施行避孕、节育手术和输卵（精）管复通手术的，提供相关的咨询、随访。

2. 临床医疗服务　县级以上城市从事计划生育技术服务的机构可以在批准的范围内开展下列与计划生育有关的临床医疗服务：①避孕和节育的医学检查；②计划生育手术并发症和计划生育药具不良反应的诊断、治疗；③施行避孕、节育手术和输卵（精）管复通手术；④开展围绕生育、节育、不育的其他生殖保健项目。

乡级计划生育技术服务机构可以在批准的范围内开展下列计划生育技术服务项目：①放置宫内节育器；②取出宫内节育器；③输卵（精）管结扎术；④早期人工终止妊娠术。

3. 严禁胎儿性别鉴定　《人口与计划生育法》第35条规定："严禁利用超声技术和其他技术手段进行非医学需要的胎儿性别鉴定；严禁非医学需要的选择性别的人工终止妊娠。"国家计划生育委员会制定并发布《关于禁止非医学需要的胎儿性别鉴定和选择性别的人工终止妊娠的规定》，于2003年1月1日起正式实施。

（二）计划生育技术服务机构和人员

1. 计划生育技术服务机构　从事计划生育技术服务的机构包括计划生育技术服务机构和从事计划生育技术服务的医疗、保健机构。个体医疗机构不得从事计划生育手术。设立计划生育技术服务机构，由设区的市级以上人民政府计划生育行政部门批准，发给《计划生育技术服务机构执业许可证》，并注明开展计划生育服务的项目。从事计划生育技术服务的医疗、保健机构，由县级以上地方人民政府卫生行政部门审查批准，在其《医疗机构执业许可证》上注明获准开展的计划生育技术服务项目，并向同级计划生育行政部门通报。

2. 计划生育技术服务人员　从事与计划生育有关的临床服务人员，应分别取得执业医师、执业助理医师、乡村医生或者护士的资格，并在依照规定设立的机构中执业。计划生育技术服务人员必须按照批准的服务范围、服务项目、手术术种从事计划生育技术服务，遵守与执业有关的法律、法规、规章、技术常规、职业道德规范和管理制度。

五、法律责任

（一）一般责任

1. 有下列情形之一的，由计划生育行政部门或者卫生行政部门依据职权追究行政责任，构成犯罪的，依法追究刑事责任：①非法为他人施行计划生育手术的；②利用超声技术和其他技术手段为他人进行非医学需要的胎儿性别鉴定或者选择性别的人工终止妊娠的；③实施假节育手术、进行假医学鉴定、出具假计划生育证明的。

2. 伪造、变造、买卖计划生育证明的，由计划生育行政部门给予行政处罚；构成犯罪的，依法追究刑事责任。

以不正当手段取得计划生育证明的，由计划生育行政部门取消其计划生育证明；出具证明的单位有过错的，对直接负责的主管人员和其他直接责任人员依法给予行政处分。

（二）相关人员的责任

1. 国家机关工作人员在计划生育工作中，有下列行为之一，构成犯罪的，依法追究刑事责任；尚不构成犯罪的，依法给予行政处分；有违法所得的，没收违法所得：①侵犯公民人身权、财产权和其他合法权益的；②滥用职权、玩忽职守、徇私舞弊的；③索取、收受贿赂的；

④截留、克扣、挪用、贪污计划生育经费或者社会抚养费的；⑤虚报、瞒报、伪造、篡改或者拒报人口与计划生育统计数据的。

2．不履行协助计划生育管理义务的，由有关地方人民政府责令改正，并给予通报批评；对直接负责的主管人员和其他直接责任人员依法给予行政处分。

3．计划生育技术服务人员违章操作或者延误抢救、诊治，造成严重后果的，依照有关法律、行政法规的规定承担相应的法律责任。

（三）未缴纳社会抚养费的责任

未在规定的期限内足额缴纳应当缴纳的社会抚养费的，自欠缴之日起，按照国家有关规定加收滞纳金；仍不缴纳的，由作出征收决定的计划生育行政部门依法向人民法院申请强制执行。

按照规定应当缴纳社会抚养费的人员是国家工作人员的，还应当依法给予行政处分；其他人员还应当由其所在单位或者组织给予纪律处分。

（四）其他

拒绝、阻碍计划生育行政部门及其工作人员依法执行公务的，由计划生育行政部门给予批评教育并予以制止；构成违反治安管理行为的，依法给予治安管理处罚；构成犯罪的，依法追究刑事责任。

（蒲　川）

问题与思考

1．结合案例，谈谈我国职业病防治应该如何完善。
2．结合案例，分析国境检疫过程责任主体以及其法律责任的承担。
3．简述《传染病防治法》的立法宗旨、适用范围。
4．简述突发公共卫生事件应急处理的基本程序。
5．简述突发公共卫生事件处理机构的主要职责。
6．简述违反《突发公共卫生事件应急条例》的法律责任。
7．简述学校公共卫生监督的主要内容。
8．简述违反传染病防治法的主要法律责任。
9．简述违反职业病防治法的法律责任。
10．简述国境检验检疫机关的职责。
11．举例说明公共卫生监督的主要法律依据。
12．职业病如何界定？职业病防治的主要制度有哪些？
13．国境卫生检疫范围包括哪些？其中涉及的传染病有哪几种？
14．环境卫生法的重要特点是什么？我国环境卫生的基本法律制度主要有哪些？

参考法律法规

《职业病防治法》
《食品安全法》
《传染病防治法》
《国境卫生检疫法》
《突发公共卫生事件应急条例》
《传染病防治法实施办法》

《传染性非典型肺炎防治管理办法》
《职业病危害事故调查处理办法》
《核事故与放射事故应急预案》
《国家鼠疫控制应急预案》
《突发公共卫生事件与传染病疫情监测信息报告管理办法》
《公共场所卫生管理条例》
《公共场所卫生管理条例实施细则》
《旅店业卫生标准》
《精神卫生法》
《母婴保健法》
《人口与计划生育法》

第四章 医疗物品相关法律制度

【学习目标】

通过本章的学习，使学生熟悉医疗物品相关法律、法规，知道哪种医疗物品管理行为合法、违法，在此基础上自觉遵守医疗物品管理规定，并能运用法律、法规分析和解决医疗物品管理实践中的问题。

1. 掌握：医疗物品管理规定。
2. 熟悉：《药品管理法》、《医疗器械管理办法》、《献血法》规定的法律责任。
3. 了解：《药品管理法》、《医疗器械管理办法》、《献血法》的适用范围，药品、医疗器械、血液制品监督方面的规定。

【案例4-1】温馨会所销售药品

2010年8月22日温馨会所请所谓"专家"向会员介绍药品"粒粒强"的功效并现场销售药品"粒粒强"。接到群众举报，市药监局来到会所，现场查获10箱"粒粒强"。经调查，该药品未获得国家药监局的批准，没有生产批号。执法部门对温馨会所负责人及"粒粒强"的生产者进行了处罚。

第一节 药品管理法律制度

一、概述

（一）药品管理法的概念

药品管理法是调整在药品监督管理，确保药品质量，保障人体用药安全，维护人体健康活动中产生的各种社会关系的法律规范的总和。药品是用于预防、治疗、诊断人的疾病，有目的地调节人的生理功能并规定有适应证、用法和用量的物质，关系到千家万户的幸福与安宁。

（二）药品管理的法制建设

我国第一部药品管理法律是《药品管理法》。2001年2月28日，第九届全国人民代表大会常务委员会第二十次会议审议通过了《药品管理法》修正案，自2001年12月1日开始实施。为了贯彻实施新修订的《药品管理法》，2002年8月4日国务院公布了《药品管理法实施条例》，于2002年9月15日起施行。

国家食品药品监督管理局于2007年2月14日发布《处方管理办法》，自2007年5月1日起施行。2009年8月18日，卫生部等部门制定了《关于建立国家基本药物制度的实施意见》、《国家基本药物目录管理办法（暂行）》。2010年3月18日，卫生部发布了2010年5月1日起施行的《药品类易制毒化学品管理办法》。

二、药品生产和经营

(一) 药品生产企业管理规定

药品生产企业是指生产药品的专营企业和兼营企业。

1. 开办药品生产企业的条件　包括：①人员要求：具有依法经过资格认定的药学技术人员、工程技术人员及相应的技术工人；具有能对所生产药品进行质量管理和质量检验的机构和人员。②设施要求：具有与其药品生产相适应的厂房、设施和卫生环境；具有对药品进行质量检验的仪器设备。③规章制度要求：具有保证药品质量的规章制度。

2. 开办药品生产企业的审批程序　在我国，任何单位和个人要开办药品生产企业，首先要取得《药品生产许可证》和《营业执照》。《药品生产许可证》由所在地省、自治区、直辖市人民政府药品监督管理部门，对其进行全面审核，批准后发给《药品生产许可证》。工商行政部门凭《药品生产许可证》发给《营业执照》。《药品生产许可证》有效期为5年，到期重新审查发证。企业破产或关闭的，由原发证部门缴销。未取得《药品生产许可证》和《营业执照》的，不准生产药品。

3. 药品生产的质量管理　药品生产企业必须按照《药品生产质量管理规范》组织生产；药品必须按照国家标准和国务院药品监督管理部门批准的工艺进行生产，药品生产企业改变影响药品质量的生产工艺的，必须报原批准部门审核批准；中药饮片必须按照国家药品标准炮制；国家没有规定的，按省、自治区、直辖市人民政府药品监督管理部门制定的炮制规范炮制，炮制规范应当报国务院药品监管部门备案；生产药品所需原料、辅料必须符合药用要求；药品不符合国家药品标准或不符合中药饮片炮制规范的，不得出厂。生产记录必须完整准确。

(二) 药品经营企业管理规定

药品经营企业是指经营药品的专营企业和兼营企业。

1. 开办药品经营企业的条件　具体为：①具有依法经过资格认定的药学技术人员；②具有与所经营药品相适应的质量管理机构或者人员；③具有与所经营药品相适应的营业场所、设备、仓储设施、卫生环境；④具有保证所经营药品质量的规章制度。

2. 开办药品经营企业的审批程序　开办药品经营企业，必须取得《药品经营许可证》和《营业执照》。未取得证照的单位和个人不得经营药品。《药品经营许可证》和《营业执照》的审批程序与开办药品生产企业程序相同。

3. 药品经营企业质量管理　药品经营企业必须按照国务院药品监督管理部门制定的《药品经营质量管理规范》经营药品。药品经营企业购进药品，必须执行进货检查验收制度，验明药品的合格证明和其他标识。购销药品，必须有真实完整的购销记录。销售药品必须准确无误，正确说明用法、用量和注意事项。销售中药材，必须标明产地。必须制定和执行药品保管制度，采取必要的冷藏、防冻、防潮、防虫、防鼠等措施保证药品质量。

4. 药品流通管理　2007年1月国家食品药品监督管理局发布了《药品流通监督管理办法》。该办法规定了药品生产、经营企业对药品购销行为的责任；药品生产、经营企业对其购销人员进行培训；药品生产、经营企业对销售人员的管理；药品生产、经营企业储存和销售的场所；药品生产、经营企业销售产品的范围；药品生产、批发企业销售药品应提供的具体资料；药品生产和经营企业在购销药品中的禁止行为等内容。

三、医疗机构药事管理

医疗机构药事管理是指医疗机构内以服务病人为中心，以临床药学为基础，对临床用药全过程进行有效的组织实施与管理，促进临床科学、合理用药的药学技术服务和相关的药品管理工作。

1. 药事管理组织　根据《医疗机构药事管理规定》的要求，医疗机构应成立药事管理委员会，二级以上医院应当设立药事管理与药物治疗学委员会；其他医疗机构应当成立药事管理与药物治疗学组。药事管理与药物治疗学委员会（组）监督、指导本机构科学管理药品和合理用药。

二级以上医院药事管理与药物治疗学委员会委员由具有高级技术职务任职资格的药学、临床医学、护理和医院感染管理、医疗行政管理等人员组成。成立医疗机构药事管理与药物治疗学组的医疗机构由药学、医务、护理、医院感染、临床科室等部门负责人和具有药师、医师以上专业技术职务任职资格人员组成。

2. 药学部门　医疗机构应当根据本机构功能、任务、规模设置相应的药学部门，配备和提供与药学部门工作任务相适应的专业技术人员、设备和设施。三级医院设置药学部，并可根据实际情况设置二级科室；二级医院设置药剂科；其他医疗机构设置药房。药学部门具体负责药品管理、药学专业技术服务和药事管理工作，开展以病人为中心，以合理用药为核心的临床药学工作，组织药师参与临床药物治疗，提供药学专业技术服务。

四、药品管理

（一）药品标准

药品标准是国家对药品质量规格及检验方法所作的技术规定，是药品生产、供应、使用、检验和管理部门必须遵守的法定依据。

1. 药品必须符合国家药品标准。国务院药品监督管理部门颁布的《中华人民共和国药典》和药品标准为国家药品标准。中药饮片必须按照国家药品标准炮制；国家药品标准没有规定的，必须按照省、自治区、直辖市人民政府药品监督管理部门制定的炮制规范炮制。

2. 国务院药品监督管理部门组织药典委员会，负责国家药品标准的制定和修订。

3. 国务院药品监督管理部门的药品检验机构负责标定国家药品标准品、对照品。

（二）药品注册管理

药品注册是指国家食品药品监督管理局根据药品注册申请人的申请，依照法定程序，对拟上市销售药品的安全性、有效性、质量可控性等进行审查，并决定是否同意其申请的审批过程。

根据《药品管理法》、《药品管理法实施条例》，2004年对《药品注册管理办法》（试行）进行了修订，于2005年2月28日正式颁布。2007年6月18日经国家食品药品监督管理局审议通过新的《药品注册管理办法》，该办法自2007年10月1日起施行。

1. 药品注册工作应遵循的原则和制度

（1）公平、公正原则：国家食品药品监督管理局对药品注册实行主审集体负责制、相关人员公示制和回避制、责任追究制，受理、检验、审评、审批、送达等环节接受社会监督。

（2）信息公开原则：药品监督管理部门应当向申请人提供可查询的药品注册受理、检查、检验、审评、审批的进度和结论等信息。

2. 药品注册申请的内容　药品注册申请包括新药申请、仿制药申请、进口药品申请及其补充申请和再注册申请。

（1）新药申请：新药申请是指未曾在中国境内上市销售的药品的注册申请。对已上市药品改变剂型、改变给药途径、增加新适应证的药品注册按照新药申请的程序申报。

（2）仿制药申请：仿制药申请是指生产国家食品药品监督管理局已批准上市的已有国家标准的药品的注册申请；但是，生物制品按照新药申请的程序申报。

（3）进口药品申请：进口药品申请是指境外生产的药品在中国境内上市销售的注册申请。

(4) 补充申请：补充申请是指新药申请、仿制药申请或者进口药品申请经批准后，改变、增加或者取消原批准事项或者内容的注册申请。

(5) 再注册申请：再注册申请是指药品批准证明文件有效期满后申请人拟继续生产或者进口该药品的注册申请。

（三）新药、仿制药品管理

1. 新药的管理

(1) 新药的注册申报与审批：申请人完成临床前研究后，应当填写《药品注册申请表》，向所在地省、自治区、直辖市药品监督管理部门如实报送有关资料。省、自治区、直辖市药品监督管理部门应当对申报资料进行形式审查，提出审查意见，并将审查意见、核查报告、申报资料送交国家食品药品监督管理局药品审评中心。国家食品药品监督管理局药品审评中心提出技术审评意见，连同有关资料报送国家食品药品监督管理局。国家食品药品监督管理局依据技术审评意见作出审批决定。符合规定的，发给《药物临床试验批件》；不符合规定的，发给《审批意见通知件》，并说明理由。

(2) 新药生产申请与审批：①申请人报送申报资料的要求。申请人完成药物临床试验后，应当填写《药品注册申请表》，向所在地省、自治区、直辖市药品监督管理部门报送申请生产的申报资料，并同时向中国药品生物制品检定所报送制备标准品的原材料及有关标准物质的研究资料。②省级药品监督管理部门的职责。省、自治区、直辖市药品监督管理部门应当对申报资料进行形式审查，提出审查意见并在规定的时限内将审查意见、核查报告及申报资料送交国家食品药品监督管理局药品审评中心，并通知申请人。③药品检验所的职责。药品检验所应对申报的药品标准进行复核，并在规定的时间内将复核意见送交国家食品药品监督管理局药品审评中心。④国家食品药品监督管理局的职责。国家食品药品监督管理局药品审评中心收到申报资料后，对申报资料进行审评，经审评符合规定的，通知申请人申请生产现场检查，并告知国家食品药品监督管理局药品认证管理中心。国家食品药品监督管理局药品认证管理中心对样品批量生产过程等进行现场检查，确认核定的生产工艺的可行性，同时抽取样品送药品检验所检验。国家食品药品监督管理局药品审评中心依据技术审评意见、样品生产现场检查报告和样品检验结果，形成综合意见，连同有关资料报送国家食品药品监督管理局。国家食品药品监督管理局依据综合意见，作出审批决定。符合规定的，发给新药证书，申请人已持有《药品生产许可证》并具备生产条件的，同时发给药品批准文号。

2. 仿制药品　是指仿制国家已经批准正式生产并载于国家药品标准的品种。申请仿制药注册，与新药申报程序相似，申报人应当填写《药品注册申请表》，向所在地省、自治区、直辖市药品监督管理部门报送有关资料和生产现场检查申请。省、自治区、直辖市药品监督管理部门对申报资料进行形式审查，对研制情况和原始资料进行现场核查，并应当根据申请人提供的生产工艺和质量标准组织进行生产现场检查，现场抽取连续生产的3批样品，送药品检验所检验。符合规定的，将审查意见、核查报告、生产现场检查报告及申报资料送交国家食品药品监督管理局药品审评中心。国家食品药品监督管理局药品审评中心对审查意见和申报资料进行审核，符合规定的，批准进行临床研究或者生产，批准进行临床研究的按新药审批程序进行，批准生产的发给药品批准文号。

（四）进出口药品管理

1. 进口药品的管理

(1) 进口药品注册申请的规定：禁止进口疗效不确、不良反应大或者其他原因危害人体健康的药品。药品进口，须经国务院药品监督管理部门组织审查，经审查确认符合质量标准、安全有效的，方可批准进口，并发给进口药品注册证书。医疗单位临床急需或者个人自用进口的少量药品，按照国家有关规定办理进口手续。

申请进口的药品，应当是在生产国家或者地区获得上市许可的药品；未在生产国家或者地区获得上市许可的，经国务院药品监督管理部门确认该药品安全、有效而且临床需要的，可以依照《药品管理法》及其实施条例的规定批准进口。

进口药品，应当按照国务院药品监督管理部门的规定申请注册。国外企业生产的药品取得《进口药品注册证》，中国香港、澳门和台湾地区企业生产的药品取得《医药产品注册证》后，方可进口。

医疗机构因临床急需进口少量药品的，应当持《医疗机构执业许可证》向国务院药品监督管理部门提出申请；经批准后，方可进口。进口的药品应当在指定医疗机构内用于特定医疗目的。

（2）药品进口的口岸、报关、检验的规定：药品必须从允许药品进口的口岸进口，并由进口药品的企业向口岸所在地药品监督管理部门登记备案。海关凭药品监督管理部门出具的《进口药品通关单》放行。无《进口药品通关单》的，海关不得放行。

口岸所在地药品监督管理部门应当通知药品检验机构按照国务院药品监督管理部门的规定对进口药品进行抽查检验，并按照《药品管理法》的规定收取检验费。允许药品进口的口岸由国务院药品监督管理部门会同海关总署提出，报国务院批准。

进口药品到岸后，进口单位应当持《进口药品注册证》或者《医药产品注册证》以及产地证明原件、购货合同副本、装箱单、运单、货运发票、出厂检验报告书、说明书等材料，向口岸所在地药品监督管理部门备案。口岸所在地药品监督管理部门经审查，提交的材料符合要求的，发给《进口药品通关单》。进口单位凭《进口药品通关单》向海关办理报关验放手续。

口岸所在地药品监督管理部门应当通知药品检验机构对进口药品逐批进行抽查检验；但是，有《药品管理法》规定情形的除外。

疫苗类制品、血液制品、用于血源筛查的体外诊断试剂以及国务院药品监督管理部门规定的其他生物制品在销售前或者进口时，应当按照国务院药品监督管理部门的规定进行检验或者审核批准；检验不合格或者未获批准的，不得销售和进口。

2．出口药品的管理　为保证出口药品质量，规范药品出口。对出口药品，质量标准符合规定要求的，经检验符合药品标准规定的，经过省级药品监督管理部门审批，方准出口。出口麻醉药和国务院卫生行政部门规定范围内的精神药品，必须持有国务院药品监督管理部门发给的《出口准许证》。

（五）药品审评

主要包括：药物的变态反应与依赖性。药品的不良反应：毒副作用、致突变、致畸、致癌等。法律规定禁止生产的情形：有下列情形之一的，为假药：①药品所含成分与国家药品标准规定的成分不符的；②以非药品冒充药品或者以他种药品冒充此种药品的。有下列情形之一的药品，按假药论处：①国务院药品监督管理部门规定禁止使用的；②依照本法必须批准而未经批准生产、进口，或者依照本法必须检验而未经检验即销售的；③变质的；④被污染的；⑤使用依照本法必须取得批准文号而未取得批准文号的原料药生产的；⑥所标明的适应证或者功能主治超出规定范围的。有下列情形之一的药品，按劣药论处：①未标明有效期或者更改有效期的；②不注明或者更改生产批号的；③超过有效期的；④直接接触药品的包装材料和容器未经批准的；⑤擅自添加着色剂、防腐剂、香料、矫味剂及辅料的；⑥其他不符合药品标准规定的。

（六）特殊药品管理规定

《药品管理法》规定，国家对麻醉药品、精神药品、毒性药品、放射性药品，实行特殊管理办法。

麻醉药品是指具有依赖性潜力的药品，滥用或不合理使用易产生生理依赖性。精神药品是指直接作用中枢神经系统，使之兴奋或抑制，连续使用能产生精神依赖性的药品。精神药品在临床上主要用于治疗或改善异常的精神活动，使紊乱的思维、情绪和行为转为常态。医疗用毒性药品（以下简称"毒性药品"）是指毒性剧烈，治疗剂量与中毒剂量相近，使用不当会致人中毒或死亡的药品。放射性药品是指用于临床诊断或治疗的放射性核素制剂或其标记药物，包括裂变制品、加速器制品、放射性同位素发生器及其配套药盒、放射免疫药盒等。

国务院制定颁布了《麻醉药品和精神药品管理条例》、《医疗用毒性药品管理办法》和《放射性药品管理办法》，对这些药品在认定生产单位的范围、生产的产量品种、销售的范围、提供和使用的范围和程序作了严格的限制。特殊药品的包装必须印有规定的标志，进出口麻醉药品和精神药品，必须持国务院药品监督管理部门的进、出口准许证。特殊药品的运输要按照航运、铁路、公路运输部门和邮电部门的特殊规定，采取严格措施来保证运输安全。特殊药的供应也应根据科研和教学的需要，有计划地按规定组织供应，严格使用手续，防治流弊或乱用。

（七）禁止生产和销售假药与劣药管理规定

《药品管理法》第48条规定了假药及按假药论处的情形，第49条规定了劣药及按劣药论处的情形。

1. **假药** 有下列情况之一的为假药：①药品所含成分与国家药品标准规定的成分不符的。②以非药品冒充药品或者以他种药品冒充此种药品的。

有下列情形之一的药品，按假药论处：①国务院药品监督管理部门规定禁止使用的。②依照法律必须批准而未批准生产、进口或依照本法必须检验而未经检验即销售的。③变质的。④被污染的。⑤使用依照法律必须取得批准文号而未取得批准文号的原料药生产的。⑥所标明的适应证或者功能主治超出规定范围的。

2. **劣药** 药品成分的含量不符合国家药品标准的，为劣药。有下列情形之一的药品，按劣药论处：①未标明有效期或更改有效期的。②不注明或更改生产批号的。③超过有效期的。④直接接触药品的包装材料和容器未经批准的。⑤擅自添加着色剂、防腐剂、香料、矫味剂及辅料的。⑥其他不符合药品标准规定的。

五、药品包装的法律规定

《药品管理法》、《药品生产质量管理规范》、《药品包装管理办法》、《直接接触药品的包装材料和容器管理办法》等对药品包装作了具体规定。

1. **药品包装材料和容器的规定** 直接接触药品的包装材料和容器，必须符合药用要求，符合保障人体健康、安全的标准，并由药品监督管理部门审批、批准注册。药品生产企业不得使用未经批准的直接接触药品的包装材料和容器。对不合格的直接接触药品的包装材料和容器，由药品监督管理部门责令停止使用。直接接触药品的包装材料和容器的管理办法、产品目录和药用要求与标准，由国务院药品监督管理部门组织制定并公布。

2. **中药材包装、中药饮片包装材料和容器的规定** 发运中药材必须有包装。在每件包装上，必须注明品名、产地、日期、调出单位，并附有质量合格的标志。生产中药饮片，应当选用与药品性质相适应的包装材料和容器；包装不符合规定的中药饮片，不得销售。中药饮片包装必须印有或者贴有标签。

3. **医疗机构制剂包装材料和容器的规定** 医疗机构配制制剂所使用的直接接触药品的包装材料和容器、制剂的标签和说明书应当符合《药品管理法》和《药品管理法实施条例》的有关规定，并经省、自治区、直辖市人民政府药品监督管理部门批准。

4. **药品包装标签、说明书的管理规定** 药品包装必须按照规定印有或者贴有标签并附有说明书。标签或者说明书上必须注明药品的通用名称、成分、规格、生产企业、批准文号、产品批号、生产日期、有效期、适应证或者功能主治、用法、用量、禁忌、不良反应和注意事项。麻醉药品、精神药品、医疗用毒性药品、放射性药品、外用药品和非处方药的标签,必须印有规定的标志。中药饮片的标签必须注明品名、规格、产地、生产企业、产品批号、生产日期,实施批准文号管理的中药饮片还必须注明药品批准文号。药品商品名称应当符合国务院药品监督管理部门的规定。

六、药品价格和广告管理的法律规定

(一)药品价格的管理规定

《药品管理法》规定,药品的定价形式有政府定价、政府指导价和市场调节价。

1. 药品的定价形式与范围　国家对药品价格实行政府定价、政府指导价或者市场调节价。列入国家基本药物目录的药品以及国家基本药物目录以外具有垄断性生产、经营的药品,实行政府定价或者政府指导价;对其他药品,实行市场调节价。

2. 政府定价、政府指导价药品的定价原则与价格管理　药品的生产企业、经营企业和医疗机构必须执行政府定价、政府指导价,不得以任何形式擅自提高价格。依法实行政府定价、政府指导价的药品,由政府价格主管部门依照《药品管理法》第55条规定的原则,制定和调整价格;制定和调整药品销售价格时,应当体现对药品社会平均销售费用率、销售利润率和流通差率的控制。政府价格主管部门依照《价格法》第28条的规定实行药品价格监测时,为掌握、分析药品价格变动和趋势,可以指定部分药品生产企业、药品经营企业和医疗机构作为价格监测定点单位;定点单位应当给予配合、支持,如实提供有关信息资料。

3. 市场调节价药品的定价原则与价格管理　依法实行市场调节价的药品,药品的生产企业、经营企业和医疗机构应当按照公平、合理和诚实信用、质价相符的原则制定价格,为用药者提供价格合理的药品。

(二)药品价格信息的管理和购销禁止性规定

1. 提供药品价格信息的规定　药品的生产企业、经营企业、医疗机构应当依法向政府价格主管部门提供其药品的实际购销价格和购销数量等资料。医疗机构应当向患者提供所用药品的价格清单;医疗保险定点医疗机构还应当按照规定的办法如实公布其常用药品的价格,加强合理用药的管理。

2. 药品购销中涉及药品价格的禁止性规定　禁止药品的生产企业、经营企业和医疗机构在药品购销中账外暗中给予、收受回扣或者其他利益。禁止药品的生产企业、经营企业或者其代理人以任何名义给予使用其药品的医疗机构的负责人、药品采购人员、医师等有关人员以财物或者其他利益。禁止医疗机构的负责人、药品采购人员、医师等有关人员以任何名义收受药品的生产企业、经营企业或者其代理人给予的财物或者其他利益。

(三)药品广告的法律规定

1. 药品广告的审批规定与程序　《药品管理法》规定,药品广告必须经省、自治区、直辖市药品监督管理部门审查批准,并发给药品广告批准文号。未取得药品广告批准文号的,不得发布。

发布药品广告,应当向药品生产企业所在地省、自治区、直辖市人民政府药品监督管理部门报送有关材料。省、自治区、直辖市人民政府药品监督管理部门应当自收到有关材料之日起10个工作日内作出是否核发药品广告批准文号的决定;核发药品广告批准文号的,应当同时报国务院药品监督管理部门备案。

发布进口药品广告,应当依照前述规定向进口药品代理机构所在地省、自治区、直辖市人民政府药品监督管理部门申请药品广告批准文号。在药品生产企业所在地和进口药品代理机构所在地以外的省、自治区、直辖市发布药品广告的,发布广告的企业应当在发布前向发布地省、自治区、直辖市人民政府药品监督管理部门备案。接受备案的省、自治区、直辖市人民政府药品监督管理部门发现药品广告批准内容不符合药品广告管理规定的，应当交由原核发部门处理。

2. 药品广告的范围、内容与限制

（1）处方药广告管理规定：处方药可以在国务院卫生行政部门和国务院药品监督管理部门共同指定的医学、药学专业刊物上介绍，但不得在大众传播媒介发布广告或者以其他方式进行以公众为对象的广告宣传。

（2）药品广告内容管理规定：药品广告的内容必须真实、合法，以国务院药品监督管理部门批准的说明书为准，不得含有虚假的内容。药品广告不得含有不科学的表示功效的断言或者保证；不得利用国家机关、医药科研单位、学术机构或者专家、学者、医师、患者的名义和形象作证明。非药品广告不得有涉及药品的宣传。

3. 药品广告的检查与处理

（1）药品广告的检查机构与程序。省、自治区、直辖市人民政府药品监督管理部门应当对其批准的药品广告进行检查。对于违反《药品管理法》和《广告法》的广告，应当向广告监督管理机关通报并提出处理建议，广告监督管理机关应当依法作出处理。

（2）暂停生产、销售、使用的药品不得发布广告。经国务院或者省、自治区、直辖市人民政府的药品监督管理部门决定，责令暂停生产、销售和使用的药品，在暂停期间不得发布该品种药品广告；已经发布广告的，必须立即停止。

（3）违法广告的处理与公告。未经省、自治区、直辖市人民政府药品监督管理部门批准的药品广告，使用伪造、冒用、失效的药品广告批准文号的广告，或者因其他广告违法活动被撤销药品广告批准文号的广告，发布广告的企业、广告经营者、广告发布者必须立即停止该药品广告的发布。对违法发布药品广告，情节严重的，省、自治区、直辖市人民政府药品监督管理部门可以予以公告。

七、药品监督的法律规定

（一）药品监督管理机构

《药品管理法》规定，国务院药品监督管理部门主管全国药品监督管理工作。国务院有关部门在各自的职责范围内负责与药品有关的监督管理工作。省级药品监督管理部门负责本行政区域内的药品监督管理工作。省级人民政府有关部门在各自的职责范围内负责与药品有关的监督管理工作。

（二）药品监督管理机构职责

药品监督管理部门有权按照法律、行政法规的规定对报经其审批的药品研制和药品的生产、经营以及医疗机构使用药品的事项进行监督检查，有关单位和个人不得拒绝和隐瞒。药品监督管理部门进行监督检查时，必须出示证明文件，对监督检查中知悉的被检查人的技术秘密和业务秘密应当保密。

药品监督管理部门根据监督检查的需要，可以对药品质量进行抽查检验。抽查检验应当按照规定抽样，并不得收取任何费用。药品监督管理部门对有证据证明可能危害人体健康的药品及其有关材料可以采取查封、扣押的行政强制措施。

国务院和省、自治区、直辖市人民政府的药品监督管理部门应当定期公告药品质量抽查检验的结果。

药品监督管理部门应当按照规定，依据《药品生产质量管理规范》、《药品经营质量管理规范》，对经其认证合格的药品生产企业、药品经营企业进行认证后的跟踪检查。

地方人民政府和药品监督管理部门不得以要求实施药品检验、审批等手段限制或者排斥非本地区药品生产企业依照规定生产的药品进入本地区。

药品监督管理部门及其设置的药品检验机构和确定的专业从事药品检验的机构不得参与药品生产经营活动，不得以其名义推荐或者监制、监销药品。药品监督管理部门及其设置的药品检验机构和确定的专业从事药品检验的机构的工作人员不得参与药品生产经营活动。

八、法律责任

（一）行政责任

1．生产、销售假药的，没收违法生产、销售的药品和违法所得，并处违法生产、销售药品货值金额二倍以上五倍以下的罚款；有药品批准证明文件的予以撤销，并责令停产、停业整顿；情节严重的，吊销《药品生产许可证》、《药品经营许可证》或者《医疗机构制剂许可证》。

生产、销售劣药的，没收违法生产、销售的药品和违法所得，并处违法生产、销售药品货值金额一倍以上三倍以下的罚款；情节严重的，责令停产、停业整顿或者撤销药品批准证明文件、吊销《药品生产许可证》、《药品经营许可证》或者《医疗机构制剂许可证》。

2．未取得《药品生产许可证》、《药品经营许可证》或者《医疗机构制剂许可证》生产药品、经营药品的，依法予以取缔，没收违法生产、销售的药品和违法所得，并处违法生产、销售的药品（包括已售出的和未售出的药品，下同）货值金额二倍以上五倍以下的罚款。

3．药品的生产企业、经营企业、药物非临床安全性评价研究机构、药物临床试验机构未按照规定实施《药品生产质量管理规范》、《药品经营质量管理规范》、药物非临床研究质量管理规范、药物临床试验质量管理规范的，给予警告，责令限期改正；逾期不改正的，责令停产、停业整顿，并处五千元以上二万元以下的罚款；情节严重的，吊销《药品生产许可证》、《药品经营许可证》和药物临床试验机构的资格。

4．药品生产、经营企业或医疗机构，从无《药品生产许可证》、《药品经营许可证》的企业购进药品的，责令改正，没收违法购进的药品，并处违法购进药品货值金额二倍以上五倍以下的罚款；有违法所得的，没收违法所得；情节严重的，吊销《药品生产许可证》、《药品经营许可证》或者医疗机构执业许可证书。

5．进口已获得药品进口注册证书的药品，未按照本法规定向允许药品进口的口岸所在地的药品监督管理部门登记备案的，给予警告，责令限期改正；逾期不改正的，撤销进口药品注册证书。

6．伪造、变造、买卖、出租、出借许可证或者药品批准证明文件的，没收违法所得，并处违法所得一倍以上三倍以下的罚款；没有违法所得的，处二万元以上十万元以下的罚款；情节严重的，并吊销卖方、出租方、出借方的《药品生产许可证》、《药品经营许可证》、《医疗机构制剂许可证》或者撤销药品批准证明文件。

7．提供虚假的证明、文件资料样品或者采取其他欺骗手段取得《药品生产许可证》、《药品经营许可证》、《医疗机构制剂许可证》或者药品批准证明文件的，吊销《药品生产许可证》、《药品经营许可证》、《医疗机构制剂许可证》或者撤销药品批准证明文件，五年内不受理其申请，并处一万元以上三万元以下的罚款。

8．药品标识不符合法律规定，除依法应当按照假药、劣药论处的外，责令改正，给予警告；情节严重的，撤销该药品的批准证明文件。

9．药品检验机构出具虚假检验报告，不构成犯罪的，责令改正，给予警告，对单位并处三万元以上五万元以下的罚款；对直接负责的主管人员和其他直接责任人员依法给予降级、撤职、开除的处分，并处三万元以下的罚款；有违法所得的，没收违法所得；情节严重的，撤销其检验资格。

10．药品的生产企业、经营企业、医疗机构在药品购销中暗中给予、收受回扣或者其他利益的，药品的生产企业、经营企业或者其代理人给予使用其药品的医疗机构的负责人、药品采购人员、医师等有关人员以财物或者其他利益的，由工商行政管理部门处一万元以上二十万元以下的罚款，有违法所得的，予以没收；情节严重的，由工商行政管理部门吊销药品生产企业、药品经营企业的营业执照，并通知药品监督管理部门，由药品监督管理部门吊销其《药品生产许可证》、《药品经营许可证》。

11．违反有关药品广告的管理规定的，依照《广告法》的规定处罚，并由发给广告批准文号的药品监督管理部门撤销广告批准文号，一年内不受理该品种的广告审批申请。

12．药品监督管理部门违反法律规定的，由其上级主管机关或者监察机关责令收回违法发给的证书、撤销药品批准证明文件，对直接负责的主管人员和其他直接责任人员依法给予行政处分。

（二）民事责任

1．违反《药品管理法》造成药品中毒事故的，致害单位和个人应承担赔偿的民事责任。受害人及其代理人可以请求卫生行政部门处理，当事人不服的，可以向人民法院起诉。受害人也可以直接向人民法院起诉。

2．药品检验机构出具的检验结果不实，造成损失的，应当承担相应的赔偿责任。

（三）刑事责任

《刑法》第141条规定，生产、销售假药的，处三年以下有期徒刑或者拘役，并处罚金；对人体健康造成严重危害或者有其他严重情节的，处三年以上十年以下有期徒刑，并处罚金；致人死亡或者有其他特别严重情节的，处十年以上有期徒刑、无期徒刑或者死刑，并处罚金或者没收财产。本条所称假药，是指依照《中华人民共和国药品管理法》的规定属于假药和按假药处理的药品、非药品。

《刑法》第142条规定，生产、销售劣药，对人体健康造成严重危害的，处三年以上十年以下有期徒刑，并处销售金额百分之五十以上二倍以下罚金；后果特别严重的，处十年以上有期徒刑或者无期徒刑，并处销售金额百分之五十以上二倍以下罚金或者没收财产。本条所称劣药，是指依照《药品管理法》的规定属于劣药的药品。

《刑法》第355条规定，依法从事生产、运输、管理、使用国家管制的麻醉药品、精神药品的人员，违反国家规定，向吸食、注射毒品的人提供国家规定管制的能够使人形成瘾癖的麻醉药品、精神药品的，处三年以下有期徒刑或者拘役，并处罚金；情节严重的，处三年以上七年以下有期徒刑，并处罚金。向走私、贩卖毒品的犯罪分子或者以牟利为目的，向吸食、注射毒品的人提供国家规定管制的能够使人形成瘾癖的麻醉药品、精神药品的，依照本法第347条的规定定罪处罚。单位犯前款罪的，对单位判处罚金，并对其直接负责的主管人员和其他直接责任人员，依照前款的规定处罚。

第二节　血液与血液制品法律制度

【案例4-2】

由于血液不足导致需要用血的人排队等血，而互助献血则不用等，于是"血头"应运而生。所谓"血头"就是长期在血液中心附近以买卖血液为生的人。一般来说，"血头"主要负责找需要用血的人，而中介公司则负责提供供血人。作为"血头"的陈某，与中介公司员工赵某、洪某配合，做起买卖血液一条龙的生意。值得一提的是，三人最开始都是供血人，供了几次后发现买卖血液挺赚钱就加入了这个队伍。北京市海淀区人民法院以非法组织卖血罪分别判处被告人赵某、陈某有期徒刑八个月，被告人洪某有期徒刑六个月，各处罚金人民币一千元。[1]

一、血液及血液制品监管的立法

血液是指全血、血液成分和特殊血液成分。血液制品是指各种人血浆蛋白制品。血液是涉及人的健康和生命的重要物质。血液和血液制品除了本身的重要性外，还对预防和控制传染病有重要作用。

国务院于1996年12月30日发布了《血液制品管理条例》；1997年12月29日全国人大常委会通过了《献血法》，自1998年10月1日起施行；卫生部于2005年11月17日发布《血站管理办法》，自2006年3月1日起施行；卫生部于2008年1月4日发布《单采血浆站管理办法》，自2008年3月1日起施行。

二、献血法律制度

（一）无偿献血制度

《献血法》规定国家实行无偿献血制度。无偿献血制度是指达到一定年龄的健康公民自愿提供自身的血液、血浆或其他血液成分用于临床，而不索取任何报酬的制度。

1. 无偿献血的主体　《献血法》规定，国家提倡18周岁至55周岁的健康公民自愿献血。《献血法》规定特定人群应带头献血。特定人群系指国家工作人员、现役军人、高等院校在校学生。这里所指的国家工作人员是指包括国家行政机关、权力机关、司法机关的国家干部和按国家工作人员管理的人员。

2. 政府职责　《献血法》第3条规定，地方各级人民政府领导本行政区域内的献血工作，统一规划并负责组织协调各部门共同做好献血工作。《献血法》规定，各级人民政府采取措施广泛宣传献血的意义，普及献血的科学知识，开展预防和控制经血液途径传播的疾病的教育。新闻媒介应当开展献血的社会公益性宣传。

3. 各级卫生行政部门及红十字会的职责　《献血法》第4条规定，县级以上各级卫生行政部门监督管理献血工作。各级红十字会依法参与、推动献血工作。

4. 无偿献血的组织动员　《献血法》对社会各单位规定了一项法律义务，即国家机关、军队、社会团体、企事业组织、居民委员会、村民委员会应当动员和组织本单位或本居住区的适龄公民参加献血。

（二）临床用血的法律规定

1. 医疗机构有保证血液质量的义务　临床用血的储存和发放必须符合国家规定的卫生标准和要求，防止血液发生污染；医疗机构对临床用血必须进行核查，不得将不符合国家规定标准的血液用于临床。

2. 医疗机构有保证病人免费和减费用血的义务　根据法律规定，无偿献血者临床需要用血时，免缴一切费用。一般公民临床用血只交付用于血液的采集、储存、分离、检验等的费用而无须买血。

3. 医疗单位有合理、科学和节约用血的义务　在我国临床用血相对紧张的情况下，医疗机构用血时必须遵循合理科学的原则，严禁浪费和滥用，不能把血液作为"补品"，给不需要输血的人输"安慰血"。为了最大限度地发挥血液的功效，医疗机构要积极开展临床用血新技术的研究和推广，使临床用血更加节约高效。同时，要积极推广成分输血，病人缺什么血液成分就补充什么成分。成分输血不仅可以节约用血量，而且对病人能起到积极的治疗作用。

---

[1] 边江. 买卖血液一条龙"血头"中介均获刑. 中国法院网. [2012-08-31]. http：//www.chinacourt.org./article./detail1/2012/08/id/547245.shtml

三、血站管理法律规定

(一)血站设置审批制度

《献血法》规定,血站是不以营利为目的采集、制备、储存血液并向临床提供血液的公益性卫生机构。血站管理以省、自治区、直辖市为区域,实行统一规划设置血站、统一管理采供血和统一管理临床用血的原则。设置血站必须经省级以上卫生行政部门审核批准。血站分为血液中心、中心血站、基层血站或中心血库,负责指定的服务区域的采供血工作。直辖市、省会市、自治区首府市设血液中心,设区的市或地设中心血站;县及县级市可以设基层血站或中心血库。血液中心的设置必须经国务院卫生行政部门批准,中心血站、基层血站和中心血库的设置必须经省、自治区、直辖市卫生行政部门批准。

(二)血站执业许可制度

血站开展采供血业务必须经卫生行政部门执业验收及注册登记,并分别领取《血站执业许可证》和《中心血库采供血许可证》后方可执业。血液中心的执业验收由国务院卫生行政部门委托中国输血协会进行。中心血站、基层血站或中心血库的执业验收由省级卫生行政部门委托本省输血协会进行。血站执业验收的标准为卫生部颁发的《血站基本标准》。血站的注册登记机关为批准其设置的人民政府卫生行政部门,一般登记有效期为3年。

(三)血站执业中的法律规定

1. 依法执业的义务　血站执业必须依法取得血站执业许可证,并且血站必须按照注册登记的项目、内容、范围,开展采供血业务;血站执业技术人员必须经过输血业务知识技术考试,取得考核合格证书后方可上岗。

2. 保证献血者健康的义务　血站采供血必须严格按照各项技术操作规程和制度进行,并且要为献血者提供安全、卫生、便利的条件。采血过程中容易发生交叉污染,危害献血者的健康。采血必须由具有采血资格的技术人员进行,一次性采血器材用后必须销毁,确保献血者的身体健康。血站在采血前,应按照卫生部制定的《献血者健康检查标准》,对献血者免费进行必要的健康查体,发现身体达不到健康标准的,应向献血者说明情况不得采集血液。血站还有严格采血量和采血间隔的义务,献血者每次献血量一般为200毫升,最多不超过400毫升,两次采血间隔时间不得少于6个月。严禁血站违反献血量和献血间隔的规定超量频繁采集血液。

3. 保证血液质量的义务　采供血是血液管理的重要环节,也是最容易出问题的环节,而且一旦出现问题,影响面广,危害性大。《献血法》规定:"血站应当根据国务院卫生行政部门制定的标准,保证血液的质量。血站对采集的血液必须进行检测;未经检测或者检测不合格的血液,不得向医疗机构提供。"另外,血站提供血液的包装、储存、运输条件要符合卫生要求,如包装袋上要标明血站的名称及执业许可证号、献血编号或条码、血型、血液品种、采血日期、有效期、血袋编号及储存条件等。

4. 无偿献血的血液必须用于临床的义务　目前我国血液管理工作的法律法规将血液分为医疗临床用血和血液制品生产用血两部分分别进行管理。我国建立无偿献血制度的主要目的是缓解临床用血紧张,因此《献血法》规定无偿献血的血液必须用于临床,不得买卖。在无偿献血的整个过程中,不允许任何单位和个人利用公民无偿捐献的血液谋取私利。

四、血液制品法律制度

(一)原料血浆的管理

原料血浆是指由单采血浆站采集的专用于血液制品生产原料的血浆。单采血浆站是指根据地区血源资源,按照有关标准和要求并经严格审批设立,采集供应血液制品生产用原料血浆的单位。单采血浆站由血液制品生产单位设置,具有独立的法人资格。其他任何单位和个人不得从事单采血浆活动。

1. 单采血浆站的设置 《单采血浆站管理办法》规定，血液制品生产单位设置单采血浆站应当符合当地单采血浆站设置规划，并经省、自治区、直辖市人民政府卫生行政部门批准。单采血浆站应当设置在县（旗）及县级市，不得与一般血站设置在同一县级行政区域内；有地方病或者经血传播的传染病流行、高发的地区不得规划设置单采血浆站。省、自治区、直辖市人民政府卫生行政部门根据实际情况，划定单采血浆站的采浆区域。采浆区域的选择应当保证供血浆者的数量，能满足原料血浆年采集量不少于30吨。新建单采血浆站在3年内达到年采集量不少于30吨。

申请设置单采血浆站的血液制品生产单位，应当向单采血浆站设置地的县级人民政府卫生行政部门提交《设置单采血浆站申请书》，由县级人民政府卫生行政部门进行初审，经设区的市、自治州人民政府卫生行政部门审查同意后，报省级人民政府卫生行政部门审批。省级人民政府卫生行政部门根据《单采血浆站质量管理规范》进行技术审查。经审查符合条件的，由省级人民政府卫生行政部门核发《单采血浆许可证》，并在设置审批后10日内报国家卫计委备案；经审查不符合条件的，应当将不予批准的理由书面通知申请人。

2. 单采血浆站执业 单采血浆站执业，应当对血浆采集工作实行全面质量管理，严格遵守《中华人民共和国药典》血液制品原料血浆规程、《单采血浆站质量管理规范》等技术规范和标准；应当在规定的采浆区域内组织、动员供血浆者，并对供血浆者进行相应的健康教育，为供血浆者提供安全、卫生、便利的条件和良好的服务。单采血浆站应当按照《中华人民共和国药典》血液制品原料血浆规程对申请供血浆者进行健康状况征询、健康检查和血样化验，并按照国家卫计委发布的供血浆者须知对供血浆者履行告知义务。

单采血浆站应当保证所采集的血浆均进行严格的检测。血浆采集后必须单人份冰冻保存，严禁混浆。原料血浆的采集、包装、储存、运输应当符合《单采血浆站质量管理规范》的要求。单采血浆站应当保证发出的原料血浆质量符合国家有关标准，其品种、规格、数量无差错，血浆的生物活性保存完好。

3. 监督管理 国家卫计委负责全国单采血浆站的监督管理工作。县级以上地方人民政府卫生行政部门负责本行政区域内单采血浆站的监督管理工作，制定年度监督检查计划。检查内容包括：执行法律、法规、规章、技术标准和规范情况；单采血浆站各项规章制度和工作人员岗位责任制落实情况；供血浆者管理，检验，原料血浆的采集、保存、供应等；单采血浆站定期自检和重大事故报告情况。

负责单采血浆站审批和监督的卫生行政部门要建立信息沟通制度。省级以上人民政府卫生行政部门应当指定有关血液检定机构，对单采血浆站采集的血浆质量进行监测。卫生行政部门在进行监督检查时，有权索取有关资料，单采血浆站不得隐瞒、阻碍或者拒绝。

（二）血液制品生产经营单位管理

1. 血液制品生产的审批 新建、改建或者扩建血液制品生产单位，经国务院卫生行政部门根据总体规划进行立项审查同意后，由省、自治区、直辖市人民政府卫生行政部门依照《药品管理法》的规定审核批准。血液制品生产单位必须达到国务院卫生行政部门制定的《药品生产质量管理规范》规定的标准，经国务院卫生行政部门审查合格，并依法向工商行政管理部门申领营业执照后，方可从事血液制品的生产活动。

血液制品生产单位生产国内已经生产的品种，必须依法向国务院卫生行政部门申请产品批准文号；生产国内尚未生产的品种，必须按照国家有关新药审批的程序和要求申报。

2. 血液制品生产的管理 血液制品生产单位在原料血浆投料生产前，必须使用有产品批准文号并经国家药品生物制品检定机构逐批检定合格的体外诊断试剂，对每一人份血浆进行全面复检，并作检测记录。原料血浆经复检不合格的，不得投料生产，并必须在省级药品监督员监督下按照规定程序和方法予以销毁,并作记录。原料血浆经复检发现有经血液途径传播的疾病的,必须通知供应血浆的单采血浆站,并及时上报所在省、自治区、直辖市人民政府卫生行政部门。血液制品出厂前,必须经过质量检验;经检验不符合国家标准的,严禁出厂。

血液制品生产单位不得向无《单采血浆许可证》的单采血浆站或者未与其签订质量责任书的单采血浆站及其他任何单位收集原料血浆。血液制品生产单位不得向其他任何单位供应原料血浆。严禁血液制品生产单位出让、出租、出借以及与他人共用《药品生产企业许可证》和产品批准文号。血液制品生产单位应当积极开发新品种,提高血浆综合利用率。

3. 血液制品经营的管理　开办血液制品经营单位,由省、自治区、直辖市人民政府卫生行政部门审核批准。血液制品经营单位应当具备与所经营的产品相适应的冷藏条件和熟悉所经营品种的业务人员。国家禁止出口原料血浆。

血液制品生产经营单位生产、包装、储存、运输、经营血液制品,应当符合国家规定的卫生标准和要求。

4. 监督管理　国务院卫生行政部门负责全国进出口血液制品的审批及监督管理。县级以上各级人民政府卫生行政部门负责本行政区域内的血液制品生产与经营单位的监督管理。省、自治区、直辖市人民政府卫生行政部门负责本行政区域内的血液制品生产单位的监督管理,每年组织一次对本行政区域内单采血浆站的监督检查并进行年度注册。

国家药品生物制品检定机构及国务院卫生行政部门指定的省级药品检验机构,应当依照规定的标准和要求,对血液制品生产单位生产的产品定期进行检定。

五、法律责任

(一)行政责任

1. 违反《献血法》的行政责任

(1)有下列行为之一的,由县级以上地方人民政府卫生行政部门予以取缔,没收违法所得,可以并处十万元以下的罚款:非法采集血液的;血站、医疗机构出售无偿献血的血液的;非法组织他人出卖血液的。

(2)血站违反有关操作规程和制度采集血液,由县级以上地方人民政府卫生行政部门责令改正;给献血者健康造成损害的,对直接负责的主管人员和其他直接责任人员,依法给予行政处分。

(3)临床用血的包装、储运、运输,不符合国家规定的卫生标准和要求的,由县级以上地方人民政府卫生行政部门责令改正,给予警告,可以并处一万元以下的罚款。

(4)血站向医疗机构提供不符合国家规定标准的血液的,由县级以上人民政府卫生行政部门责令改正;情节严重,造成经血液途径传播的疾病传播或者有传播严重危险的,限期整顿,对直接负责的主管人员和其他直接责任人员,依法给予行政处分。

(5)医疗机构的医务人员将不符合国家规定标准的血液用于患者的,由县级以上地方人民政府卫生行政部门责令改正;给患者健康造成损害的,对直接负责的主管人员和其他直接责任人员,依法给予行政处分。

(6)卫生行政部门及其工作人员在献血、用血的监督管理工作中,玩忽职守,造成严重后果,尚不构成犯罪的,依法给予行政处分。

2. 违反《血液制品管理条例》和《单采血浆站管理办法》的行政责任

(1)单采血浆站有下列行为之一的,由县级以上地方人民政府卫生行政部门予以取缔,没收违法所得和从事违法活动的器材、设备,并处违法所得5倍以上10倍以下的罚款;没有违法所得的,并处5万元以上10万元以下的罚款:①未取得省、自治区、直辖市人民政府卫生行政部门核发的《单采血浆许可证》，非法从事组织、采集、供应、倒卖原料血浆活动的；②《单采血浆许可证》已被注销或者吊销仍开展采供血浆活动的；③租用、借用、出租、出借、变造、伪造《单采血浆许可证》开展采供血浆活动的。

(2) 单采血浆站有下列行为之一的，由县级以上地方人民政府卫生行政部门责令限期改正，处5万元以上10万元以下的罚款：①采血浆前，未按照国务院卫生行政部门颁布的健康检查标准对供血浆者进行健康检查和血液化验的。②采集非划定区域内的供血浆者或者其他人员的血浆的，或者不对供血浆者进行身份识别，采集冒名顶替者、健康检查不合格者或者无《供血浆证》者的血浆的。③违反国务院卫生行政部门制定的血浆采集技术操作标准和程序，过频过量采集血浆的。④向医疗机构直接供应原料血浆或者擅自采集血液的；⑤未使用单采血浆机械进行血浆采集的。⑥未使用有产品批准文号并经国家药品生物制品检定机构逐批检定合格的体外诊断试剂以及合格的一次性采血浆器材的。⑦未按照国家规定的卫生标准和要求包装、储存、运输原料血浆的。⑧对国家规定检测项目检测结果呈阳性的血浆不清除、不及时上报的。⑨对污染的注射器、采血浆器材及不合格血浆等不经消毒处理，擅自倾倒，污染环境，造成社会危害的。⑩重复使用一次性采血浆器材的，以及向设置单采血浆站的血液制品生产单位以外的其他单位供应原料血浆的。

(3) 单采血浆站有下列情形之一的，按照情节严重予以处罚，并吊销《单采血浆许可证》：①对国家规定检测项目检测结果呈阳性的血浆不清除并不及时上报的。② 12个月内2次发生上述所列违法行为的。③同时有上述所列3项以上违法行为的。④卫生行政部门责令限期改正而拒不改正的。⑤造成经血液途径传播的疾病传播或者造成其他严重伤害后果的。

(4) 单采血浆站已知其采集的血浆检测结果呈阳性，仍向血液制品生产单位供应的，由省、自治区、直辖市人民政府卫生行政部门吊销《单采血浆许可证》，由县级以上地方人民政府卫生行政部门没收违法所得，并处10万元以上30万元以下的罚款。

(5) 涂改、伪造、转让《供血浆证》的，由县级人民政府卫生行政部门收缴《供血浆证》，没收违法所得，并处违法所得3倍以上5倍以下的罚款，没有违法所得的，并处1万元以下的罚款。

(6) 血液制品生产单位有下列行为之一的，由省级人民政府卫生行政部门依照药品管理法及其实施办法等有关规定，按照生产假药、劣药予以处罚：①使用无《单采血浆许可证》的单采血浆站或者未与其签订质量责任书的单采血浆站及其他任何单位供应的原料血浆的，或者非法采集原料血浆的。②投料生产前未对原料血浆进行复检的，或者使用没有产品批准文号或者未经国家药品生物制品检定机构逐批检定合格的体外诊断试剂进行复检的，或者将检测不合格的原料血浆投入生产的。③擅自更改生产工艺和质量标准的，或者将检验不合格的产品出厂的。④与他人共用产品批准文号的。

(7) 血液制品生产单位擅自向其他单位出让、出租、出借以及与他人共用《药品生产企业许可证》、产品批准文号或者供应原料血浆的，由省级以上人民政府卫生行政部门没收违法所得，并处违法所得5倍以上10以下的罚款，没有违法所得的，并处5万元以上10万元以下的罚款。

(8) 血液制品生产经营单位生产、包装、储存、运输、经营血液制品不符合国家规定的卫生标准和要求的，由省、自治区、直辖市人民政府卫生行政部门责令改正，可以处1万元以下的罚款。

(9) 在血液制品生产单位成品库待出厂的产品中，经抽检有一批次达不到国家规定的指标，经复检仍不合格的，由国务院卫生行政部门撤销该血液制品批准文号。

(10) 擅自进出口血液制品或者出口原料血浆的，由省级以上人民政府卫生行政部门没收所进出口的血液制品或者所出口的原料血浆和违法所得，并处所进出口的血液制品或者所出口的原料血浆总值 3 倍以上 5 倍以下的罚款。

（11）血液制品检验人员虚报、瞒报、涂改、伪造检验报告及有关资料的，依法给予行政处分。

（12）卫生行政部门工作人员滥用职权、玩忽职守、徇私舞弊、索贿受贿，尚不构成犯罪的，依法给予行政处分。

（13）承担单采血浆站技术评价、检测的技术机构出具虚假证明文件的，由卫生行政部门责令改正，给予警告，并可处 2 万元以下的罚款；对直接负责的主管人员和其他直接责任人员，依法给予处分。

（14）单采血浆站有下列行为之一的，由县级以上地方人民政府卫生行政部门予以警告，并处 3 万元以下的罚款：①隐瞒、阻碍、拒绝卫生行政部门监督检查或者不如实提供有关资料的。②对供血浆者未履行事先告知义务，未经供血浆者同意开展特殊免疫的。③未按照规定建立供血浆者档案管理及屏蔽、淘汰制度的。④未按照规定制订各项工作制度或者不落实的。⑤工作人员未取得相关岗位执业资格或者未经执业注册从事采供血浆工作的。⑥不按照规定记录或者保存工作记录的；⑦未按照规定保存血浆标本的。

3．违反《血站管理办法》的行政责任

（1）有下列行为之一的，属于非法采集血液，由县级以上地方人民政府卫生行政部门予以取缔，没收违法所得，可以并处十万元以下的罚款：①未经批准，擅自设置血站，开展采供血活动的。②已被注销的血站，仍开展采供血活动的。③已取得设置批准但尚未取得《血站执业许可证》即开展采供血活动，或者《血站执业许可证》有效期满未再次登记仍开展采供血活动的。④租用、借用、出租、出借、变造、伪造《血站执业许可证》开展采供血活动的。⑤血站出售无偿献血血液的。

（2）血站有下列行为之一的，由县级以上地方人民政府卫生行政部门予以警告、责令改正，逾期不改正，或者造成经血液传播疾病发生，或者其他严重后果的，对负有责任的主管人员和其他直接负责人员，依法给予行政处分：超出执业登记的项目、内容、范围开展业务活动的；工作人员未取得相关岗位执业资格或者未经执业注册而从事采供血工作的；血液检测实验室未取得相应资格即进行检测的；擅自采集原料血浆、买卖血液的；采集血液前，未按照国家颁布的献血者健康检查要求对献血者进行健康检查、检测的；采集冒名顶替者、健康检查不合格者血液以及超量、频繁采集血液的；违反输血技术操作规程、有关质量规范和标准的；采血前未向献血者、特殊血液成分捐赠者履行规定的告知义务的；擅自涂改、毁损或者不按规定保存工作记录的；使用的药品、体外诊断试剂、一次性卫生器材不符合国家有关规定的；重复使用一次性卫生器材的；对检测不合格或者报废的血液，未按有关规定处理的；未经批准擅自与外省、自治区、直辖市调配血液的；未经批准向境外医疗机构提供血液或者特殊血液成分的；未按规定保存血液标本的；脐带血造血干细胞库等特殊血站违反有关技术规范的。

血站造成经血液传播疾病发生或者其他严重后果的，卫生行政部门在行政处罚的同时，可以注销其《血站执业许可证》。

（3）血站向医疗机构提供不符合国家规定标准的血液的，由县级以上人民政府卫生行政部门责令改正；情节严重，造成经血液途径传播的疾病传播或者有传播严重危险的，限期整顿，对直接负责的主管人员和其他责任人员，依法给予行政处分。

（4）卫生行政部门及其工作人员有下列情形之一的，由上级行政机关或者监察机关责令改正；情节严重的，对直接负责的主管人员和其他直接责任人员依法给予行政处分：①未按规定的程序审查而使不符合条件的申请者得到许可。②对不符合条件的申请者准予许可或者超越法定职权作出准予许可决定。③在许可审批过程中弄虚作假。④对符合条件的设置及执业登记申请不予受理。⑤对符合条件的申请不在法定期限内作出许可决定。⑥不依法履行监督职责，或者监督不力造成严重后果。⑦其他在执法过程中，存在滥用职权，玩忽职守，徇私舞弊，索贿受贿等行为。

（二）民事责任

《献血法》规定，血站违反有关操作规程和制度采集血液，给献血者健康造成损害的，应当依法赔偿。

（三）刑事责任

《献血法》规定，有下列行为之一，构成犯罪的，依法追究刑事责任：非法采集血液的；血站、医疗机构出售无偿献血的血液的；非法组织他人出卖血液的；血站违反有关操作规程和制度采集血液的；向医疗机构提供不符合国家规定标准的血液，造成经血液途径传播的疾病传播或者有传播严重危险的；医疗机构的医务人员将不符合国家规定标准的血液用于患者的；卫生行政部门及其工作人员在献血、用血的监督管理工作中，玩忽职守，造成严重后果的。

《刑法》第334条规定，非法采集、供应血液或者制作、供应血液制品，不符合国家规定的标准，足以危害人体健康的，处五年以下有期徒刑或者拘役，并处罚金；对人体健康造成严重危害的，处五年以上十年以下有期徒刑，并处罚金；造成特别严重后果的，处十年以上有期徒刑或者无期徒刑，并处罚金或者没收财产。经国家主管部门批准采集、供应血液或者制作、供应血液制品的部门，不依照规定进行检测或者违背其他操作规定，造成危害他人身体健康后果的，对单位判处罚金，并对其直接负责的主管人员和其他直接责任人员，处五年以下有期徒刑或者拘役。

第三节　医疗器械法律制度

【案例4-3】某公司生产无产品注册证医疗器械案

2009年6月7日，江都食品药品监管局在对某电子公司检查时，发现该公司仓库内存放有3台某型号光电综合治疗仪。随机装箱的说明书标示产品适用范围为：本产品是妇产科、外科和理疗科的理想设备，也可用于美容保健；能治疗急、慢性盆腔炎、乳腺炎、乳腺增生等妇科疾病；能治疗术后创面感染、感染性皮肤病、皮肤溃疡、浅层及闭塞性脉管炎等疾病……经查，该医疗器械产品注册证上所标示的产品适用范围超出了应有范围。2007年以来，该公司共生产上述型号光电综合治疗仪4台。江都局依法责令停止生产，没收违法生产的上述产品，并处以罚款。[1]

一、医疗器械管理概述

医疗器械是指直接或者间接用于人体的仪器、设备、器具、体外诊断试剂及校准物、材料以及其他类似或者相关的物品，包括所需要的计算机软件；其效用主要通过物理等方式获得，不是通过药理学、免疫学或者代谢的方式获得，或者虽然有这些方式参与但是只起辅助作用。其目的是：①疾病的诊断、预防、监护、治疗或者缓解；②损伤的诊断、监护、治疗、缓解或者功能补偿；③生理结构或者生理过程的检验、替代、调节或者支持；④生命的支持或者维持；⑤妊娠控制；⑥通过对来自人体的样本进行检查，为医疗或者诊断目的提供信息。

我国医疗器械管理的法律体系包括：1996年9月，颁布了《医疗器械产品注册管理办法》；1995年3月，发布了《医疗器械广告审查标准》、《医疗器械广告审查办法》；1997年12月制定了《国家药品医疗器械储备管理暂行办法》；国家药品监督管理局先后颁发了《医

---

[1] 杜仕林. 卫生法学. 广州：中山大学出版社，2012：169

疗器械分类规则》、《医疗器械生产企业管理办法》、《医疗器械经营企业管理办法》、《医疗器械生产企业质量体系考核办法》等；1999年12月，通过了《医疗器械监督管理条例》，且于2014年2月12日经国务院第39次常务会议修订通过。

二、医疗器械的分类管理

国家对医疗器械按照风险程度实行分类管理。

第一类是指，风险程度低，实行常规管理可以保证其安全、有效的医疗器械。

第二类是指，具有中度风险，需要严格控制管理以保证其安全、有效的医疗器械。

第三类是指，具有较高风险，需要采取特别措施严格控制管理以保证其安全、有效的医疗器械。

评价医疗器械风险程度，应当考虑医疗器械的预期目的、结构特征、使用方法等因素。国务院食品药品监督管理部门负责制定医疗器械的分类规则和分类目录，并根据医疗器械生产、经营、使用情况，及时对医疗器械的风险变化进行分析、评价，对分类目录进行调整。制定、调整分类目录，应当充分听取医疗器械生产经营企业以及使用单位、行业组织的意见，并参考国际医疗器械分类实践。医疗器械分类目录应当向社会公布。

三、医疗器械的注册管理

国家对第一类医疗器械实行产品备案管理，对第二类、第三类医疗器械实行产品注册管理。第一类医疗器械产品备案，由备案人向所在地设区的市级人民政府食品药品监督管理部门提交备案资料。申请第二类医疗器械产品注册，注册申请人应当向所在地省、自治区、直辖市人民政府食品药品监督管理部门提交注册申请资料。申请第三类医疗器械产品注册，注册申请人应当向国务院食品药品监督管理部门提交注册申请资料。

受理注册申请的食品药品监督管理部门应当自受理之日起3个工作日内将注册申请资料转交技术审评机构。技术审评机构应当在完成技术审评后向食品药品监督管理部门提交审评意见。受理注册申请的食品药品监督管理部门应当自收到审评意见之日起20个工作日内作出决定。对符合安全、有效要求的，准予注册并发给医疗器械注册证；对不符合要求的，不予注册并书面说明理由。

医疗器械注册证有效期为5年。有效期届满需要延续注册的，应当在有效期届满6个月前向原注册部门提出延续注册的申请。除有对用于治疗罕见疾病以及应对突发公共卫生事件急需的医疗器械，未在规定期限内完成医疗器械注册证载明事项的情形外，接到延续注册申请的食品药品监督管理部门应当在医疗器械注册证有效期届满前作出准予延续的决定。逾期未作决定的，视为准予延续。

四、医疗器械的研制管理

国家鼓励研制医疗器械新产品。医疗器械新产品，是指国内市场尚未出现过的或者安全性、有效性及产品机制未得到国内认可的全新的品种。医疗机构根据本单位的临床需要，可以研制医疗器械，在执业医师指导下在本单位使用。医疗机构研制的第二类医疗器械，应当报省级以上人民政府药品监督管理部门审查批准；医疗机构研制的第三类医疗器械，应当报国务院药品监督管理部门审查批准。

第二类、第三类医疗器械新产品应当进行临床试用或者临床验证。省、自治区、直辖市人民政府药品监督管理部门负责审批本行政区域内的第二类医疗器械的临床试用或者临床验证，国务院药品监督管理部门负责审批第三类医疗器械的临床试用或者临床验证。临床试用或者临床验证应当在省级以上人民政府药品监督管理部门指定的医疗机构进行。医疗机构进行临床试用或者临床验证，应当符合国务院药品监督管理部门的规定。完成临床试用或者临床验证并通过国务院药品监督管理部门组织专家评审的医疗器械新产品，由国务院药品监督管理部门批准，并发给新产品证书。

五、医疗器械的生产管理

医疗器械生产企业应当具备下列条件：①有与生产的医疗器械相适应的生产场地、环境条件、生产设备以及专业技术人员；②有对生产的医疗器械进行质量检验的机构或者专职检验人员以及检验设备；③有保证医疗器械质量的管理制度；④有与生产的医疗器械相适应的售后服务能力；⑤产品研制、生产工艺文件规定的要求。

从事第一类医疗器械生产的，由生产企业向所在地设区的市级人民政府食品药品监督管理部门备案。从事第二类、第三类医疗器械生产的，生产企业应当向所在地省、自治区、直辖市人民政府食品药品监督管理部门申请生产许可。受理生产许可申请的食品药品监督管理部门应当自受理之日起30个工作日内对申请资料进行审核，按照国务院食品药品监督管理部门制定的医疗器械生产质量管理规范的要求进行核查。对符合规定条件的，准予许可并发给医疗器械生产许可证；对不符合规定条件的，不予许可并书面说明理由。医疗器械生产许可证有效期为5年。有效期届满需要延续的，依照有关行政许可的法律规定办理延续手续。

医疗器械产品应当符合医疗器械强制性国家标准；尚无强制性国家标准的，应当符合医疗器械强制性行业标准。医疗器械应当有说明书、标签。说明书、标签的内容应当与经注册或者备案的相关内容一致。医疗器械的说明书、标签应当标明下列事项：①通用名称、型号、规格②生产企业的名称和住所、生产地址及联系方式；③产品技术要求的编号；④生产日期和使用期限或者失效日期；⑤产品性能、主要结构、适用范围；⑥禁忌证、注意事项以及其他需要警示或者提示的内容；⑦安装和使用说明或者图示；⑧维护和保养方法，特殊储存条件、方法；⑨产品技术要求规定应当标明的其他内容。

第二类、第三类医疗器械还应当标明医疗器械注册证编号和医疗器械注册人的名称、地址及联系方式。由消费者个人自行使用的医疗器械还应当具有安全使用的特别说明。

六、医疗器械的经营管理

从事医疗器械经营活动，应当有与经营规模和经营范围相适应的经营场所和贮存条件，以及与经营的医疗器械相适应的质量管理制度和质量管理机构或者人员。

从事第二类医疗器械经营的，由经营企业向所在地设区的市级人民政府食品药品监督管理部门备案并提交符合《医疗机械监督管理条例》第29条的证明资料。从事第三类医疗器械经营的，经营企业应当向所在地设区的市级人民政府食品药品监督管理部门申请经营许可并提交符合《医疗机械监督管理条例》第29条的证明资料。

受理经营许可申请的食品药品监督管理部门应当自受理之日起30个工作日内进行审查，必要时组织核查。对符合规定条件的，准予许可并发给医疗器械经营许可证；对不符合规定条件的，不予许可并书面说明理由。医疗器械经营许可证有效期为5年。有效期届满需要延续的，依照有关行政许可的法律规定办理延续手续。

医疗器械经营企业、使用单位不得经营、使用未依法注册、无合格证明文件以及过期、失效、淘汰的医疗器械。一次性使用的医疗器械不得重复使用，对使用过的应当按照国家有关规定销毁并记录。

七、医疗器械的监督管理

国务院食品药品监督管理部门负责全国医疗器械监督管理工作,国务院有关部门在各自的职责范围内负责与医疗器械有关的监督管理工作。县级以上地方人民政府食品药品监督管理部门负责本行政区域的医疗器械监督管理工作。县级以上地方人民政府有关部门在各自的职责范围内负责与医疗器械有关的监督管理工作。国务院食品药品监督管理部门应当配合国务院有关部门,贯彻实施国家医疗器械产业规划和政策。

食品药品监督管理部门应当对医疗器械的注册、备案、生产、经营、使用活动加强监督检查,并对下列事项进行重点监督检查:①医疗器械生产企业是否按照经注册或者备案的产品技术要求组织生产;②医疗器械生产企业的质量管理体系是否保持有效运行;③医疗器械生产经营企业的生产经营条件是否持续符合法定要求。

食品药品监督管理部门在监督检查中有下列职权:①进入现场实施检查、抽取样品;②查阅、复制、查封、扣押有关合同、票据、账簿以及其他有关资料;③查封、扣押不符合法定要求的医疗器械,违法使用的零配件、原材料以及用于违法生产医疗器械的工具、设备;④查封违反《医疗机构监督管理条例》规定从事医疗器械生产经营活动的场所。食品药品监督管理部门进行监督检查,应当出示执法证件,保守被检查单位的商业秘密。有关单位和个人应当对食品药品监督管理部门的监督检查予以配合,不得隐瞒有关情况。对人体造成伤害或者有证据证明可能危害人体健康的医疗器械,食品药品监督管理部门可以采取暂停生产、进口、经营、使用的紧急控制措施。

食品药品监督管理部门应当加强对医疗器械生产经营企业和使用单位生产、经营、使用的医疗器械的抽查检验。抽查检验不得收取检验费和其他任何费用,所需费用纳入本级政府预算。省级以上人民政府食品药品监督管理部门应当根据抽查检验结论及时发布医疗器械质量公告。

医疗器械检验机构资质认定工作按照国家有关规定实行统一管理。经国务院认证认可监督管理部门会同国务院食品药品监督管理部门认定的检验机构,方可对医疗器械实施检验。

食品药品监督管理部门在执法工作中需要对医疗器械进行检验的,应当委托有资质的医疗器械检验机构进行,并支付相关费用。

当事人对检验结论有异议的,可以自收到检验结论之日起7个工作日内选择有资质的医疗器械检验机构进行复检。承担复检工作的医疗器械检验机构应当在国务院食品药品监督管理部门规定的时间内作出复检结论。复检结论为最终检验结论。

对可能存在有害物质或者擅自改变医疗器械设计、原材料和生产工艺并存在安全隐患的医疗器械,按照医疗器械国家标准、行业标准规定的检验项目和检验方法无法检验的,医疗器械检验机构可以补充检验项目和检验方法进行检验;使用补充检验项目、检验方法得出的检验结论,经国务院食品药品监督管理部门批准,可以作为食品药品监督管理部门认定医疗器械质量的依据。

设区的市级和县级人民政府食品药品监督管理部门应当加强对医疗器械广告的监督检查;发现未经批准、篡改经批准的广告内容的医疗器械广告,应当向所在地省、自治区、直辖市人民政府食品药品监督管理部门报告,由其向社会公告。

工商行政管理部门应当依照有关广告管理的法律、行政法规的规定,对医疗器械广告进行监督检查,查处违法行为。食品药品监督管理部门发现医疗器械广告违法发布行为,应当提出处理建议并按照有关程序移交所在地同级工商行政管理部门。

国务院食品药品监督管理部门建立统一的医疗器械监督管理信息平台。食品药品监督管理部门应当通过信息平台依法及时公布医疗器械许可、备案、抽查检验、违法行为查处情况等日常监督管理信息。但是，不得泄露当事人的商业秘密。

食品药品监督管理部门对医疗器械注册人和备案人、生产经营企业、使用单位建立信用档案，对有不良信用记录的增加监督检查频次。

食品药品监督管理等部门应当公布本单位的联系方式，接受咨询、投诉、举报。食品药品监督管理等部门接到与医疗器械监督管理有关的咨询，应当及时答复；接到投诉、举报，应当及时核实、处理、答复。对咨询、投诉、举报情况及其答复、核实、处理情况，应当予以记录、保存。

有关医疗器械研制、生产、经营、使用行为的举报经调查属实的，食品药品监督管理等部门对举报人应当给予奖励。国务院食品药品监督管理部门制定、调整、修改《医疗机构监督管理条例》规定的目录以及与医疗器械监督管理有关的规范，应当公开征求意见；采取听证会、论证会等形式，听取专家、医疗器械生产经营企业和使用单位、消费者以及相关组织等方面的意见。

八、法律责任

（一）行政责任

1. 有下列情形之一的，由县级以上人民政府食品药品监督管理部门没收违法所得、违法生产经营的医疗器械和用于违法生产经营的工具、设备、原材料等物品；违法生产经营的医疗器械货值金额不足1万元的，并处5万元以上10万元以下罚款；货值金额1万元以上的，并处货值金额10倍以上20倍以下罚款；情节严重的，5年内不受理相关责任人及企业提出的医疗器械许可申请：①生产、经营未取得医疗器械注册证的第二类、第三类医疗器械的；②未经许可从事第二类、第三类医疗器械生产活动的；③未经许可从事第三类医疗器械经营活动的。有前款第一项情形、情节严重的，由原发证部门吊销医疗器械生产许可证或者医疗器械经营许可证。

2. 提供虚假资料或者采取其他欺骗手段取得医疗器械注册证、医疗器械生产许可证、医疗器械经营许可证、广告批准文件等许可证件的，由原发证部门撤销已经取得的许可证件，并处5万元以上10万元以下罚款，5年内不受理相关责任人及企业提出的医疗器械许可申请。伪造、变造、买卖、出租、出借相关医疗器械许可证件的，由原发证部门予以收缴或者吊销，没收违法所得；违法所得不足1万元的，处1万元以上3万元以下罚款；违法所得1万元以上的，处违法所得3倍以上5倍以下罚款；构成违反治安管理行为的，由公安机关依法予以治安管理处罚。

3. 未依照《医疗机构监督管理条例》规定备案的，由县级以上人民政府食品药品监督管理部门责令限期改正；逾期不改正的，向社会公告未备案单位和产品名称，可以处1万元以下罚款。备案时提供虚假资料的，由县级以上人民政府食品药品监督管理部门向社会公告备案单位和产品名称；情节严重的，直接责任人员5年内不得从事医疗器械生产经营活动。

4. 有下列情形之一的，由县级以上人民政府食品药品监督管理部门责令改正，没收违法生产、经营或者使用的医疗器械；违法生产、经营或者使用的医疗器械货值金额不足1万元的，并处2万元以上5万元以下罚款；货值金额1万元以上的，并处货值金额5倍以上10倍以下罚款；情节严重的，责令停产停业，直至由原发证部门吊销医疗器械注册证、医疗器械生产许可证、医疗器械经营许可证：①生产、经营、使用不符合强制性标准或者不符合经注册或者备案的产品技术要求的医疗器械的；②医疗器械生产企业未按照经注册或者备案的产品技术要求组织生产，或者未依照《医疗机构监督管理条例》规定建立质量管理体系并保持有效运行的；③经营、使用无合格证明文件、过期、失效、淘汰的医疗器械，或者使用未依法注册的医疗器械的；④食品药品监督管理部门责令其依照《医疗机构监督管理条例》规定实施召回或者停止经营后，仍拒不召回或者停止经营医疗器械的；⑤委托不具备《医疗机构监督管理条例》规定条件的企业生产医疗器械，或者未对受托方的生产行为进行管理的。

5. 有下列情形之一的，由县级以上人民政府食品药品监督管理部门责令改正，处1万元以上3万元以下罚款；情节严重的，责令停产停业，直至由原发证部门吊销医疗器械生产许可证、医疗器械经营许可证：①医疗器械生产企业的生产条件发生变化、不再符合医疗器械质量管理体系要求，未依照《医疗机构监督管理条例》规定整改、停止生产、报告的；②生产、经营说明书、标签不符合《医疗机构监督管理条例》规定的医疗器械的；③未按照医疗器械说明书和标签标示要求运输、贮存医疗器械的；④转让过期、失效、淘汰或者检验不合格的在用医疗器械的。

6. 有下列情形之一的，由县级以上人民政府食品药品监督管理部门和卫生计生主管部门依据各自职责责令改正，给予警告；拒不改正的，处5000元以上2万元以下罚款；情节严重的，责令停产停业，直至由原发证部门吊销医疗器械生产许可证、医疗器械经营许可证：①医疗器械生产企业未按照要求提交质量管理体系自查报告的；②医疗器械经营企业、使用单位未依照《医疗机构监督管理条例》规定建立并执行医疗器械进货查验记录制度的；③从事第二类、第三类医疗器械批发业务以及第三类医疗器械零售业务的经营企业未依照《医疗机构监督管理条例》规定建立并执行销售记录制度的；④对重复使用的医疗器械，医疗器械使用单位未按照消毒和管理的规定进行处理的；⑤医疗器械使用单位重复使用一次性使用的医疗器械，或者未按照规定销毁使用过的一次性使用的医疗器械的；⑥对需要定期检查、检验、校准、保养、维护的医疗器械，医疗器械使用单位未按照产品说明书要求检查、检验、校准、保养、维护并予以记录，及时进行分析、评估，确保医疗器械处于良好状态的；⑦医疗器械使用单位未妥善保存购入第三类医疗器械的原始资料，或者未按照规定将大型医疗器械以及植入和介入类医疗器械的信息记载到病历等相关记录中的；⑧医疗器械使用单位发现使用的医疗器械存在安全隐患未立即停止使用、通知检修，或者继续使用经检修仍不能达到使用安全标准的医疗器械的；⑨医疗器械生产经营企业、使用单位未依照《医疗机构监督管理条例》规定开展医疗器械不良事件监测，未按照要求报告不良事件，或者对医疗器械不良事件监测技术机构、食品药品监督管理部门开展的不良事件调查不予配合的。

7. 违反《医疗机构监督管理条例》规定开展医疗器械临床试验的，由县级以上人民政府食品药品监督管理部门责令改正或者立即停止临床试验，可以处5万元以下罚款；造成严重后果的，依法对直接负责的主管人员和其他直接责任人员给予降级、撤职或者开除的处分；有医疗器械临床试验机构资质的，由授予其资质的主管部门撤销医疗器械临床试验机构资质，5年内不受理其资质认定申请。医疗器械临床试验机构出具虚假报告的，由授予其资质的主管部门撤销医疗器械临床试验机构资质，10年内不受理其资质认定申请；由县级以上人民政府食品药品监督管理部门处5万元以上10万元以下罚款；有违法所得的，没收违法所得；对直接负责的主管人员和其他直接责任人员，依法给予撤职或者开除的处分。

8. 医疗器械检验机构出具虚假检验报告的，由授予其资质的主管部门撤销检验资质，10年内不受理其资质认定申请；处5万元以上10万元以下罚款；有违法所得的，没收违法所得；对直接负责的主管人员和其他直接责任人员，依法给予撤职或者开除的处分；受到开除处分的，自处分决定作出之日起10年内不得从事医疗器械检验工作。

9. 违反《医疗机构监督管理条例》规定，发布未取得批准文件的医疗器械广告，未事先核实批准文件的真实性即发布医疗器械广告，或者发布广告内容与批准文件不一致的医疗器械广告的，由工商行政管理部门依照有关广告管理的法律、行政法规的规定给予处罚。篡改经批准的医疗器械广告内容的，由原发证部门撤销该医疗器械的广告批准文件，2年内不受理其广告审批申请。发布虚假医疗器械广告的，由省级以上人民政府食品药品监督管理部门决定暂停销售该医疗器械,并向社会公布;仍然销售该医疗器械的,由县级以上人民政府食品药品监督管理部门没收违法销售的医疗器械,并处 2 万元以上 5 万元以下罚款。

10．医疗器械技术审评机构、医疗器械不良事件监测技术机构未依照《医疗机构监督管理条例》规定履行职责,致使审评、监测工作出现重大失误的,由县级以上人民政府食品药品监督管理部门责令改正,通报批评,给予警告;造成严重后果的,对直接负责的主管人员和其他直接责任人员,依法给予降级、撤职或者开除的处分。

11．食品药品监督管理部门及其工作人员应当严格依照《医疗机构监督管理条例》规定的处罚种类和幅度,根据违法行为的性质和具体情节行使行政处罚权,具体办法由国务院食品药品监督管理部门制定。

12．违反《医疗机构监督管理条例》规定,县级以上人民政府食品药品监督管理部门或者其他有关部门不履行医疗器械监督管理职责或者滥用职权、玩忽职守、徇私舞弊的,由监察机关或者任免机关对直接负责的主管人员和其他直接责任人员依法给予警告、记过或者记大过的处分;造成严重后果的,给予降级、撤职或者开除的处分。

(二)民事责任

违反《医疗机构监督管理条例》规定,造成人身、财产或者其他损害的,依法承担赔偿责任。

(三)刑事责任

违反《医疗机构监督管理条例》规定,构成犯罪的,依法追究刑事责任。

第四节　消毒药剂法律制度

一、卫生许可证的取得

消毒剂、消毒器械的申报受理应当严格按照《健康相关产品卫生行政许可程序》、《健康相关产品生产企业卫生条件审核规范》、《卫生部消毒剂、消毒器械卫生行政许可申报受理规定》的要求进行。

生产消毒剂、消毒器械应当按照《消毒管理办法》的规定取得卫生部颁发的消毒剂、消毒器械卫生许可批件。卫生用品和一次性使用医疗用品在投放市场前应当向省级卫生行政部门备案。进口卫生用品和一次性使用医疗用品在首次进入中国市场销售前应当向卫生部备案。

省级卫生行政部门应当自受理消毒产品生产企业的申请之日起一个月内作出是否批准的决定。对符合《消毒产品生产企业卫生规范》要求的,发给卫生许可证;对不符合的,不予批准,并说明理由。

消毒产品生产企业卫生许可证的生产项目分为消毒剂类、消毒器械类、卫生用品类和一次性使用医疗用品类。

二、消毒产品生产的管理

消毒产品应当符合国家有关规范、标准和规定。消毒产品的生产应当符合国家有关规范、标准和规定,对生产的消毒产品应当进行检验,不合格者不得出厂。消毒剂、消毒器械、卫生用品和一次性使用医疗用品的生产企业应当取得所在地省级卫生行政部门发放的卫生许可证后,方可从事消毒产品的生产。

消毒产品的命名、标签(含说明书)应当符合卫生部的有关规定。产品名称应当符合《卫生部健康相关产品命名规定》,应包括商标名(或品牌名)、通用名、属性名;有多种消毒或抗（抑）菌用途或含多种有效杀菌成分的消毒产品，命名时可以只标注商标名（或品牌名）和属性名。消毒产品标签、说明书标注的有关内容应当真实，不得有虚假夸大、明示或暗示对疾病的治疗作用和效果的内容，并符合《消毒产品标签说明书管理规范》的要求。

三、消毒产品经营的管理

经营者采购消毒产品时，应当索取下列有效证件：①生产企业卫生许可证复印件；②产品备案凭证或者卫生许可批件复印件。有效证件的复印件应当加盖原件持有者的印章。

四、消毒产品的检验

消毒产品检验机构应当经省级以上卫生行政部门认定。未经认定的，不得从事消毒产品检验工作。消毒产品检验机构出具的检验和评价报告，应当客观、真实，符合有关规范、标准和规定。检验报告在全国范围内有效。

对出具虚假检验报告或者疏于管理难以保证检验质量的消毒产品检验机构，由省级以上卫生行政部门责令改正，并予以通报批评；情节严重的，取消认定资格。被取消认定资格的检验机构二年内不得重新申请认定。

五、消毒服务机构的管理

消毒服务机构是指为社会提供对可能被污染的物品及场所、卫生用品和一次性使用医疗用品等进行消毒与灭菌服务的单位。消毒服务机构应当向省级卫生行政部门提出申请，取得省级卫生行政部门发放的卫生许可证后方可开展消毒服务。消毒服务机构应当接受当地卫生行政部门的监督。消毒服务机构不得购置和使用不符合《消毒管理办法》规定的消毒产品。

消毒服务机构应当符合以下要求：①具备符合国家有关规范、标准和规定的消毒与灭菌设备；②其消毒与灭菌工艺流程和工作环境必须符合卫生要求；③具有能对消毒与灭菌效果进行检测的人员和条件，建立自检制度；④用环氧乙烷和电离辐射的方法进行消毒与灭菌的，其安全与环境保护等方面的要求按国家有关规定执行；⑤从事用环氧乙烷和电离辐射进行消毒服务的人员必须经过省级卫生行政部门的专业技术培训，以其他消毒方法进行消毒服务的人员必须经过设区的市（地）级以上卫生行政部门组织的专业技术培训，取得相应资格证书后方可上岗工作。

六、消毒工作的监管

县级以上卫生行政部门对消毒工作行使下列监督管理职权：①对有关机构、场所和物品的消毒工作进行监督检查；②对消毒产品生产企业执行《消毒产品生产企业卫生规范》情况进行监督检查；③对消毒产品的卫生质量进行监督检查；④对消毒服务机构的消毒服务质量进行监督检查；⑤对违反《消毒管理办法》的行为采取行政控制措施；⑥对违反《消毒管理办法》的行为给予行政处罚。

七、法律责任

《消毒管理办法》主要规定了行政法律责任。医疗卫生机构有下述行为之一的，由县级以上地方卫生行政部门责令限期改正，可以处5000元以下罚款；造成感染性疾病暴发的，可以处5000元以上2万元以下罚款：①医疗卫生机构未建立消毒管理组织，未制定消毒管理制度，不执行国家有关规范、标准和规定，未定期开展消毒与灭菌效果检测工作；②医疗卫生机构工作人员未接受消毒技术培训、没有掌握消毒知识，且未按规定严格执行消毒隔离制度；③医疗卫生机构使用的进入人体组织或无菌器官的医疗用品未达到灭菌要求，各种注射、穿刺、采血器具未做到一人一用一灭菌，所使用的接触皮肤、黏膜的器械和用品未达到消毒要求；④医疗卫生机构购进消毒产品未建立并执行进货检查验收制度；⑤医疗卫生机构用于运送传染病病人及其污染物品的车辆、工具未能随时进行消毒处理；⑥医疗卫生机构发生感染性疾病暴发、流行时，未采取有效消毒措施。

加工、出售、运输被传染病病原体污染或者来自疫区可能被传染病病原体污染的皮毛，未按国家有关规定进行消毒处理的，应当按照卫生部颁布的《传染病防治法实施办法》第68条的规定给予处罚：由县级以上政府卫生行政部门责令限期进行卫生处理，可以处出售金额1倍以下的罚款；造成传染病流行的，根据情节，可以处相当出售金额3倍以下的罚款，危害严重，出售金额不满2000元的，以2000元计算；对主管人员和直接责任人员由所在单位或者上级机关给予行政处分。

消毒产品生产经营单位有下列情形之一的，由县级以上地方卫生行政部门责令其限期改正，可以处5000元以下罚款；造成感染性疾病暴发的，可以处5000元以上2万元以下的罚款：①消毒产品的命名、标签（含说明书）不符合卫生部的有关规定；②消毒产品的标签（含说明书）和宣传内容不真实，出现或暗示对疾病的治疗效果；③生产经营无生产企业卫生许可证、产品备案凭证或卫生许可批件的消毒产品；④消毒产品卫生质量不符合要求。

消毒服务机构有下列情形之一的，由县级以上卫生行政部门责令其限期改正，可以处5000元以下的罚款；造成感染性疾病发生的，可以处5000元以上2万元以下的罚款：①消毒后的物品未达到卫生标准和要求的；②未取得卫生许可证从事消毒服务业务的。

问题与思考

1．结合案例4-1，分析药品经营公司与生产企业销售人员不能违反《药品管理法》的哪些规定。
2．简述《药品管理法》的立法宗旨、适用范围。
3．开办药品生产企业、药品经营企业必须具备什么条件？
4．我国对医疗机构配制制剂有何规定？
5．什么是假药、劣药？哪些药品按假药、劣药论处？
6．《药品管理法》对直接接触药品的包装材料和容器是如何要求的？
7．未取得"许可证"生产、经营药品应当承担什么法律责任？
8．生产、销售假药、劣药应当承担什么法律责任？
9．违反《药品管理法》其他有关规定应承担什么法律责任？
10．血站如何保证献血者健康？
11．血站违反有关操作规程给献血者健康造成损害，如何赔偿？
12．如何进行医疗器械的研制管理？
13．如何进行医疗器械的经营管理？
14．如何进行消毒药剂的生产管理？

参考法律法规

《刑法》
《药品管理法》
《药品管理法实施条例》

《献血法》
《药品进口管理办法》
《医疗器械临床试验规定》
《药品经营许可证管理办法》
《药品不良反应报告和监测管理办法》
《互联网药品信息服务管理办法》
《医疗器械说明书、标签和包装标识管理办法》
《医疗器械生产监督管理办法》
《直接接触药品的包装材料和容器管理办法》
《医疗器械经营企业许可证管理办法》
《医疗器械注册管理办法》
《药品注册管理办法》
《医疗机构制剂配制监督管理办法》
《药品说明书和标签管理规定》
《药品流通监督管理办法》
《药品广告审查办法》
《药品注册管理办法》
《药品召回管理办法》

(翁开源)

第五章　健康相关产品法律制度

【学习目标】

通过本章的学习,使学生明确健康相关产品的概念及其涵盖的种类,掌握国内与健康相关产品有关的重要法律法规及主要法律制度,同时对我国健康相关产品领域的现状有大概的了解。

1. 掌握:健康相关产品的概念及种类,食品生产经营许可制度、保健食品生产经营许可制度、化妆品生产许可制度。
2. 理解:健康相关产品的重要法律。
3. 了解:我国健康相关产品的法律体系。

第一节　健康相关产品法律制度概述

一、健康相关产品的概念

健康相关产品涵盖的范围相当广泛,凡是人们日常生活所必需的、与维持生命健康密切相关的产品均可称之为健康相关产品。其中既包括食品、水和化妆品等日常健康相关产品,又包括药品、医疗器械、血液制品等医用健康相关产品。由于医用健康相关产品在上一章中已有专门阐述,因此本章讨论的健康相关产品是指食品、饮用水、保健食品和化妆品。

二、健康相关产品的法律体系概述

新中国成立后,一直十分重视建立健全健康相关产品的监督管理制度。尤其是改革开放后,为了适应国情的变迁和人民物质生活水平的不断提高,我国在该领域颁布了一系列新的法律法规,对健康相关产品的管理和监督正在逐步走向法制化并日趋完善。

1982年11月,全国人大常委会通过了《食品卫生法(试行)》,这是我国首部关于健康产品的法律。其后,我国于1989年、1996年分别颁布《化妆品卫生监督条例》、《保健品管理办法》和《生活饮用水卫生监督管理办法》等法规、规章,并制定出一系列卫生技术标准,如《化妆品卫生标准》、《生活饮用水卫生标准》等。为适应社会的发展,我国又分别于1995年、2001年两次对《食品卫生法》进行修改,2009年颁布新的《食品安全法》。随后,制定并修改了多部相关的卫生技术标准。目前,我国已经基本建立起健康相关产品的法律制度,并将随着我国的法制化进程对其不断完善。

第二节　食品法律制度

【相关材料】

2008年6月28日,兰州市解放军某医院收治了首例患"肾结石"病症的婴幼儿。据家长反映,孩子从出生起就一直食用河北石家庄三鹿集团所产的三鹿婴幼儿奶粉。7月中旬,甘肃省卫生厅接到医院婴儿泌尿结石病例报告后，随即展开调查，并报告卫生部。随后短短两个多月，该医院收治的患婴人数迅速达到14名。2008年9月，中国爆发了著名的三聚氰胺奶粉事件，因奶粉中含有三聚氰胺导致食用奶粉的多名婴幼儿产生肾结石病症并有患儿死亡。三聚氰胺是一种低毒性化工产品，添加在原奶中可提高牛奶中的蛋白质含量，婴幼儿大量摄入会引起泌尿系统疾患。随后，国家质检总局通报全国婴幼儿奶粉三聚氰胺含量抽检结果，河北三鹿、山西雅士利、内蒙古伊利、蒙牛集团、青岛圣元等22个厂家69批次产品中检出三聚氰胺，被要求立即下架。[1]

一、食品安全概述

（一）食品及食品安全概述

食品是指供人们食用或饮用的成品和原料，以及按照传统既是食品又是药品的物品，但是不包括以治疗疾病为目的的物品。这里所指的食品也不包括保健食品。

食品是维持人类生命和健康所不可或缺的物质，因此食品安全不仅与每个公民的切身利益紧密相关，更是关系到大众健康的公共卫生问题。按照《食品安全法》第99条的解释，食品安全是指食品无毒、无害，符合应当有的营养要求，对人体健康不造成任何急性、亚急性或者慢性危害。世界卫生组织对食品安全的定义是：食物中有毒、有害物质对人体健康影响的公共卫生问题。由此可见，食品安全是一个综合概念，它不仅包括食品卫生、食品质量、食品营养等三个方面的静态安全标准，还涵盖了从食品种植、养殖，到加工、包装、储藏、运输，直至销售、消费等全部环节的动态安全监管。

（二）我国食品安全法律制度概述

2009年我国颁布新的食品领域基本法《食品安全法》。《食品安全法》着眼于保障食品安全对食品安全风险的监测和评估、食品生产经营、食品进出口、食品检验和监管、食品安全标准等各个环节做出全面调整，为保障食品安全提供了重要的法律依据。此外，涉及食品监管的还有《农产品质量安全法》、《农业法》、《产品质量法》、《标准化法》、《进出境动植物检疫法》等法律。国务院还制定和公布多部行政法规，如《食品安全法实施条例》、《农业转基因生物安全管理条例》、《农药管理条例》、《粮食流通管理条例》、《饲料和饲料添加剂管理条例》等等。卫生部又先后颁布《保健食品管理办法》、《流通领域食品安全管理办法》、《餐饮服务食品安全监督管理办法》、《食品添加剂新品种管理办法》、《新资源食品管理办法》等多个部门规章。目前，我国食品领域已经形成了以《食品安全法》为统领，以国家行政法规和行政规章为主的多层次、多部门管理的食品安全法律体系。

二、食品安全标准

（一）我国食品安全标准现状

我国现行的食品安全标准主要包括食品卫生标准、食品产品标准、食品包装标准、食品添加剂标准、食品相关产品标准等。根据《食品安全法》有关规定，我国的食品安全标准可以分为三个层次，即国家标准、地方标准和企业标准。其中食品安全国家标准由国家卫计委负责制定，食品生产经营者在生产经营活动中必须遵守食品安全标准。由此可见，食品安全国家标准为强制性标准。

《食品安全法》出台以前，我国的食品安全标准多年没有修订过，导致发生一些重大的危害公众健康的食品安全事件后，执法部门在追究食品生产经营者的法律责任、保护消费者权益

---

[1] 胡天强. 质检总局. 三鹿、伊利、蒙牛等奶粉含三聚氰胺. [2008-09-16]. http://news.changsha.cn/china/200809/t20080916f.

时无法可依。新法颁布后，卫生部组织制定了一批新标准、修订和整合了一批原有的食品安全标准。目前，我国基本形成以国家标准为主、辅以地方标准、企业标准的食品安全标准体系。但现有的食品安全标准体系存在某些缺陷，例如我国的食品安全标准数量少而陈旧，许多标准与国际标准相差较远；同一种食品存在多个标准并且不统一。因此，我国的食品安全标准体系亟待进一步修订和完善。

（二）食品安全标准

依据《食品安全法》的规定，无毒、无害，符合应当有的营养要求，对人体健康不造成任何急性、亚急性或者慢性危害是食品安全的基本要求。为保障食品安全，不仅食品质量应符合安全标准，与食品相关的一切产品和环节均应符合安全标准。因而，食品安全标准应当包括以下内容：

1．食品、食品相关产品中的致病性微生物、农药残留、兽药残留、重金属、污染物质以及其他危害人体健康物质的限量规定；
2．食品添加剂的品种、使用范围、用量；
3．专供婴幼儿和其他特定人群的主辅食品的营养成分要求；
4．对与食品安全、营养有关的标签、标识、说明书的要求；
5．食品生产经营过程的卫生要求；
6．与食品安全有关的质量要求；
7．食品检验方法与规程；
8．其他需要制定为食品安全标准的内容。

三、食品生产经营

食品生产经营，指涉及食品的一切采集、生产、加工、储藏、运输、销售等活动。由于食品的原料采集、生产加工、包装贮藏、运输销售等各个环节都有可能影响到食品安全，因此我国对食品的生产经营实行严格的许可制度，并规定了食品生产经营者必须承担的义务。

（一）食品生产经营许可制度和生产经营者的义务

食品的生产经营包括食品生产、食品流通和餐饮服务。依据《食品安全法》第29条，国家对食品生产经营实行许可制度。凡是从事食品生产、食品流通、餐饮服务的企业和个人，均须事先取得食品生产、食品流通和餐饮服务的许可。国家质量监督、工商管理及食品药品监督管理部门依法对食品生产经营申请人进行必要的审查，包括对申请资料的审查和对生产经营场所的核查，并根据审核结果决定是否准予许可。

国家对食品添加剂的生产也实行许可制度。此外，申请利用新的食品原料从事食品生产或者从事食品添加剂新品种、食品相关产品新品种生产，也需经国务院卫生行政部门许可。

食品生产经营者获得许可后，在生产经营活动中还应承担法定义务。首先，食品生产经营者在生产经营食品的过程中应达到以下要求：①具有与生产经营的食品品种、数量相适应的食品原料处理和食品加工、包装、贮存等场所，保持该场所环境整洁，并与有毒、有害场所以及其他污染源保持规定的距离；②具有与生产经营的食品品种、数量相适应的生产经营设备或者设施，有相应的消毒、更衣、盥洗、采光、照明、通风、防腐、防尘、防蝇、防鼠、防虫、洗涤以及处理废水、存放垃圾和废弃物的设备或者设施；③有食品安全专业技术人员、管理人员和保证食品安全的规章制度；④具有合理的设备布局和工艺流程，防止待加工食品与直接入口食品、原料与成品交叉污染，避免食品接触有毒物、不洁物；⑤餐具、饮具和盛放直接入口食品的容器，使用前应当洗净、消毒，炊具、用具用后应当洗净，保持清洁；⑥贮存、运输和装卸食品的容器、工具和设备应当安全、无害，保持清洁，防止食品污染，并符合保证食品安全所需的温度等特殊要求，不得将食品与有毒、有害物品一同运输；⑦直接入口的食品应当有小包装或者使用无毒、清洁的包装材料、餐具；⑧食品生产经营人员应当保持个人卫生，生产经营食品时，应当将手洗净，穿戴清洁的工作衣、帽；销售无包装的直接入口食品时，应当使用无毒、清洁的售货工具；⑨用水应当符合国家规定的生活饮用水卫生标准；⑩使用的洗涤剂、消毒剂应当对人体安全、无害。

同时，食品生产经营者不得生产经营以下食品：用非食品原料生产的食品或者添加食品添加剂以外的化学物质和其他可能危害人体健康物质的食品，或用回收食品作为原料生产的食品；致病性微生物、农药残留、兽药残留、重金属、污染物质以及其他危害人体健康的物质含量超过食品安全标准限量的食品；营养成分不符合食品安全标准的专供婴幼儿和其他特定人群的主辅食品；腐败变质、油脂酸败、霉变生虫、污秽不洁、混有异物、掺假掺杂或者感官性状异常的食品；病死、毒死或者死因不明的禽、畜、兽、水产动物肉类及其制品；未经动物卫生监督机构检疫或者检疫不合格的肉类，或者未经检验或者检验不合格的肉类制品；被包装材料、容器、运输工具等污染的食品；超过保质期的食品；无标签的预包装食品；国家为防病等特殊需要明令禁止生产经营的食品；其他不符合食品安全标准或者要求的食品。

食品生产经营者还应建立对职工的食品安全培训制度，对职工实行健康管理制度，每年定期进行健康检查。对患有痢疾、伤寒、病毒性肝炎等消化道传染病的人员，及患有活动性肺结核、化脓性或者渗出性皮肤病等有碍食品安全的疾病的人员，禁止其从事接触直接入口食品的工作。

（二）食品进出口管理

国家质量监督检验检疫局负责全国进出口食品的安全监管工作。我国对进口食品实行检验检疫制度，对向我国出口食品的境外食品生产企业实施注册制度，对向我国出口食品的出口商或者代理商实施备案制度。进口食品的进口商或代理商应持批准文件和其他法定申请材料，向检验检疫机构报检。符合我国食品安全国家标准和相关检验检疫要求的进口食品，经出入境检验检疫机构检验合格后，海关才予放行。

对于我国尚无食品安全国家标准的进口食品，或者首次进口的食品添加剂新品种、食品相关产品新品种，进口商应向国务院卫生行政部门提出申请并提交相关的安全性评估材料。

我国对出口食品生产企业、出口食品原料种植和养殖场实行备案制度，对进出口食品实施分类管理、对进出口食品生产经营者实施诚信管理，建立进出口食品的进口商、出口商和出口食品生产企业的信誉记录，并予以公布。

我国对进出口食品安全实行风险监测制度，并根据监测结果调整对进出口食品的检验检疫和监管措施。国家为加强对进出口食品的监管，还实行进出口食品风险预警制度。如果进出口食品有严重食品安全问题或者发生疫情、境内外发生食品安全事件或者疫情可能影响到进出口食品安全时，国家质检总局和检验检疫机构将及时进行风险预警并根据实际情况采取控制措施，包括有条件地限制进出口、禁止进出口、启动进出口食品安全应急处置预案。

（三）食品召回制度

为加强对食品流通的监管，国家对不符合食品安全标准的食品实行召回制度。食品召回分为食品生产经营者主动召回和国家行政管理部门责令召回。主动召回，指食品生产经营者发现其生产、经营的食品不符合食品安全标准，立即停止生产、经营，召回已经上市销售的食品，并通知相关生产经营者和消费者。同时，食品生产经营者还应记录召回、停止经营和通知情况。对于召回的食品，生产经营者应当采取补救、无害化处理、销毁等措施，并将食品召回和处理情况向国家各级质量监督部门报告。

食品生产经营者发现其生产经营的食品不符合食品安全标准后，如果未依据《食品安全法》的相关规定召回或者停止经营该食品，国家各级质量监督、工商行政管理、食品药品监督管理部门有权责令其召回或者停止经营。

四、食品安全监管

食品安全监管，是指国家职能部门对食品生产和流通领域实施监督管理的活动。它涉及食品从"农田到餐桌"的一切环节和全部过程。

（一）食品安全监管部门与职责

依据《食品安全法》，我国各级卫生行政、农业行政、质量监督、工商行政管理、食品药品监督管理部门负责食品安全监管工作，对食品生产和食品流通进行日常监督管理。

各级质量监督、工商行政管理、食品药品监督管理部门有权对食品生产经营者进行监督检查，建立食品安全信用档案，记录日常监督检查结果和违法行为查处等情况；根据食品安全信用档案，有针对性地增加检查频次；负责处理咨询、投诉和举报，对生产经营者的违法行为进行惩罚。上述三个部门享有如下职权：①进入生产经营场所实施现场检查；②对生产经营的食品进行抽样检验；③查阅、复制有关合同、票据、账簿以及其他有关资料；④查封、扣押有证据证明不符合食品安全标准的食品，违法使用的食品原料、食品添加剂、食品相关产品，以及用于违法生产经营或者被污染的工具、设备；⑤查封违法从事食品生产经营活动的场所。

（二）食品安全风险监测与评估制度

为及时发现食品安全隐患、预防控制食品安全事故的发生，我国建立起食品安全风险监测与评估制度。

食品安全风险监测，是指通过系统和持续地收集食源性疾病、食品污染以及食品中有害因素的监测数据及相关信息，进行综合分析和及时通报的活动。国家通过建立食品安全风险监测制度，能够及时发现和掌握食品安全隐患，为食品安全风险评估提供客观数据。

食品安全风险评估，是指对食品、食品添加剂中生物性、化学性和物理性危害对人体健康可能造成的不良影响所进行的科学评估。国务院卫生行政部门主管食品安全风险评估工作。食品安全风险评估结果又可为下一步制定和调整食品安全风险监测计划提供指导。通过食品安全风险监测和评估为制定或修订食品安全国家标准提供科学依据，确定监管重点领域，尽早发现食品安全隐患，提高监督执法的针对性。

（三）食品安全检验

我国对食品检验机构实行认证制度。食品检验机构只有经过国家认可取得资质认定后，才能从事食品检验活动。食品检验实行食品检验机构与检验人负责制，食品检验由食品检验机构指定的检验人独立进行，食品检验机构和检验人对食品检验报告共同负责。

我国各级质量监督、工商行政管理、食品药品监督管理部门是食品安全监管的主管部门，有权对食品进行定期或者不定期的抽样检验。食品安全监管部门可依需要委托食品检验机构对食品进行检验。食品生产经营企业有权自行对所生产的食品进行检验，也可委托合法的食品检验机构进行检验。

依据《食品安全法》的有关规定，食品行业协会等组织、消费者需要对食品进行检验时，应委托合法的食品检验机构进行。目前在我国，食品检验机构大多为食品监管部门、食品生产经营者、食品行业协会等机关、组织提供食品检验服务，能够接受消费者委托进行食品检验的机构极少。我国食品检验机构还需要适应时代要求面向全社会开放，这样更有利于公众对食品安全进行监督。

（四）食品安全信息公开制度

为保障公众对食品安全的知情权，我国依据《食品安全法》建立起食品安全信息统一公布制度。根据《食品安全法》有关规定，国务院卫生行政部门是统一公布食品安全信息的主管部门，应当及时公开的信息包括国家食品安全总体情况、食品安全风险评估信息和食品安全风险警示信息、重大食品安全事故及其处理信息等。

（五）食品广告监管

根据国家工商行政管理局和卫生部联合颁布的《食品广告管理办法》，我国对食品广告实行审批制度。在我国境内发布食品广告，应由地（市）级以上食品卫生监督机构对食品广告的专业技术内容进行审批，审批合格后出具《食品广告证明》。申请人须持《食品广告证明》向工商行政管理部门提出申请，否则不得发布食品广告。国家工商行政管理局和地方各级工商行政管理机关是食品广告的主管部门。对已经批准发布的食品广告，由食品卫生监督机构和工商行政管理机关负责监管。

食品广告的内容应当真实合法，不得含有虚假、夸大或涉及疾病预防、治疗功能的内容。食品安全监督管理部门、承担食品检验职责的机构、食品行业协会等特定主体不得以广告或其他形式向消费者推荐食品，对于《食品安全法》规定的某些食品不得进行广告宣传。

五、食品安全法律责任

食品安全法律责任，是指行为人因违反《食品安全法》所应承担的某种不利的法律后果。根据行为人违法行为的危害程度，这种法律责任可以分为行政责任、民事责任和刑事责任。

（一）行政责任

《食品安全法》中规定了食品生产经营者、负责食品安全监管的行政机关及其他主体违反法律应承担的行政责任。

1. 未经许可从事食品生产经营活动或生产食品添加剂的，由有关主管部门没收违法所得、违法生产经营的食品、食品添加剂和用于违法生产经营的工具、设备、原料等物品；违法生产经营的食品、食品添加剂货值金额不足一万元的，并处二千元以上五万元以下罚款；货值金额一万元以上的，并处货值金额五倍以上十倍以下罚款。

2. 对于生产经营《食品安全法》禁止生产经营的食品的行为，有关主管部门有权依法给予没收、罚款、责令停产停业直至吊销许可证的行政处罚。

3. 对下列违法行为，由有关主管部门责令改正，给予警告；处以罚款；情节严重的，责令停产停业，直至吊销许可证：

   （1）未对采购的食品原料和生产的食品、食品添加剂、食品相关产品进行检验；
   （2）未建立并遵守查验记录制度、出厂检验记录制度；
   （3）制定食品安全企业标准未依照法律规定备案；
   （4）未按规定要求贮存、销售食品或者清理库存食品；
   （5）进货时未查验许可证和相关证明文件；
   （6）生产的食品、食品添加剂的标签、说明书涉及疾病预防、治疗功能；
   （7）安排患有法律规定的疾病的人员从事接触直接入口食品的工作。

4. 事故单位在发生食品安全事故后未进行处置、报告的，由有关主管部门按照各自职责分工，责令改正，给予警告；毁灭有关证据的，责令停产停业，并处二千元以上十万元以下罚款；造成严重后果的，由原发证部门吊销许可证。

5. 有关主管部门有权对违反进出口食品有关规定的行为处以没收、罚款直至吊销许可证的行政处罚。

6. 集中交易市场的开办者、柜台出租者、展销会的举办者允许未取得许可的食品经营者进入市场销售食品，或者未履行检查、报告等义务的，由有关主管部门处以罚款、责令停业，直至由原发证部门吊销许可证。

7. 未按照要求进行食品运输的，由有关主管部门按照各自职责分工，责令改正，给予警告；拒不改正的，责令停产停业，并处罚款；情节严重的，由原发证部门吊销许可证。

8. 被吊销食品生产、流通或者餐饮服务许可证的单位，其直接负责的主管人员自处罚决定作出之日起五年内不得从事食品生产经营管理工作。食品生产经营者聘用不得从事食品生产经营管理工作的人员从事管理工作的，由原发证部门吊销许可证。

9．食品检验机构、食品检验人员出具虚假检验报告的，由授予其资质的主管部门或者机构撤销其检验资格；依法对检验机构直接负责的主管人员和食品检验人员给予撤职或者开除的处分。受到刑事处罚或者开除处分的食品检验机构人员，自刑罚执行完毕或者处分决定做出之日起十年内不得从事食品检验工作。食品检验机构聘用不得从事食品检验工作的人员的，由授予其资质的主管部门或者机构撤销该检验机构的检验资格。

10．在广告中对食品质量作虚假宣传，欺骗消费者的，依照《广告法》的规定给予处罚。

11．地方人民政府在食品安全监管中未履行职责，造成本行政区域出现重大食品安全事故的，对直接负责的主管人员和其他直接责任人员给予记大过、降级、撤职或者开除的处分。县级以上卫生行政、农业行政、质量监督、工商行政管理、食品药品监督管理部门或者其他有关行政部门渎职的，对直接负责的主管人员和其他直接责任人员给予记大过或者降级、撤职或者开除的处分；其主要负责人应当引咎辞职。

（二）民事责任

民事责任是指行为人违反《食品安全法》的规定，造成他人人身、财产或者其他损害，应承担的民事赔偿责任。为维护消费者的权益，《食品安全法》第96条、第97条规定，生产不符合食品安全标准的食品或者销售明知是不符合食品安全标准的食品，消费者除要求赔偿损失外，还可以向生产者或者销售者要求支付价款十倍的赔偿金。责任人既要承担民事赔偿责任，又要缴纳罚款、罚金，其财产不足以同时支付时，应先承担民事赔偿责任。

（三）刑事责任

行为人违反《食品安全法》的有关规定，其行为已触犯刑法构成犯罪的，应承担刑事责任。我国刑法中涉及食品安全的犯罪有生产、销售不符合安全标准的食品罪，生产、销售有毒、有害食品罪，生产、销售伪劣产品罪等多个罪名。其中有关食品的犯罪行为主要涉及以下两个罪名。

生产、销售不符合安全标准的食品罪。《刑法》第143条规定：生产、销售不符合食品安全标准的食品，足以造成严重食物中毒事故或者其他严重食源性疾病的，处三年以下有期徒刑或者拘役，并处罚金；对人体健康造成严重危害或者有其他严重情节的，处三年以上七年以下有期徒刑，并处罚金；后果特别严重的，处七年以上有期徒刑或者无期徒刑，并处罚金或者没收财产。

生产、销售有毒、有害食品罪。《刑法》第144条规定：在生产、销售的食品中掺入有毒、有害的非食品原料的，或者销售明知掺有有毒、有害的非食品原料的食品的，处五年以下有期徒刑，并处罚金；对人体健康造成严重危害或者有其他严重情节的，处五年以上十年以下有期徒刑，并处罚金；致人死亡或者有其他特别严重情节的，处十年以上有期徒刑、无期徒刑或者死刑，并处罚金或者没收财产。

第三节　保健食品法律制度

【相关材料】

2010年11月，央视在《每周质量报告》中报道了浙江省金全药业生产假蜂胶的事件，揭露出蜂蜜行业一个不可告人的秘密——所谓的"蜂胶"，其实是用杨树芽做的"树胶"加入"槲皮素"、"芦丁"而制成。在蜂胶造假者中不乏知名的药品生产企业。针对央视曝光假蜂胶的违法行为，国家食品药品监督管理局迅速下发了《关于加强含蜂胶原料保健食品监管工作的紧急通知》,通知要求各级食品药品监督管理部门加强对含蜂胶原料保健食品生产企业的监督检查,重点检查蜂胶原料采购是否符合要求,产品质量是否合格。对监督检查中发现的违法违规行为,尤其是使用树胶假冒蜂胶原料生产保健食品的违法行为,一律严肃处理;对存在安全隐患的产品,一律暂停生产销售,并责令召回。浙江省食品药品监督管理局也召开紧急会议,提出四项措施。一是立即针对检查中发现的问题发出整改通知书,责令全金药业股份有限公司进行整改;二是立即对有关原料和成品进行抽样封存,并及时送交检验机构进行检测;三是对企业违法违规生产行为进行立案调查;四是立即发出通知,要求各地迅速对相关保健食品生产企业进行检查。随后,浙江省食品药品监督管理局对全金药业的原料仓库和成品仓库分别进行检查,封存原料、产品并送交检验机关检测。全金药业随即停止生产,并发布产品召回公告。[1]

一、保健食品概述

(一)保健食品概念

根据《保健食品注册管理办法》第2条,保健食品,即声称具有特定保健功能的食品,是指适宜于特定人群食用,具有调节机体功能,不以治疗疾病为目的,对人体不产生急性、亚急性或者慢性危害的食品。

(二)保健食品法律制度概述

1996年3月卫生部发布《保健食品管理办法》,同年7月卫生部发布《保健食品标识规定》。2005年国家食品药品监督管理局发布《保健食品注册管理办法》、《保健食品广告审查暂行办法》,专门规范保健食品的注册和广告宣传。涉及保健食品的技术规范与技术标准包括《保健食品检验与评价技术规范》(2003版)、《保健(功能)食品通用标准》(GB16740-1997)、《保健食品良好生产规范》(GB17405-1998)等。从1996年起,保健食品获得专用的"卫食健字"批号。为应对保健食品领域的新变化,从2009年起我国就在酝酿出台《保健食品监督管理条例》,现阶段已形成第二次征求意见稿,有望在不远的将来予以颁布,届时原有的《保健食品管理办法》将被废止。从上述法规、规章来看,我国的保健食品法律制度目前已经形成体系。

二、保健食品法律制度

(一)保健食品审批注册制度

我国对保健食品实行审批注册制度。国家食品药品监督管理局是全国保健食品注册工作的主管机关。保健食品的注册申请人应将样品及与试验有关的资料提供给国家食品药品监督管理部门确定的检验机构进行试验和检测。检验机构收到申请人提供的样品和资料,按照保健食品检验与评价技术规范进行检测和试验并出具试验报告,申请人才能申请保健食品注册。申请国产保健食品注册,申请人应按规定填写《国产保健食品注册申请表》,并将申报资料和样品报送省级食品药品监督管理部门先进行形式审查。对符合要求的注册申请,省级食品药品监督管理部门受理后提出审查意见,与申报资料一并报送国家食品药品监督管理局进行技术审评和行政审查。准予注册的,向申请人颁发《国产保健食品批准证书》。

申请进口保健食品注册,申请人应按规定填写《进口保健食品注册申请表》,并将申报资料和样品报送国家食品药品监督管理局。国家食品药品监督管理局在收到申报资料和样品后先进行形式审查。对符合要求的注册申请决定受理后,对申报资料进行技术审评和行政审查并作出审查决定。准予注册的,向申请人颁发《进口保健食品批准证书》。

---

[1] 央视曝光"假蜂蜜、假蜂胶"事件的反思. http://www.zhifengtang.com/news/Dynamic/2012/0229/1038.html

（二）保健食品的生产经营许可制度

已经获得《保健食品批准证书》的食品生产企业应持法定申请资料向省级卫生行政部门提出申请，经省级卫生行政部门审查同意后，在其卫生许可证上加注保健食品许可项目后才能生产保健食品。

（三）保健食品的标识和广告

依据《保健食品管理办法》的规定，保健食品的标签和说明书应包含以下内容：①保健作用和适宜人群；②食用方法和适宜的食用量；③贮藏方式；④功效成分的名称及含量；⑤保健食品批准文号；⑥保健食品标志；⑦有关标准或要求所规定的其他标签内容。保健食品标签、说明书和广告应内容真实，禁止含有暗示治愈疾病、宣扬封建迷信的内容。

根据《保健食品广告审查暂行规定》，国家食品药品监督管理部门负责保健食品的广告审批工作。保健食品广告中有关保健功能、产品功效成分/标志性成分及含量、适宜人群、食用量等的宣传，应以食品药品监督管理局批准的说明书内容为准，不得任意改变。保健食品广告不得以新闻报道等形式发布，并且必须标明保健食品产品名称、保健食品批准文号及广告批准文号、保健食品标识、保健食品不适宜人群。

此外，《保健食品广告审查暂行规定》还禁止保健食品广告有如下情形和内容：①含有表示产品功效的断言或者保证；②含有使用该产品能够获得健康的表述；③通过渲染、夸大某种健康状况或者疾病，或者通过描述某种疾病容易导致的身体危害，使公众对自身健康产生担忧、恐惧，误解不使用广告宣传的保健食品会患某种疾病或者导致身体健康状况恶化；④用公众难以理解的专业化术语、神秘化语言、表示科技含量的语言等描述该产品的作用特征和机理；⑤利用和出现国家机关及其事业单位、医疗机构、学术机构、行业组织的名义和形象，或者以专家、医务人员和消费者的名义和形象为产品功效作证明；⑥含有无法证实的所谓"科学或研究发现"、"实验或数据证明"等方面的内容；⑦夸大保健食品功效或扩大适宜人群范围，明示或者暗示适合所有症状及所有人群；⑧含有与药品相混淆的用语，直接或者间接地宣传治疗作用，或者借助宣传某些成分的作用明示或者暗示该保健食品具有疾病治疗的作用；⑨与其他保健食品或者药品、医疗器械等产品进行对比，贬低其他产品；⑩利用封建迷信进行保健食品宣传的；⑪宣称产品为祖传秘方；⑫含有无效退款、保险公司保险等内容的；⑬含有"安全"、"无毒副作用"、"无依赖"等承诺的；⑭含有最新技术、最高科学、最先进制法等绝对化的用语和表述的；⑮声称或者暗示保健食品为正常生活或者治疗病症所必需；⑯含有有效率、治愈率、评比、获奖等综合评价内容的；⑰直接或者间接怂恿任意、过量使用保健食品的。

三、法律责任

（一）行政责任

根据《保健食品管理办法》第29条，对以下行为应依法进行处罚：①未经国家卫计委审查批准，而以保健食品名义生产、经营的；②未按保健食品批准进口，而以保健食品名义进行经营的；③保健食品的名称、标签、说明书未按照核准内容使用的。

国家食品药品监督管理局有权依法对以下行为进行处理：①行政机关工作人员滥用职权、玩忽职守作出准予注册决定的；②超越法定职权作出准予注册决定的；③违反法定程序作出准予注册决定的；④对不具备申请资格或者不符合法定条件的申请人准予注册的；⑤依法可以撤销保健食品批准证明文件的其他情形。

对产品存在安全性问题和违反法律法规规定、应当撤销其保健食品批准证书的情形，国家食品药品监督管理局应依职权注销其保健食品批准文号。

对于国家食品药品监督管理局和省级食品药品监督管理部门及其工作人员在保健食品注册过程中的不作为、滥用职权、索贿受贿等行政违法行为，应依照《行政许可法》的相关规定处理。

申请人隐瞒有关情况或者提供虚假材料或者样品申请保健食品注册的,国家食品药品监督管理局可给予不予受理或者不予注册、警告的处罚;申请人在1年内不得再次提出该保健食品的注册申请。申请人以欺骗、贿赂等不正当手段取得保健食品批准证书,国家食品药品监督管理局有权撤销其保健食品批准证书、注销其保健食品批准文号,申请人在3年内不得再次提出该保健食品的注册申请。

另外,对于检验机构的违法行为及在试验和检验中出现的差错事故,国家食品药品监督管理局有权给予责令限期改正、责令退还违法收费、警告、收回《保健食品检验资格证书》等处罚。

(二)民事责任

保健食品生产经营者生产、销售的保健食品不符合食品安全标准,造成消费者人身、财产和其他损害的,应依据《民法通则》、《侵权责任法》、《消费者权益保护法》等民事法律承担民事赔偿责任。

(三)刑事责任

行为人违反《食品安全法》的规定,构成犯罪的,依据《食品安全法》、《刑法》承担刑事责任。

第四节 化妆品管理法律制度

【相关材料】

2011年12月,国家食品药品监督管理局曝光了"东洋之花美白水润面贴膜"等18种化妆品含超标禁用或限用的有毒物质。

国家食品药品监督管理部门于2011年12月针对化妆品生产经营单位开展了化妆品专项监督检查和抽验。检查发现,"东洋之花美白水润面贴膜"、"白里透红美白日霜"等18种产品检出汞、苯酚、氢醌等超标禁限用物质,不符合相关规定。国家食品药品监督管理局要求销售者将曝光产品下架处理。

据了解,该次检出超标的禁用或限用物质多具有毒性。其中,汞及其化合物可通过呼吸道、皮肤或消化道等不同途径侵入人体,长期吸入汞蒸气和汞化合物粉尘会导致精神-神经异常、齿龈炎、震颤等症状。

一、化妆品概述

(一)化妆品的概念

根据《化妆品标识管理规定》第3条,化妆品是指以涂抹、喷洒或者其他类似方法,散布于人体表面的任何部位,如皮肤、毛发、指趾甲、唇齿等,以达到清洁、保养、美容、修饰和改变外观,或者修正人体气味,保持良好状态为目的的化学工业品或精细化工产品。

(二)化妆品管理法律制度概述

我国目前的化妆品监管法律体系主要由法规、部门规章、规范性文件和技术标准构成。1989年9月国务院颁布《化妆品卫生监督条例》,2013年修订工作已启动。1991年卫生部发布《化妆品卫生监督条例实施细则》,1993年国家工商行政管理局发布《化妆品广告管理办法》,2011年国家质量监督检验检疫总局公布《进出口化妆品检验检疫监督管理办法》、《化妆品标识管理规定》。此外,国家还公布了一系列规范性文件和多部化妆品技术标准,如《消费品使用说明 化妆品通用标签》、《化妆品检验规则》、《化妆品卫生标准》)、《化妆品微生物标准检验方法》等。

二、化妆品卫生标准

《化妆品卫生规范》（2007版）规定，对化妆品的一般要求是在正常以及合理的、可预见的条件下，化妆品不得对人体健康产生危害。此外，该标准还规定了原料要求、终产品要求和微生物学质量要求。与2002版《化妆品卫生规范》相比，新版卫生规范根据欧盟《化妆品卫生规程》增加了790种化妆品禁用物质名单，现有禁用物质达到1286种；新版《化妆品卫生规范》将卫生部2005年发布的《染发剂原料名单》纳入到限用原料名单中，对化妆品原料要求更严格。对化妆品终产品的要求是必须使用安全，不得对施用部位产生明显刺激和损伤，且无感染性。

三、化妆品生产的管理

（一）化妆品生产企业卫生许可制度

我国对化妆品生产企业实行卫生许可证制度。化妆品生产企业应向地市级以上卫生行政部门提出申请，经省级卫生行政部门审查合格，发给《化妆品生产企业卫生许可证》后，方能从事化妆品生产。《化妆品生产企业卫生许可证》有效期满，生产企业应按规定重新申请许可。已获《化妆品生产企业卫生许可证》的企业增加生产新类别的化妆品，应当报省级卫生行政部门备案。

（二）对化妆品生产的管理

对化妆品生产的监督包括对生产企业环境、设备的监督和对从业人员的管理。依据《化妆品卫生监督条例》第6条，化妆品生产企业的选址、厂房建设、建筑材料、防虫害设施、原料的加工及包装贮存场所、生产设施及工艺规程、化妆品微生物检验设备仪器及人员等均应符合法定的卫生要求。此外，化妆品的生产原料、辅料以及直接接触化妆品的容器和包装材料应符合国家卫生标准。

化妆品生产企业对于直接从事化妆品生产的人员应建立健康检查制度，从业人员取得健康证后才可从事化妆品的生产活动。禁止患有手癣、指甲癣、手部湿疹、发生于手部的银屑病或者鳞屑、渗出性皮肤病以及患有痢疾、伤寒、病毒性肝炎、活动性肺结核等传染病的人员直接从事化妆品生产活动。

生产企业在化妆品投放市场前，必须按照国家《化妆品卫生规范》对产品进行卫生质量检验，质量合格的产品才能出厂。

为加强对化妆品生产过程的监管，卫生行政部门对已取得生产许可的企业会进行定期和不定期检查。检查主要针对生产过程中的卫生状况、是否使用禁用物质和超量使用限用物质生产化妆品、产品出厂前的卫生质量检验记录、产品卫生质量、生产环境的卫生情况、从业人员等方面进行。

（三）化妆品标签管理

根据《化妆品卫生监督条例》第12条，化妆品标签上必须注明产品名称、厂名，并注明生产企业卫生许可证编号；小包装或者说明书上应注明生产日期和有效使用期限。特殊用途的化妆品，还应当注明批准文号。对可能引起不良反应的化妆品，说明书上应当注明使用方法、注意事项。化妆品标签、小包装或者说明书上不得注有适应证，不得宣传疗效，不得使用医疗术语。

四、化妆品经营的管理

国家对化妆品经营者实行不定期检查，重点检查经营者是否存在经营禁销化妆品的情况。

各级卫生行政部门定期对辖区内化妆品批发部门、化妆品零售者进行巡回监督,并将检查结果定期逐级上报上级卫生行政部门及化妆品卫生监督检验机构。因经营者销售的化妆品引起人体不良反应或其他特殊原因,卫生行政部门有权对经营者销售的化妆品的卫生质量进行采样检测。

(一)禁止销售的化妆品

根据《化妆品卫生监督条例》的规定,禁止化妆品经营单位和个人销售以下化妆品:①未取得《化妆品生产企业卫生许可证》的企业所生产的化妆品;②无质量合格标记的化妆品;③标签、小包装或者说明书违反法律规定的化妆品;④未取得批准文号的特殊用途化妆品;⑤超过使用期限的化妆品。

(二)进口化妆品卫生审批制度

我国对进口化妆品实行审批制度。首次进口的化妆品,进口单位须持法定资料和证明文件向国务院卫生行政部门提出申请,由其对申报产品进行审查。国务院卫生行政部门对审查合格的产品发给"进口化妆品卫生许可批件"和批准文号。经审批的进口化妆品,由国家商检部门进行检验合格后,方可进口。

(三)化妆品广告的管理

国家工商行政管理局和地方各级工商行政管理机关是化妆品广告的主管机关。根据《化妆品广告管理办法》的有关规定,对可能引起不良反应的化妆品,应当在广告中注明使用方法、注意事项。另外,《化妆品广告管理办法》还规定了化妆品广告中禁止出现的内容。

五、化妆品监督机构与职责

国家各级卫生行政部门是化妆品的监督机构,依法履行监督职责,并指定化妆品卫生监督检验机构,负责本辖区内化妆品的监督检验工作。各级卫生行政部门设化妆品卫生监督员,对化妆品实施卫生监督。

国务院卫生行政部门的化妆品卫生监督主要职责如下:①制定全国化妆品卫生监督工作的方针、政策,检查、指导全国化妆品卫生监督工作,组织经验交流;②组织研究、制定化妆品卫生标准;③审查化妆品新原料、特殊用途化妆品、进口化妆品的卫生质量和使用安全,批准化妆品新原料的使用、特殊用途化妆品的生产、化妆品的首次进口;④组织对国务院卫生行政部门认为的化妆品卫生重大案件的调查处理;⑤依法决定行政处罚。

省级卫生行政部门的化妆品卫生监督职责是:①主管辖区内化妆品卫生监督工作,负责检查、指导地、市级卫生行政部门的化妆品卫生监督工作,组织经验交流;②对辖区内化妆品生产企业实施预防性卫生监督和发放《化妆品生产企业卫生许可证》;③初审特殊用途化妆品的卫生质量,负责非特殊用途化妆品的备案;④组织对省、自治区、直辖市卫生行政部门认为的辖区内化妆品卫生较大案件的调查处理。

第五节 饮用水法律制度

【相关材料】

2011年7月6日北京市质量技术监督局公布31种桶装纯净水、矿泉水等饮用水全市停售。质监局公布的数据显示,有的不合格桶装水菌落总数超标竟达近万倍。"安吉尔"、"蓝洞"、"领先山泉"、"碧达"、"天怡然"、"京润泉"等品牌桶装水进入黑名单。马连道欣园水站、益惠民水站也被点名。

据了解,桶装水不合格的原因往往是:企业没有严格按照工艺规程操作,特别是忽略了对生产用水的管道系统、过滤系统、灌装系统等进行清洗消毒；对饮用水包装物——桶和盖的清洗消毒不彻底造成产品被污染；灌装车间的洁净度达不到要求；消毒设备损坏未及时检修，不能对产品起到消毒杀菌的作用。

一、饮用水概述

（一）生活饮用水概念

生活饮用水是指供人生活的饮水和生活用水。[1] 水是人类维持生命和日常生活中必不可少的物质，生活饮用水的安全卫生是关系到公共安全和人类健康的重大问题。

（二）生活饮用水安全管理法规体系

我国目前尚未制定专门规定生活饮用水的法律，涉及生活饮用水的规定散见于其他法律中，如《传染病防治法》、《环境保护法》、《水法》、《水污染防治法》的相关规定。规范生活饮用水的法律体系主要由行政法规和部门规章构成。国务院先后颁布了一批与生活饮用水有关的行政法规，如《城市供水条例》、《传染病防治法实施办法》、《水污染防治法实施细则》等。部门规章包括国家环保局、水利部等五部委联合颁布的《饮用水水源保护区污染防治管理规定》，建设部、卫生部联合颁布的《生活饮用水卫生监督管理办法》，建设部于2007年3月修订的《城市供水水质管理规定》等。

二、生活饮用水的安全质量标准

（一）生活饮用水的水源安全

《生活饮用水卫生监督管理办法》规定，饮用水水源地应设置水源保护区，严禁在保护区内修建任何可能危害水源水质卫生的设施及一切有碍水源水质卫生的行为。《饮用水水源保护区污染防治管理规定》将地表水源和地下水源的保护区划分为一级、二级保护区和准保护区，并针对不同保护区分别规定保护措施。各级人民政府环境保护部门是饮用水水源保护区污染防治工作的主管部门，各级环境保护、水利、地质矿产、卫生、建设等部门根据各自的职权职责，对饮用水水源保护区污染防治实施监督管理。

（二）生活饮用水的供水安全

为保障城市供水安全，国务院颁布的《城市供水条例》专门对城市供水水源、城市供水工程建设、城市供水经营、城市供水设施维护等方面作出规范。

依据《城市供水条例》，各级城市人民政府负责组织城市规划部门、水政部门、城市供水部门和地质矿产主管部门共同编制城市供水水源开发利用规划，作为城市供水发展规划的组成部分，纳入城市总体规划。

城市供水工程的设计、施工，须由有资质证书的设计、施工单位承担。工程竣工后，应当依法进行验收，验收合格才可投入使用。

城市新建、扩建、改建工程项目需要增加用水时，应将供水工程建设投资交付城市供水行政主管部门，由其统一组织城市供水工程建设。

城市自来水供水企业和自建设施对外供水的企业，应建立、健全水质检测制度，保证供水水质符合国家饮用水标准；应当按国家规定设置管网测压点，做好水压监测工作，确保供水管网的压力符合国家标准。城市自来水供水企业和自建设施供水的企业对其管理的城市供水的专用水库、引水渠道、取水口、泵站、井群、输（配）水管网、进户总水表、净（配）水厂、公用水站等设施，应定期检查维修，确保安全运行。

---

[1] 参见：《生活饮用水卫生标准》（GB5749-2006）。

三、生活饮用水的安全管理

生活饮用水的安全管理主要包括对集中式供水、二次供水单位和涉及饮用水卫生安全的产品的卫生安全监管。其中，集中式供水是指由水源集中取水，经统一净化处理和消毒后，由输水管网送至用户的供水方式（包括公共供水和单位自建设施供水）；二次供水是指将来自集中式供水的管道另行加压、贮存，再送至水站或用户的供水设施；涉及饮用水卫生安全的产品是指凡在饮用水生产和供水过程中与饮用水接触的连接止水材料、塑料及有机合成管材、管件、防护涂料、水处理剂、除垢剂、水质处理器及其他新材料和化学物质。

（一）生活饮用水的许可制度

我国对供水单位和生产与饮用水安全相关产品的单位实行卫生许可制度。根据《生活饮用水卫生监督管理办法》的规定：①集中式供水单位须取得县级以上地方人民政府卫生行政部门签发的卫生许可证。②从事二次供水设施清洗消毒的单位必须取得当地人民政府卫生行政部门的卫生许可。③生产涉及饮用水卫生安全的产品的单位和个人，须依法取得卫生行政部门的卫生许可批准文件。

（二）生活饮用水的安全管理制度

《生活饮用水卫生监督管理办法》规定，供水单位新建、改建、扩建的饮用水供水工程项目，必须符合卫生要求，选址和设计审查、竣工验收必须有建设、卫生行政部门参加。新建、改建、扩建的城市公共饮用水供水工程项目在组织选址、设计审查和竣工验收时，须有卫生行政部门参加。

集中式供水单位必须有水质净化消毒设施及必要的水质检验仪器、设备和人员，应对水质进行日常性检验，并向卫生行政和建设行政主管部门报送检测资料。

供水单位应建立饮用水卫生管理制度，配备人员负责饮用水卫生管理工作；应建立培训和健康检查制度，直接从业人员应定期进行体检，合格后才可上岗。凡患有法定疾病者和病原携带者，禁止直接从事供、管水工作。

二次供水设施选址、设计、施工及所用材料，应保证不使饮用水水质受到污染，并有利于清洗和消毒；对各类蓄水设施应定期清洗和消毒。清洗消毒人员，须经卫生知识培训和健康检查，持体检合格证才可上岗。

四、生活饮用水的卫生监督机构及职责

县级以上卫生行政部门主管饮用水卫生监督监测工作，并设立饮用水卫生监督员，负责饮用水卫生监督工作。其饮用水卫生监督职责包括：①对新建、改建、扩建饮用水供水工程进行"三同时"审查，对合格者颁发许可证；②监测和评价本行政区域内饮用水的水源水质；③对饮用水污染事故对人体健康的影响进行调查，并依法采取预防措施；④对涉及饮用水卫生安全的产品进行卫生安全性评价和日常监督检查。

问题与思考

1. 简述我国的食品卫生许可制度。
2. 什么是食品安全风险监测与评估制度？该制度有什么作用？
3. 什么是食品召回制度？
4. 简述食品安全信息公开制度。
5. 什么是保健食品审批注册制度？
6. 简述进口化妆品卫生审批制度。
7. 什么是生活饮用水的许可制度？

8. 生活饮用水的安全管理包括哪些内容?

参考法律法规

《食品安全法》
《食品安全法实施条例》
《进出口食品安全管理办法》
《食品广告发布暂行办法》
《刑法》
《保健食品管理办法》
《保健食品注册管理办法（试行）》
《保健食品标识规定》
《保健食品广告审查暂行规定》
《城市供水条例》
《饮用水水源保护区污染防治管理规定》
《生活饮用水卫生监督管理办法》
《化妆品卫生监督条例》
《化妆品卫生监督条例实施细则》
《进出口化妆品检验检疫监督管理办法》
《化妆品标识管理规定》
《化妆品广告管理办法》

（李晓农）

第六章 医患关系法律制度

【学习目标】

通过本章的学习,使学生能够准确把握医患关系的本质,熟悉医患双方的权利与义务,并掌握医患纠纷的处理与预防。

1. 掌握:医患法律关系的概念;医患双方的权利与义务;医疗纠纷的处理;医疗损害责任的法律制度;医疗事故的行政责任。
2. 了解:医患纠纷分类及预防。

【相关材料】

据中国医师协会 2009 年对 114 家医院进行的调查显示,每家医院平均每年发生医疗纠纷 22 起,发生打砸事件 2 件,打伤医师 2 人,平均每起医疗纠纷赔付金额 10.81 万元,患者和家属打砸医院、殴打医务人员等恶性事件在各地时有发生。中国医师协会"医患关系调研报告"显示:74.29% 的医师认为自己的合法权益得不到保护,认为当前执业环境"较差"和"极为恶劣"的分别达到 35%~47% 和 13%~28%。很多医生对自己的执业环境感到不安,有的甚至恐惧。暨南大学的一项研究则表明,在接受调查的 8 000 余名医务人员中,有 65% 曾遭受过不同程度的心理和躯体的伤害。

第一节 医患关系概述

一、医患关系的概念

医患关系又可称为"医患法律关系",也有学者称之为"医疗法律关系"、"医事关系"。医患关系有广义与狭义之分。狭义的医患关系是指医师与患者在医疗活动过程中形成的法律关系。[1] 根据《执业医师法》第 2 条的规定,医师是指依法取得执业医师资格或者执业助理医师资格,经注册在医疗、预防、保健机构中执业的专业医务人员。可见,医师并不是限于人们通常所理解的医生,而是包括了医师(士),护师(士),药剂师(士)以及技师(士)。广义的医患关系中的"医"还包括医疗机构以及医疗机构中的行政管理人员、后勤保障人员等,"患"还包括患者的家属、监护人、朋友及患者所在单位。广义的医患关系是指以医师为中心的群体与以患者为中心的群体,在医疗活动过程中形成的相互关系。

二、医患关系的分类

医疗机构与患者在不同类型的医患关系中,所享有的权利和承担的义务是不一样的。医学上有关医患关系的分类主要是根据医师与患者在技术性医疗活动过程中的地位而划分,包括主

---

[1] 其实患者这一措辞并不准确。患者并不能涵盖到医院体检的人员,或进行保健的人员,例如去做三九针灸的人,并不是患了什么疾病。相比之下,就医者是个更加科学的概念与称谓。但由于长期以来,各界已习惯使用患者这一称谓,本教材也使用这一称谓。

动—被动型、指导—合作型以及共同参与型。[1] 法律上有关医患关系的分类是根据引起医患法律关系发生的法律事实而划分，包括医患合同关系、医患无因管理关系以及强制医疗关系。

（一）医患合同关系

合同是平等主体的自然人、法人、其他组织之间设立、变更、终止民事权利义务关系的协议。医患合同关系是指医患双方就医疗服务的提供和医疗费用的支付所订立的合同。在医患合同关系中，医方的主要义务就是提供医疗服务，而患方的主要义务就是支付医疗费用。双方法律地位平等，医患合同基于双方当事人的意思而订立。医患合同关系是最基本的医患关系，本书所指的医患关系，如无特别说明，则指的是医患合同关系。

（二）无因管理关系

医方在没有法定或约定义务的情况下为避免患者的生命、健康利益受损，而为患者提供医疗服务的行为所产生的医患法律关系为无因管理关系。例如，患者被家属遗弃在医院外，医务人员发现后对患者加以治疗。其中，医疗机构为管理人，患者为本人。无因管理之债发生后，管理人享有请求本人偿还因管理事务而支出的必要费用的债权，本人负有偿还该项费用的债务。无因管理之债的产生是基于法律规定，而非当事人的意思。

（三）强制医疗关系

强制医疗关系是指医疗机构或医务人员基于国家法律的授权或行政机关的委托，对特定人群患者实施强制性治疗而产生的法律关系。在强制医疗关系中，患者负有接受医疗的义务，即此时接受诊疗是患者的法定义务，因为强制性治疗的根本目的在于维护社会公众利益，这已超出了患者自由处分的权利范围。例如，患有甲类法定传染病的传染病患者，因其所患疾病可能会对公共卫生安全构成严重威胁，因此法律基于防止传染病疫情扩散以及社会公共安全的考虑，规定患有甲类法定传染病的患者必须接受强制治疗。

三、医疗行为

从广义的医患关系及狭义的医患关系的定义可见，其核心是医疗活动，而医疗活动的本质就是医方实施医疗行为。因此，对医疗行为的理解与把握尤为重要。本书认为，医疗行为应当定义为：需依赖医师的医学判断及技术所实施的行为。"若欠缺医师的医学判断及其技术，则对人体会有危害的行为"的表述，是以是否对人体有害为判断基准，仅仅从自然科学的角度理解医疗行为，忽略了医学伦理法定化给作为专家的医师所带来的影响。

（一）对医学判断及其技术的理解

要准确理解医疗行为的概念，关键是要准确把握"医学判断及其技术"的含义。手术、麻醉、诊断、开处方、检验、注射、针灸、理疗等行为无疑是医疗行为，这些行为表现了强烈的医学专业性和科学性。但有些医疗行为的医学专业性相比之下表现不太明显，因而容易使人们混淆。例如，在注射、发药、检验、麻醉、手术之前核实患者的行为，实践中常常是看单据或医院使用的卡片、病历上的名字，然后进行询问以确认。这种"问名字以确认患者"的行为似乎与"医学判断及其技术"，与医学的专业性知识没有什么关系，没表现出什么科学性，因为没有经过医学专业训练的人也可以很容易地做到。但认为这些行为不是医疗行为是很荒谬的。进行注射、发药、检验、麻醉、手术等行为之前不核实患者，从而张冠李戴，对不该接受该行为的患者施用，后果可轻可重。弄错了患者，为其注射了葡萄糖，没有引起任何不良结果，这是"虚惊一场"。但若为其注射了大量的镁，而该患者本来就严重缺钙，大量的镁使得其钙质流失得更快，并引起了其他并发症或后遗症，这就是"雪上加霜"了。弄错了患者从而动错了手术就更是"险象环生"了。在患者就医过程中医师应当实施的一些行为，尽管不如手术、麻

---

[1] 丘祥兴. 医学伦理学. 北京：人民卫生出版社，1999：26.

醉、诊断、开处方、检验、注射、消毒等行为那么直接而强烈地体现医疗行为的专业性，但却是医学作为一门科学的严谨性的必然要求，是最基本的技术和操作要求，是保证患者就医目的实现的必不可少的医疗行为。也正因为这样，这些行为，例如核实姓名，核实药品名称和药量，坚守值班制度等行为实际上已经成为了医师工作的常规，并以工作制度的方式确定下来。卫生部发布的《医院工作制度》中规定："开医嘱、处方或进行治疗时，应查对病员姓名、性别、床号、住院号（门诊号）"，"执行医嘱时要进行'三查七对'：摆药后查；服药、注射、处置前查；服药、注射处置后查。对床号、姓名和服用药的药名、剂量、浓度、时间、用法。"

（二）医疗行为概念的外延

"医学判断及其技术"是否仅仅指医学中作为自然科学的知识呢？是否指以自然物质意义上的人的身体为对象的医学知识呢？

例如，一女性做人工流产手术，医师未经其同意，带领实习生现场观看人工流产手术过程，或者较长时间地示范教学，造成该女性精神上的痛苦。在这个过程中，医师实施的人工流产手术是医疗行为，但带领实习生现场观看手术过程的行为以及当中的讲解行为不是医疗行为，而是教学行为，因为这两个行为的对象不是该女性的身体，而是实习生，从而侵害该女性的隐私权的不是该医师为其实施人工流产的医疗行为，而是该医师未经同意带领实习生现场观看手术过程的行为。而医师履行或不履行法律规定的告知义务的行为，也不是医疗行为，因为这不是医学作为自然科学的要求。但医学不是作为一门纯粹的对自然物质的人体的技术操作而存在的。医学不是在真空状态下发展的，它从产生的那一天起就受到了诸如哲学、法律等上层建筑的影响，例如现在备受关注的患者的知情同意权就经历了从无到有的过程。

职业道德的法定化是法律发展中不可忽视的一道风景，而这些被法定化了的职业道德也就成为了对某个职业的全体从业人员的最低要求——法律设定的是最低的行为准则，而道德设定的是最高的行为准则。从法律意义上讲，这些义务也就成为了整个行业知识的有机组成部分，并以法律的强制力作为其实现的措施。目前已广泛法定化了的医师的职业道德包括信息公开、说明义务、尊重患者的隐私权、知情同意权的义务。

所以，医师所必须具备的医学判断以及技术，包括了具有强烈科技性的医学知识，也包括已被设定为法律义务的职业道德。前者是医学作为自然科学的必然要求，后者是医学在与社会互动过程中的必然要求。医师的专业性就是建立在这两个部分的有机结合之上的。

第二节　医患间的权利与义务

【案例 6-1】

2010 年 7 月，安徽农民工唐某的妻子裴某即将临产，两人从打工的上海回到老家，妻子住进了安徽含山县平安医院。在剖宫产手术中，裴传琴大出血，医院没有足够血浆。尽管唐某的血型与妻子不符，但医院还是要求其抽血救妻，家属几次要求转院遭到拒绝。医生没有征得家属同意，将裴某子宫切除后，宣布其因抢救无效死亡。2010 年 8 月 6 日，在不申请医疗事故技术鉴定委员会对死因及责任进行鉴定的前提下，在含山县环峰镇政府调解和含山县环峰镇法律服务所的见证下，唐某与医院就裴某死亡赔偿一事达成协议：2010 年 7 月 28 日，申请方的亲属裴某在被申请方处生产，产妇在剖宫术过程中出现失血性休克症状，经抢救无效死亡，双方为此产生医患纠纷。唐某获得 31 万元赔偿。

医患双方的权利、义务来源于法律规定及医疗合同的约定，其中又以法律的规定为主。正由于医患双方的权利义务包含法定与约定两部分，因此在医疗诉讼中常出现违约责任与侵权责任竞合的情形。

一、患者的权利

（一）获得适宜医疗服务的权利

世界卫生组织明确提出"健康是人的基本权利"，任何人都有权享有必要的、合理的、最基本的诊治护理，以保障其自身健康。应当说获得适宜的医疗服务的权利是患者最基本、也是最重要的权利，因为不能获得适宜的医疗服务很可能会直接使得患者的生命权、健康权受到损害。而生命权和健康权是患者作为自然人最为重要和最为基本的权利，尤其是生命权，一旦被侵犯则无法进行事后救济。因此，实际上为了保障、满足患者获得适宜的医疗服务这一权利，负有义务的不仅是医疗机构以及医护人员，国家也同样负有义务。

获得适宜的医疗服务的权利具体包括：①享有得到导医服务及获知有关医疗信息的权利。医疗信息即医院病房科室设置、医疗设备的种类及具体状况、有关专家及其特长等。这些信息有助于患者作出是否到该医疗机构就医及选择医生的决定。目前，很多医疗机构采取了在门诊大厅公示相关信息以及在其官方网站上公示相关信息的方法。②享有获得为治疗疾病所必需的基本医疗服务的权利。③享有获得费用节省的医疗服务的权利。在过度医疗泛滥的今天，该权利显得尤为重要。④享有得到及时的医疗服务的权利，尤其是急诊患者。医疗服务的及时性对于保障患者的生命权和健康权十分重要。

（二）合理限度的医疗自由权

合理限度的医疗自由权是患者自主权的必然结果。合理限度的医疗自由权包括：①选择医疗机构及医生的权利。②除非法律、法规另有规定，否则患者享有决定接受不接受任何一项医疗服务的权利。③除非法律、法规另有规定，否则患者有权决定出院及转院。④决定其遗体及器官的使用方式的权利。⑤拒绝任何指定的检查、药物、治疗等的权利，并有权知道相应后果。但患者的医疗自由权并不是无限度的，而要受到法律的约束，只能在合理限度内行使，例如患者的安乐死要求就得不到法律的支持。

（三）知情同意权

知情同意权是近年来医患关系中备受关注的一个权利。与知情同意权相对应的是医方的说明义务。知情同意权实质上包括知情权和同意权两个密切相关的权利，且知情权是同意权充分行使的必要前提，在不清楚情况的前提下的同意不是真正的同意，即如果医方不履行告知义务，患者的同意均为无效。同意权则是知情权的价值体现。

知情权即患者有权利知道并了解自己的病情状况、可供选择的治疗方案、可能发生的并发症或副作用、医疗费用等。这是患者理解后进行选择的基础。患者此项权利的实现有赖于医务人员告知义务的充分履行。

同意权即患者在知悉详情后自主、自愿地作出决定，该决定可以是同意也可以是拒绝医师的治疗方案。这与相当长的一个历史时期中医学伦理观强调医生的决定权，视患者为医疗行为的客体，把患者置于医疗活动的从属地位在理念上有天壤之别，对患者自主权的尊重和保护已成为构建新型医患关系的关键一环。

患者的知情同意权在我国多个法律、法规中都有规定。我国的《执业医师法》第26条规定："医师应当如实向患者或者其家属介绍病情，但应注意避免对患者产生不利后果。医师进行实验性临床医疗，应当经医院批准并征得患者本人或者其家属同意。"《医疗事故处理条例》第11条规定："在医疗活动中，医疗机构及其医务人员应当将患者的病情、医疗措施、医疗风险等如实告知患者，及时解答其咨询；但是，应当避免对患者产生不利后果。"《医疗机构管理条例》第33条规定："医疗机构施行手术、特殊检查或者特殊治疗时，必须征得患者同意，并应取得其家属或者关系人同意并签字；无法取得患者意见时，应当取得家属或者关系人同意并签字；无法取得患者意见又无家属或者关系人在场，或者遇到其他特殊情况时，经治医师应当提出医疗处置方案，在取得医疗机构负责人或者被授权负责人员的批准后实施。"《医疗机构管理条例实施细则》第62条规定："医疗机构应当尊重患者对自己的病情、诊断、治疗的知情权利。在实施手术、特殊检查、特殊治疗时，应当向患者作必要的解释。因实施保护性医疗措施不宜向患者说明情况的，应当将有关情况通知患者家属。"2010年7月1日起施行的《中华人民共和国侵权责任法》（以下简称《侵权责任法》）借鉴了以上规定，在医疗损害赔偿一章中对患者的知情同意权作出了规定。《侵权责任法》第55条规定："医务人员在诊疗活动中应当向患者说明病情和医疗措施。需要实施手术、特殊检查、特殊治疗的，医务人员应当及时向患者说明医疗风险、替代医疗方案等情况，并取得其书面同意；不宜向患者说明的，应当向患者的近亲属说明，并取得其书面同意。医务人员未尽到前款义务，造成患者损害的，医疗机构应当承担赔偿责任。"

1. 知情同意权的主体　通常情况下，知情同意权应当由患者本人行使，但特殊情况下，由患者的近亲属代理行使，例如患者为无民事行为能力人、限制民事行为能力人，或患者已处于昏迷状态等无法亲自行使知情同意权。再有，对于某些特殊重症，例如晚期癌症患者，如果直接告诉患者本人则极有可能影响患者情绪从而不利于后续诊疗的开展，此时医方如果不告知患者其真实病情，而是告知患者家属，这也符合医疗惯例，符合《侵权责任法》第55条"不宜向患者说明的，应当向患者的近亲属说明，并取得其书面同意"的规定。

2. 紧急情况下知情同意权的特殊规定　《侵权责任法》第56条就紧急情况下的知情同意权作出了特殊规定："因抢救生命垂危的患者等紧急情况，不能取得患者或者其近亲属意见的，经医疗机构负责人或者授权的负责人批准，可以立即实施相应的医疗措施。"该条中的"不能取得患者或者其近亲属意见的"主要是指患者不能表达意志，也无近亲属陪伴，又联系不到近亲属的情况，不包括患者或其近亲属明确表示拒绝采取医疗措施的情况。

2008年12月，《侵权责任法（草案）》提请全国人大常委会二审时，该条的表述为"因抢救生命垂危的患者等紧急情况，难以取得患者或者其近亲属同意的，经医疗机构负责人批准可以立即实施相应的医疗措施"。"难以取得患者或者其近亲属同意的"这一表述容易被理解为包括患者或者其近亲属明确表示不同意的情况，而各方对这一情况的认识并不一致，存在较大分歧。国外也存在不同的做法，例如有的国家规定，疾病已危及生命时，为了保护患者的生命健康，即使代理人或监护人不同意，医疗机构也应当进行治疗。有的国家则规定，医生不能无视患者家属不同意治疗的意思表示，但可以请求法院裁定治疗。这个问题还涉及法定代理权、监护权等基本民事法律制度，情况较为复杂，认为要总结实践经验作进一步研究，等条件成熟时再加以明确规定。[1]

（四）隐私权

隐私是指自然人不愿向外人披露的私人生活信息，属于精神性人身要素。我国《宪法》、《最高人民法院关于贯彻执行〈中华人民共和国民法通则〉若干问题的意见（试行）》、《最高人民法院关于审理名誉权案件若干问题的解答》、《医疗机构病历管理规定》等对隐私权保护作出了规定。《侵权责任法》第62条规定："医疗机构及其医务人员应当对患者的隐私保密。泄露患者隐私或者未经患者同意公开其病历资料，造成患者损害的，应当承担侵权责任。"

实践中，医方侵犯患者隐私权的情况大体包括两种情况：① 泄露患者隐私。既包括医方将其在医疗活动中掌握的患者隐私信息向外公布、披露的行为，例如对外散布患者患有性病的事实，也包括未经患者同意而将患者的身体暴露给医疗活动无关的人员的行为，实践中常见的形式是医学院学生教学观摩。但教学医院与见习学生之间，以及教学医院与患者之间是两个

---

[1] 全国人大常委会法制工作委员会民法室. 中华人民共和国侵权责任法条文说明、立法理由及相关规定. 北京：北京大学出版社，2010：231.

不同的法律关系。教学医院在实施教学前应当告知患者，如果患者不同意，则应当尊重患者的意思表示。② 未经患者同意就公开其病历资料。实践中常见的有：基于医学会诊、医学教学、医学研究等目的，公开患者的医学文书及有关资料，此种情形如果隐去带有能标识患者个人信息的内容，对容易引起歧义的内容加以适当掩饰，一般情况下不会对患者造成损害；医疗机构对医学文书及资料管理不善，向未取得患者授权的人公开。

（五）病历资料查阅及复制权

病历资料记录了医疗活动的过程，是认定是否存在医疗过错的重要依据。实践中，很多医疗诉讼的成败通常取决于相关病历资料的证明力，而病历资料通常处于医疗机构的控制中，即证据学上所说的"证据偏在"，因此有必要保障患者对病历资料的查阅及复制的权利。《医疗事故处理条例》第10条以及《侵权责任法》第61条都对此作出了明确规定。

1．病历资料查阅及复制权的主体　根据《医疗机构病历管理规定》第17条规定，医疗机构应当受理下列人员和机构复制或查阅病历资料的申请，并依规定提供病历复制或查阅服务：（一）患者本人及其委托代理人；（二）死亡患者法定继承人或其代理人。

2．医疗机构拒绝提供相关病历资料的法律后果　医疗机构负有向患者提供病历资料的义务，违反该义务，医疗机构则须负行政责任及民事责任。《医疗事故处理条例》及《医疗机构病历管理规定》对此种情况下医疗机构应承担的行政责任作出了规定，如《医疗事故处理条例》第56条规定的行政责任包括"由卫生行政部门责令改正；情节严重的，对负有责任的主管人员和其他直接责任人员依法给予行政处分或者纪律处分"。《侵权责任法》第58条规定，隐匿或者拒绝提供与纠纷有关的病历资料，造成患者损害的，推定医疗机构存在过错。如果医疗机构不能推翻此推定，则要承担不利的法律后果。

二、患者的义务

（一）配合诊疗的义务

患者及其家属的积极配合是充分发挥治疗措施取得良好疗效的重要保证。但医疗实践中，患方不配合的情形并不少见，例如实行全面手术前擅自进食以致发生手术时或手术后呕吐引起反流、误食而导致患者死亡。由于患方不配合诊疗而导致损害的，医疗机构不承担赔偿责任。《侵权责任法》第60条将"患者或者其近亲属不配合医疗机构进行符合诊疗规范的诊疗"规定为医疗机构的免责事由之一。

（二）给付医疗费用的义务

给付医疗费用是医疗合同的主要内容之一，患者负有支付医疗费用的义务。当然，在某些情况下，患者并没有此义务。例如，到指定的医疗机构接种属于国家计划免疫接种的疫苗，患者无须向医疗机构支付费用。又如，2009年包括北京在内的一些省市，对确诊甲型流感患者的治疗费用，及其密接者、入境时检出可疑症状的发热旅客的隔离观察费用，暂由当地政府垫支，而不收取患者的费用。

（三）遵守医方的规章制度的义务

医方的规章制度是医疗活动顺利进行、医疗秩序正常的保证之一，通常情况下，还涉及其他患者的利益，例如有关病房探访时间的规定，就牵涉到所有住院病人的作息进而影响他们的恢复情况。患者应当遵守医方的规章制度。

三、医方的权利

（一）诊疗权

在注册的执业范围内，医方有权根据患者的情况进行必要的检查、做出诊断、选择医疗方案、预防措施、保健方法等帮助患者恢复、维持健康。

（二）医疗费用支付请求权

医方提供医疗服务后，有权要求患者支付相应的医疗费用。如果患者未支付医疗费用，除非有特别规定或约定，否则医方有先行给付的义务。即医方不能因为患者未支付医疗费用而主张同时履行抗辩权。此外，医方在履行强制诊疗义务时，也无权主张患者未支付医疗费用而拒绝提供医疗服务。患者的生命权、健康权显然要优先于医方的经济性权利，这是因为人格权高于财产权。但必须面对的一个现实是，先行给付义务和强制诊疗义务使得不少医院对欠费病人望而生畏，必须尽快建立与完善社会医疗救助基金及医疗保险制度。

四、医方的义务

（一）提供符合法律规定水平的医疗服务的义务

提供医疗服务是医方的主要义务，并且此种服务必须达到法律规定的水平。《侵权责任法》第57条规定："医务人员在诊疗活动中未尽到与当时的医疗水平相应的诊疗义务，造成患者损害的，医疗机构应当承担赔偿责任。"该义务的内涵要求是医方必须遵守法律法规及技术操作规范。

（二）如实告知和说明的义务

该义务与患者的知情同意权相对应。在医疗活动中，医方应当履行的告知义务主要包括：医疗机构及医务人员的基本情况和医学专长；医院规章制度中与患者利益相关的部分；医方拟采取的诊断方法及措施；拟采用的设备和药品的疗效、副作用；患者的病情；手术的目的、方法、预期效果、成功率、风险、副作用等；患者大概需要支付的费用。

（三）如实记载和妥善保管病历的义务

记载患者病史资料的病历，不仅是进行医学观察、研究及提供医学证明的重要依据，也是解决医疗纠纷极为重要的证据之一。因此，许多国家都将如实记载病历规定为医生的义务。《医疗事故处理条例》规定："医疗机构应当按照国务院卫生行政部门规定的要求，书写并妥善保管病历资料。因抢救急危患者，未能及时书写病历的，有关医务人员应当在抢救结束后6小时内据实补记，并加以注明。""严禁涂改、伪造、隐匿、销毁或者抢夺病历资料。"《医疗机构管理条例实施细则》规定："医疗机构的门诊病历的保存期不得少于十五年；住院病历的保存期不得少于三十年。"

第三节 医患纠纷的预防与处理

【案例 6-2】

2007年11月12日下午，孕妇李某某因呼吸困难10天加重伴端坐呼吸3天为主诉，到北京某医院就诊。孕妇身无分文，医院决定让其免费入院治疗。根据病情，医生认为应进行剖宫手术终止妊娠，但与李某某同居的关系人肖某某不同意，并拒绝签字。医务人员、医院领导、110民警等人对肖某某进行了3个多小时的劝说，但肖某某最终在手术单上写下"坚持用药治疗，坚持不做剖宫产手术，后果自负"。医生轮番用药物抢救3小时后，终因未能及时手术，孕妇李某某与其腹中胎儿死亡。李某某父母将医院告上法庭，索赔121万元。2009年12月，一审法院判决驳回了原告的全部诉讼请求，但考虑到医院愿意给予李某某家属一定的经济帮助，判决由医院向原告支付人民币10万元。二审法院驳回了死者李某某家属的上诉，维持原判。

医患纠纷是指患者对医疗服务不满意，而与医方之间发生的争执。医患纠纷发生的时间不仅局限于医疗活动过程中，还有可能发生在医疗活动结束之后。

一、医患纠纷的分类

根据医疗机构及其医务人员在主观上是否存在过错，可将医患纠纷分为医患过错纠纷及医患无过错纠纷。[1]

（一）医患过错纠纷

医患过错纠纷是指医疗机构及其医务人员在医疗活动中存在过错引起的医疗纠纷。根据其侵害患者权利的客体不同，又可将医患过错纠纷分为一般医患过错纠纷和特殊医患过错纠纷。

一般医患过错纠纷是指因医疗机构及其医务人员的过错行为直接侵害病人生命健康权引起的医疗纠纷。特殊医患过错纠纷是指医疗机构及其医务人员的过错行为直接侵害患者隐私权、知情同意权、名誉权、自主选择权等权利引起的医疗纠纷。根据是否造成医疗事故，可将一般医患过错纠纷分为医疗事故纠纷与非医疗事故纠纷。但《侵权责任法》实施后，此种分类在民法上已经不再具有意义，但对于卫生行政部门管理医疗机构及医务人员仍具有意义。

（二）非医患过错纠纷

医患过错纠纷是指医疗机构及其医务人员在医疗活动中不存在过错引起的医疗纠纷。这种纠纷主要是医疗意外、并发症。医疗意外是指由于病情或病人体质特殊而发生难以预料和防范的不良后果。并发症是指能够预见但却不能避免和防范的不良后果。对于此类损害后果，医疗机构及其医务人员不承担法律责任。

二、医患纠纷的预防

医患纠纷对病人、家属、医生、医疗机构以及社会都有很大危害。要预防医患纠纷，关键要从以下几个方面入手：①完善、落实各项规章管理制度，建立各种技术操作规范，明确岗位职责；②建立各项应急工作预案，完善医院的应急体系建设；③加强专业知识与技能培训，提高医疗技术水平；④树立良好医德医风，提高与患者沟通的能力。

三、医患纠纷的处理

（一）和解

和解是指在没有第三方主持的情况下，纠纷当事人就争议问题进行协商并达成协议的纠纷解决方式。和解具有高度的自治性。通过和解达成的协议对当事人具有约束力。

（二）调解

调解是指在第三方的主持劝说下，纠纷当事人自愿协商，达成和解的一种纠纷解决方式。调解以纠纷当事人自愿为基础，没有固定的程序。2009年7月以前，调解协议并不具有约束力。2009年7月，最高人民法院发布了《关于建立健全诉讼与非诉讼相衔接的矛盾纠纷解决机制的若干意见》，规定所有非诉讼调解协议，包括人民调解协议、行政调解协议、没有仲裁协议的仲裁调解协议、商事调解协议、行业调解协议以及其他承担调解职能的组织和个人主持达成的调解协议，均具有民事合同性质，即调解协议具有约束力。2011年1月1日，《人民调解法》开始施行。调解作为解决医患纠纷的方式之一，将会发生更大的作用。

（三）仲裁

仲裁是指发生争议的双方当事人，根据其在争议发生前或争议发生后所达成的协议，自

---

[1] 孔志学．医疗纠纷与法律处理：北京：科学出版社，2007：36．

愿将该争议提交中立的第三者进行裁判的争议解决制度和方式。仲裁以双方达成仲裁协议为必要。当事人达成仲裁协议，一方向人民法院起诉的，人民法院不予受理，但仲裁协议无效的除外。仲裁实行一裁终局的制度。裁决作出后，当事人就同一纠纷再申请仲裁或者向人民法院起诉的，仲裁委员会或者人民法院不予受理。

（四）诉讼

诉讼是医患纠纷解决方式中最为主要的方式。第四节将专门讲述医患纠纷诉讼。

四、医疗事故的处理

医疗事故是指医疗机构及其医务人员在医疗活动中，违反医疗卫生管理法律、行政法规、部门规章和诊疗护理规范、常规，过失造成患者人身损害的事故。《医疗事故处理条例》根据对患者人身造成的损害程度，将医疗事故分为四级：一级医疗事故为造成患者死亡、重度残疾的；二级医疗事故为造成患者中度残疾、器官组织损伤导致严重功能障碍的；三级医疗事故为造成患者轻度残疾、器官组织损伤导致一般功能障碍的；四级医疗事故为造成患者明显人身损害的其他后果的。

发生医疗事故的，医疗机构应当按照规定向所在地卫生行政部门报告。发生医疗事故争议，当事人申请卫生行政部门处理的，应当提出书面申请。申请书应当载明申请人的基本情况、有关事实、具体请求及理由等。当事人自知道或者应当知道其身体健康受到损害之日起1年内，可以向卫生行政部门提出医疗事故争议处理申请。

卫生行政部门接到医疗机构关于重大医疗过失行为的报告或者医疗事故争议当事人要求处理医疗事故争议的申请后，对需要进行医疗事故技术鉴定的，应当交由负责医疗事故技术鉴定工作的医学会组织鉴定；医患双方协商解决医疗事故争议，需要进行医疗事故技术鉴定的，由双方当事人共同委托负责医疗事故技术鉴定工作的医学会组织鉴定。

医疗机构发生医疗事故的，由卫生行政部门根据医疗事故等级和情节，给予警告；情节严重的，责令限期停业整顿直至由原发证部门吊销执业许可证，对负有责任的医务人员依照刑法关于医疗事故罪的规定，依法追究刑事责任；尚不够刑事处罚的，依法给予行政处分或者纪律处分。对发生医疗事故的有关医务人员，除依照前款处罚外，卫生行政部门并可以责令暂停6个月以上1年以下执业活动；情节严重的，吊销其执业证书。

第四节　医患纠纷诉讼

【案例 6-3】

2005年9月7日，邱某某（伍某母亲）因"B超发现右肾结石1年余，伴尿痛及镜下血尿1周"入住广州某医院分院微创外科中心，诊断为：(1)右肾铸型结石；(2)左肾积液，左肾功能严重受损；(3)高血压病。2005年9月8日，主治医师查房，问病查体后，嘱完善检查，拟明日行右PCNL（经皮肾穿刺取石术）。同日，该院与邱某某签订手术知情同意书。该院于术前作有总结，其中的手术困难估计中包括术中、术后出血，预防措施为术中操作细致，术后加强止血。该院未作术前讨论，未为手术备血。

2005年9月9日9时，该院为邱某某行微创经皮肾穿刺取石术。在麻醉过程中因硬膜外麻醉效果欠佳，该院征得患者及其家属同意后改用气管内全麻。同日13时手术结束后，邱某某转入麻醉后恢复室监护。当日下午患者病情发生恶化，主管医师对该时段的病情变化未作病程记录。后在上级医师指导下复查血常规，行床旁B超检查，输血补充血容量，生命体征相对稳定后，患者家属在血管性介入检查和治疗的知情同意签署记录上签名同意后，送患者到该院总院放射科行介入治疗，临床诊断为右肾铸型结石 PCNL 术后出血，该院当即对患者行超选择性右肾段动脉造影栓塞术，术中发现患者右肾中部两支动脉末梢出血，下支假性动脉瘤改变，上支造影剂外溢至肾包膜外。邱某某于同日 20：15 转入监护室治疗。9 月 10 日 21 时 45 分，邱某转入 ICU 进一步治疗。在治疗过程中，出现肾衰竭，该院对患者进行连续性肾脏替代治疗（CRRT），并多次进行会诊。在征得患者家属签字同意后，于 11 月 2 日对患者行右肾周血块清除术，术后病情无好转。11 月 9 日患者开始出现昏迷，经抢救无效，于 11 时 20 分临床死亡，死亡诊断为多器官功能衰竭。伍某拒绝尸检。

2006 年 8 月 1 日，伍某向一审法院起诉，请求判令广州某医院赔偿各项损失共 76 万余元。一审法院判决驳回原告的全部诉讼请求。伍某不服，向广州市中级人民法院提起上诉。二审法院审理后认为广州某医院构成侵权。综合考虑医院的过错、患者的原发病因素及合理的医疗风险，法院认为邱某某自身的原发病因素和合理的医疗风险是其死亡的主要因素，医疗过错为次要因素，酌定广州某医院对伍某的损失承担 20% 的赔偿责任。

由于医患双方的权利义务包含法定与约定两部分，因此在医疗诉讼中常出现违约责任与侵权责任竞合的情形。然而，实践中以侵权为由提起医疗诉讼的数量占绝大多数，这是因为在赔偿范围上，侵权责任更有利于患者，且法律法规的相关规定也使得在侵权之诉中患者的举证责任更容易完成。一般认为违约责任不能请求精神损害赔偿，同时其赔偿范围还受到可预见规则、减损规则和损益相抵规则的限制。而侵权责任的赔偿范围则遵循实际赔偿原则，既包括直接损失也包括间接损失，既包括物质损失也包括非物质损失。可见，就损害赔偿范围而言，侵权之诉无疑更对患者有利，尤其是在造成患者巨大的精神损害或财产损失较轻微而非财产损害巨大时。违约之诉中，尽管患者无须证明医方存在过错，但仍需证明医方存在违约行为，实际上违约行为的证明与过错的证明并没有本质区别。而从 2002 年 4 月开始施行的《最高人民法院关于民事诉讼证据的若干规定》规定，医疗侵权诉讼适用举证责任倒置，由医疗机构就医疗行为与损害结果之间不存在因果关系及不存在医疗过错承担举证责任。2010 年 7 月开始施行的《侵权责任法》规定若干情况下推定医疗机构有过错，如需推翻该推定，则由医疗机构负举证责任。可见，从这个角度而言，患者以侵权责任为由起诉承担更小的举证责任。正由于实践中的这种情况，学术界对医疗侵权诉讼给予的关注也远远多于医疗违约诉讼。本书主要探讨医疗侵权诉讼。

一、医疗损害责任的归责原则

侵权法中的归责原则包括过错责任原则及无过错责任原则。过错责任原则以行为人主观上的过错为承担侵权责任的基本条件。按照过错责任原则，行为人仅在有过错的情况下，才承担侵权责任。没有过错，就无须承担侵权责任。在法律没有特别规定的情况下，都适用过错责任原则。

无过错责任原则指没有过错造成他人损害的，依法律规定应由与造成损害原因有关的人承担民事责任的原则。英美法等国称之为"严格责任"。在无过错责任原则中，责任的承担不考虑行为人是否具有过错，在认定责任时无需受害人对行为人具有过错提供证据，行为人也无需对自己没有过错提供证据，即使提供出自己没有过错的证据也应承担责任。无过错责任原则的适用以法律明文规定为必要，即没有法律条款的明文规定，不能适用无过错责任。在无过错责任原则中，只有法定的免责事由才能免责。

过错推定是与过错责任原则、无过错责任原则平行的一个归责原则，还是属于过错责任中的一种特殊形式而规定在过错责任原则中，对此学者看法不一。杨立新认为，《侵权责任法》采取了三元说的分类方法，即该法规定的归责原则包括过错责任原则、无过错责任原则及过错推定责任原则。[1] 奚晓明等认为，《侵权责任法》采取了二元说的分类方法，即该法规定的归责原则包括过错责任原则、无过错责任原则，认为过错推定责任作为过错责任的一种特殊形式，规定在过错责任中。[2] 刘鑫等赞成后一种观点。[3] 本书赞同奚晓明、刘鑫等人的观点。

过错推定，指在损害事实发生后，基于某种客观事实或条件而推定行为人具有过失，从而减轻或者免除受害人对过失的证明责任，并由被推定者负担证明自己没有过失的规则。从本源上来说，"推定"是诉讼法上的证据法则，而非固有的实体法原理。过错推定的适用必须以法律明文规定为必要。过错推定在诉讼过程中，减轻了一方当事人（通常是原告）的举证责任，从而可以看做是法律作出的有利于一方当事人的调整。

医疗损害责任的归责原则，是指确定医疗机构承担医疗损害责任的一般准则，是在受害患者的人身损害事实已经发生的情况下，为确定医疗机构对自己的医疗行为所造成的损害是否需要承担赔偿责任的准则。[4] 医疗损害责任以过错责任原则作为基本，以无过错责任原则为例外。

《侵权责任法》医疗损害责任一章的第一条（《侵权责任法》第54条）就确立了医疗损害责任的过错责任原则。该条规定："患者在诊疗活动中受到损害，医疗机构及其医务人员有过错的，由医疗机构承担赔偿责任。"即，医疗损害责任的成立以医疗机构及其医务人员有过错为必要。无过错则无责任。《侵权责任法》第58条规定了适用过错推定的三种情形，即医疗机构具有该法规定的三种情形的，则推定医疗机构存在过错，包括：①违反法律、行政法规、规章以及其他有关诊疗规范的规定；②隐匿或者拒绝提供与纠纷有关的病历资料；③伪造、篡改或者销毁病历资料。对于该三种情形，如果医疗机构能证明自己不存在过错，则无需承担责任。对于该条规定的三种情形，实际上构成了证明妨碍。证明妨碍又称作举证妨碍、证明妨害或证明受阻。尽管措辞不尽相同，但大多数学者都认为证明妨碍是指不负举证责任的诉讼当事人一方，因故意或过失，以作为或不作为的方式，使负有举证责任的当事人无法提出证据，因而使待证事实真伪不明，故此在事实的认定上，对负有举证责任的当事人（即受到妨碍的当事人）有所偏向，就该当事人的事实主张，作出对该当事人有利的调整。简而言之，"所有的事情应被推定不利于破坏者"。[5]

医疗伦理损害责任及医疗技术损害责任均适用过错责任原则，医疗用品损害责任则适用无过错责任原则。《侵权责任法》第59条规定："因药品、消毒药剂、医疗器械的缺陷，或者输入不合格的血液造成患者损害的，患者可以向生产者或者血液提供机构请求赔偿，也可以向医疗机构请求赔偿。患者向医疗机构请求赔偿的，医疗机构赔偿后，有权向负有责任的生产者或者血液提供机构追偿。"

二、医疗损害责任的构成要件

侵权责任的构成要件，是指行为人承担侵权责任的条件，即判断行为人是否应负侵权责任的标准。行为人只有在符合法律规定的条件下才应承担侵权责任，这些条件就是侵权责任的构成要件。医疗损害责任的构成要件包括违法行为、损害后果、因果关系及主观过错。只有在这四个要素同时具备的情形下，医疗损害责任才成立。

---

[1] 杨立新.《中华人民共和国侵权责任法》精解. 北京：知识产权出版社，2010：43-44.
[2] 奚晓明.《中华人民共和国侵权责任法》条文理解与适用. 北京：人民法院出版社，2010：46-47.
[3] 刘鑫，张宝珠，陈特. 侵权责任法"医疗损害责任"条文深度解读与案例剖析. 北京：人民军医出版社，2010：25.
[4] 杨立新. 论医疗损害责任的归责原则及体系. 中国政法大学学报，2009（2）：26-29.
[5] 陈小嫦，李大平. 论医疗诉讼中的证明妨碍. 证据科学，2010（4）：398-400.

（一）医疗机构及其医务人员在医疗活动中存在违法行为

1. 主体仅限于医疗机构及其医务人员　根据《医疗机构管理条例》及其《实施细则》，医疗机构是指经登记取得《医疗机构执业许可证》，从事疾病诊断、治疗活动的医院、卫生院、疗养院、门诊部、诊所、卫生所（室）以及急救站等医疗机构。医务人员是指依法取得相应资质并在一定的医疗机构注册并执业的医师、护士、药师、技师、医疗机构管理人员等。

2. 必须发生在医疗活动过程中　如果侵害行为不是发生在医疗活动过程中，就不构成医疗损害责任。

3. 必须存在违法行为　违法行为，指医疗机构或其医务人员在医疗活动过程中违反相关医疗卫生法律法规、行政规章或有关诊疗规范的规定。

（二）患者遭受损害后果

无损害则无责任。只有在患者遭受了损害的情况下，才需要考虑医疗机构及其医务人员是否存在医疗过错。损害后果既包括物质性的损害，例如造成患者死亡、残废、增加病痛，延长了治疗时间、丧失了好的治疗前景，还包括精神上的损害，例如因出现上述情况导致的患者及其亲属精神上的焦虑、忧愁、苦恼，或患者因为隐私被医疗机构泄漏而十分痛苦等。

（三）医疗机构及其医务人员的违法行为与患者损害后果间存在因果关系

医疗损害责任中的因果关系反映的是医疗机构及其医务人员的违法行为与患者遭受的损害后果之间的引起与被引起的关系。从时间上考察，医疗机构及其医务人员的违法行为发生在前，患者遭受的损害后果发生在后。这种因果关系必须是根据医学知识分析所必然发生的，而不是可能发生的。医疗纠纷的因果关系十分复杂，极少存在一因一果的情况，更多的是多因一果、一因多果、多因多果的情况。此外，还存在直接因果关系和间接因果关系、盖然性因果关系和必然性因果关系之分。医疗纠纷中的因果关系判断具有极强的专业性，往往必须借助医学会、司法鉴定机构等专业鉴定机构的鉴定加以判断。

（四）医疗机构及其医务人员主观上存在过错

过错，指加害人在实施行为时主观上的一种可归责的心理状态，即加害人在实施行为时，心理上没有达到其应当达到的注意程度。[1] 过错包括故意和过失，故意又包括直接故意和间接故意，过失包括过于自信的过失和疏忽大意的过失。此种区分在刑法上具有重要意义，对于判定犯罪嫌疑人的刑事责任具有关键作用，但在民法中区分没那么严格，因为民法注重的并非惩罚功能而是弥补功能。即，在民法中，只要行为人存在一定过错且其行为造成了损害后果，无论其主观上是故意抑或过失，都要承担相应的责任。医疗机构及其医务人员主观上存在过错表现的是医疗机构及其医务人员的侵害行为具有主观上的可责难性。

三、医疗损害责任的类型

《侵权责任法》将医疗损害责任分为三大类，分别是医疗伦理损害责任、医疗技术损害责任及医疗用品损害责任，并将医疗损害责任的基本责任形态规定为替代责任，将医疗用品损害责任的责任形态规定为不真正连带责任。

（一）医疗伦理损害责任

医疗伦理损害责任，是指医疗机构及医务人员从事各种医疗行为时，就未对病患充分告知或者说明其病情，未对病患提供及时有用的医疗建议，未保守与病情有关的各种秘密，或未取得病患同意即采取某种医疗措施或停止继续治疗等，而违反医疗职业良知或职业伦理的过失行为，医疗机构所应当承担的侵权赔偿责任。医疗伦理损害责任的核心，是具有医疗伦理过失。

《侵权责任法》第55条是有关其医务人员的说明义务及患者的知情同意权的规定，且规

---

[1] 江平. 民法学. 北京：中国政法大学出版社，2007：552.

定了替代责任:"医务人员未尽到前款义务,造成患者损害的,医疗机构应当承担赔偿责任。"

(二)医疗技术损害责任

医疗技术损害责任,是指医疗机构及医务人员具有医疗技术过失时,医疗机构应当承担的侵权赔偿责任。《侵权责任法》第57条规定:"医务人员在诊疗活动中未尽到与当时的医疗水平相应的诊疗义务,造成患者损害的,医疗机构应当承担赔偿责任。"即,医疗机构及医务人员从事病情检验、诊断,治疗方法的选择,治疗措施的执行,病情发展过程的追踪以及术后照护等诊疗行为时,存在不符合当时的医疗水平的过失行为的,医疗机构应当承担赔偿责任。

医疗技术损害责任的核心是在医疗活动中如何确定医务人员的过失。认定医务人员是否存在过失关键是看医务人员是否尽到其注意义务——与医疗行为发生时的医疗水平相当的诊疗义务。医疗活动具有未知性、特异性和专业性的特点,因此有时医务人员就算完全遵守了具体的操作规范,仍然有可能作出事后被证明是错误的判断,实施了事后被证明是错误的行为。医务人员的注意义务与合法合规并非是完全等同的概念。在认定医务人员是否存在过错这个问题上,不能只看结果,关键是看是不是其他医务人员一般都不会犯该错误。因此,医务人员的注意义务,应当理解为一般情况下医务人员可以尽到的、通过谨慎的作为或不作为避免患者受到损害的义务。考察医务人员是否尽到注意义务要从问诊是否充分、诊断以及治疗是否错误三个方面综合进行。

(三)医疗用品损害责任

医疗用品损害责任,是指医疗机构在医疗过程中使用有缺陷的药品、消毒药剂、医疗器械、血液及制品等医疗用品,因此造成患者人身损害,医疗机构或者医疗产品生产者、销售者应当承担的医疗损害赔偿责任。

近来,医疗用品的风险不断增加,因药品、消毒药剂、医疗器械的缺陷或输入不合格血液造成患者损害的案件时有发生。2006年,广州中山大学第三医院发生了轰动全国的"齐二药事件"。之后,2006年7月又发生了在全国十几个省市造成患者伤亡的"欣弗事件"。这些事件使得医疗用品的安全问题,尤其是药物的安全问题受到各界空前的热切关注。

在《侵权责任法》颁布前,法院对于因药品、消毒药剂、医疗器械的缺陷或输入不合格血液造成患者损害的案件,作出的判决不尽相同。有的法院认为医疗机构对于药品、消毒药剂、医疗器械或血液的缺陷或质量不合格不存在过失,只要医疗机构在使用这些医疗用品时不存在过错,就无须对损害后果承担赔偿责任。有的法院认为医疗机构和生产者应当对损害后果承担连带赔偿责任。

药品、消毒药剂、医疗器械属于产品,对此各界无争议。但对血液是否属于产品,存在不同看法。一种观点认为血液不是产品,因为输血是医疗抢救和治疗的重要手段,不同于普通的商品买卖。血液也不符合《产品质量法》中有关产品的定义,不应当适用《产品质量法》。[1] 血液是从献血者身上采集,然后进行分装、储存、保管运输及加入抗凝剂等,这些程序均不属于加工和制作。另一种观点认为血液是产品,应如果不经过器械采集、分离、加入抗凝剂等工序,人体流出的血液不能自动成为输血用血液。还有一种观点认为应当将血液视为"产品",使血液提供者与血液制品生产者承担相同的责任。

《侵权责任法》第59条规定:"因药品、消毒药剂、医疗器械的缺陷,或者输入不合格的血液造成患者损害的,患者可以向生产者或者血液提供机构请求赔偿,也可以向医疗机构请求赔偿。患者向医疗机构请求赔偿的,医疗机构赔偿后,有权向负有责任的生产者或者血液提供机构追偿。"可见,在医疗用品损害责任的承担上,医疗机构或者医疗用品生产者承担的是不真正连带责任。

---

[1] 《产品质量法》第2条规定"本法所称产品,是指经过加工、制作,用于销售的产品"。

1. **医疗用品损害责任的构成要件** 医疗用品损害责任采用无过错责任原则,即医疗用品损害责任的构成不以医疗机构、医疗用品生产者或血液提供机构存在过错为必要。只要满足医疗用品存在问题、患者遭受人身损害、医疗用品存在的问题与患者遭受的人身损害后果之间存在因果关系这三个构成要件,就可认定医疗用品损害责任成立。

根据《侵权责任法》第59条的规定,药品、消毒药剂、医疗器械要求的是存在缺陷,而血液要求属于不合格。

在认定是否存在缺陷这一问题上,应当参照《产品质量法》的规定。《产品质量法》第46条规定:"本法所称缺陷,是指产品存在危及人身、他人财产安全的不合理的危险;产品有保障人体健康和人身、财产安全的国家标准、行业标准的,是指不符合该标准。"可见,药品、消毒药剂、医疗器械存在缺陷,需符合以下条件:①存在危及人身、财产安全的可能。如在药品制作过程中,使用可能造成较大概率过敏反应的原材料取代说明书上标注的原料。②该缺陷不合理。如果具有一定生产制造知识的人,根据常识就可判断出来该医疗用品的缺陷,那么就不属于合理范围的缺陷。③医疗用品不符合相关的国家或行业标准。

血液不合格,既包括血液成分等质量不符合法定标准,也包括血液的包装、外观等不符合法定要求。与之相关的具体法律法规包括《献血法》、《临床输血技术规范》、《全血及成分血质量要求》等。[1]

2. **医疗用品责任的承担** 在医疗用品侵权责任中,医疗机构、医疗用品的生产者及血液提供机构之间的责任是不真正连带责任。患者可以选择医疗机构、医疗用品的生产者或血液提供机构作为被告。由于医疗用品生产者、血液提供机构通常与患者并不在同一个地方,一旦出现医疗用品损害后果,患者要向医疗用品生产者、血液提供机构主张权利必然存在困难,因此规定患者可以选择医疗机构作为权利主张的对象。

医疗用品的生产者与血液提供机构是最终的责任主体,即医疗机构作为被告承担了赔偿责任后,如果医疗机构对医疗用品的缺陷或血液的不合格不存在过错,则有权向负有责任的生产者或者血液提供机构追偿,以弥补自身的损失。如果医疗机构对损害结果具有过错,则医疗机构需按其过错程度及因果关系大小承担赔偿责任。

(1) 医疗机构不能指明缺陷医疗用品的生产者或血液提供机构时,医疗机构需承担无过错责任,即由医疗机构承担赔偿责任。

(2) 医疗机构是缺陷医疗用品的生产者,其使用自己生产的医疗用品致使患者受到损害的,由医疗机构承担赔偿责任。

(3) 药品、消毒药剂、医疗器械等医疗用品本身存在缺陷,医疗机构在采购这些医疗用品时,已尽了足够的注意义务,仍未能发现产品存在缺陷的,则医疗机构不承担责任,由医疗用品的生产者承担赔偿责任。如果医疗机构先行承担了赔偿责任,则有权向医疗用品的生产者进行追偿。

(4) 药品、消毒药剂、医疗器械等医疗用品本身存在缺陷,医疗机构在采购这些医疗用品时,未尽足够的注意义务,或通过非法途径获得医疗用品的,则医疗机构和药品、消毒药剂、医疗器械的生产者均应承担赔偿责任。

(5) 如果不合格的血液是由血站提供的,按照《献血法》的规定,血站对血液质量负有监测义务,医疗机构对血站提供的血液不再进行检查,但负有核查义务。如果医疗机构未尽到核查义务,例如血型核对错误,或存在其他过错,如对血液的储存措施不当、交叉配血错误,则医疗机构与血站共同承担赔偿责任。如果医疗机构已尽到核查义务,且无其他过错,则由血站承担最终的赔偿责任。

---

[1] 刘鑫,张宝珠,陈特. 侵权责任法"医疗损害责任"条文深度解读与案例剖析. 北京:人民军医出版社,2010:65.

四、医疗损害鉴定

2003年1月,最高人民法院出台《关于参照〈医疗事故处理条例〉审理医疗纠纷民事案件的通知》,规定人民法院在民事审判中,根据当事人的申请进行医疗事故鉴定的,交由医学会组织进行。因医疗事故以外的原因引起的其他医疗纠纷需要进行司法鉴定的,可按相关的规定委托司法鉴定机构完成。由此,医疗纠纷鉴定衍生出二元化,即医学会的医疗事故技术鉴定和司法鉴定部门的医疗过错司法鉴定。医学会主持的医疗事故技术鉴定适用卫生部2002年颁布的《医疗事故技术鉴定暂行办法》,司法鉴定机构进行的医疗过错司法鉴定则适用司法部《司法鉴定程序通则》。两种模式存在重大区别。

(一)鉴定程序不同

1. **鉴定机构和鉴定人**　医疗事故技术鉴定由各级医学会组织进行。设区的市级和省、自治区、直辖市直接管辖的县(市)级地方医学会负责组织专家鉴定组进行首次医疗事故技术鉴定工作。省、自治区、直辖市地方医学会负责组织医疗事故争议的再次鉴定工作。医学会建立专家库,专家库应当依据学科专业组名录设置学科专业组。由于医学会的专家大都来自医疗机构,因此这种鉴定模式被称为"兄弟姐妹"间的鉴定,其公正性一直受到大众质疑。

医疗损害司法鉴定则由有资质的司法鉴定机构完成。司法鉴定机构接受委托后,由司法鉴定机构指定司法鉴定人,或者由委托人申请并经司法鉴定机构同意的司法鉴定人完成委托事项。同一司法鉴定事项由两名以上司法鉴定人进行。然而,这种模式最大的硬伤是司法鉴定人不具备足够的临床医学知识,从而不能保证鉴定的科学性。

2. **启动鉴定程序**　医疗事故技术鉴定机构接受以下委托启动鉴定程序:①双方当事人协商一致,共同书面委托;②县级以上地方人民政府卫生行政部门书面移交委托;③司法机关(法院)委托。而医疗过错司法鉴定程序则应双方当事人申请或者法院依职权启动鉴定程序。

3. **鉴定级别**　医疗事故技术鉴定分为首次鉴定和再次鉴定。任何一方当事人对首次医疗事故技术鉴定结论不服的,可以自收到首次医疗事故技术鉴定书之日起15日内,向原受理医疗事故争议处理申请的卫生行政部门提出再次鉴定的申请,或由双方当事人共同委托省、自治区、直辖市医学会组织再次鉴定。必要时,对疑难、复杂并在全国有重大影响的医疗事故争议,省级卫生行政部门可以商请中华医学会组织医疗事故技术鉴定。

医疗过错司法鉴定分为初次鉴定、补充鉴定、重新鉴定、复核鉴定。任何一方当事人对初次鉴定结论不服的,可以申请补充鉴定、重新鉴定或复核鉴定,但要符合一定条件。

4. **鉴定时限**　负责组织医疗事故技术鉴定的医学会在医疗事故技术鉴定7日前,将鉴定的时间、地点、要求等书面通知双方当事人。自接到双方当事人提交的有关医疗事故技术鉴定的材料、书面陈述及答辩之日起45日内组织鉴定并出具医疗事故技术鉴定书。

医疗过错司法鉴定从受理之日起一般应当在15日内出具司法鉴定文书。确需延长的,经向委托人说明理由,可延长至30日。复杂、疑难案件的鉴定时限确需延长的,经司法鉴定机构负责人批准,并征得委托人同意,可再适当延长。延长期不得超过60日。法医精神病鉴定及司法会计鉴定的时限可适当延长,一般应在受理之日起60日内完成。鉴定过程中需要补充鉴定材料的,所需时间不计入鉴定时限。但实践中一般医疗纠纷案件会在3个月内作出法医鉴定结论,但也有超过半年以上的情形。

(二)鉴定结论不同

1. **内容不同**　医疗事故技术鉴定结论应当包括下列主要内容:①双方当事人的基本情况及要求;②当事人提交的材料和医学会的调查材料;③对鉴定过程的说明;④医疗行为是否违反医疗卫生管理法律、行政法规、部门规章和诊疗护理规范、常规;⑤医疗过失行为与人身损害后果之间是否存在因果关系；⑥医疗过失行为在医疗事故损害后果中的责任程度；⑦医疗事故等级；⑧对医疗事故患者的医疗护理医学建议。其中第⑥项责任程度分成四个级别：完全责任、主要责任、次要责任和轻微责任。

司法鉴定结论内容包括受理日期、委托人、委托事由、鉴定要求、送鉴材料情况、检验或者检查过程、鉴定（检验）结论或者审查（咨询）意见、鉴定（检验、审查、咨询）人以及其他应当包括的内容。其中重点是对医疗过错与损害结果之间的因果关系、责任比例或损失参与度的认定。损失参与度一般分为6个级别。

2．形式不同 医疗事故技术鉴定书应当根据鉴定结论作出，其文稿由专家鉴定组组长签发。医疗事故技术鉴定书盖医学会医疗事故技术鉴定专用印章，专家鉴定组成员不签字。

司法鉴定结论上必须有鉴定（检验、审查、咨询）人的签名，并且需要注明专业技术职称，对鉴定结论进行复核的司法鉴定人应当在司法鉴定文书上签名。司法鉴定文书经签发人签发后加盖司法鉴定机构司法鉴定专用章。

（三）法庭质证不同

医疗事故技术鉴定结论作为证据在法庭质证时，双方当事人可以自由表达赞成或反对意见，但不能申请人民法院传唤鉴定专家到庭接受质询。

而质证司法鉴定结论时，不服结论一方可以申请人民法院传唤司法鉴定人到庭接受质询，司法鉴定人应当按照司法机关或者仲裁机构的要求按时出庭。司法鉴定人出庭时，应当出示《司法鉴定人执业证书》，并应依法客观、公正、实事求是地回答司法鉴定相关问题。

《侵权责任法》并未提及医疗损害鉴定。《最高人民法院关于适用〈中华人民共和国侵权责任法〉若干问题的通知》也并未终结医疗损害鉴定二元化的问题。一些地方高院出台的配套措施更是彰显了这一问题的混乱。例如，《江苏省高级人民法院关于做好〈中华人民共和国侵权责任法〉实施后医疗损害鉴定工作的通知》规定："根据最高人民法院《关于适用〈中华人民共和国侵权责任法〉若干问题的通知》精神，结合我省实际，医疗损害鉴定仍应委托医学会组织专家进行，统称为医疗损害鉴定；当事人均同意委托其他司法鉴定机构进行医疗损害鉴定的，应予准许。"分析这一规定，不难发现，这将在实际上导致医疗机构对于选取医学会组织鉴定还是司法鉴定机构进行鉴定享有单方决定权，这显然侵害了患方的利益。也有一些地方的医学会根据《侵权责任法》的变化，扩充了鉴定内容，并制定了相应的规则。例如，浙江省医学会2010年11月15日开始实施《浙江省医学会医疗损害鉴定办法（试行）》，明确鉴定内容包括医疗行为有无过错、患者损害后果（包括伤残等级）、过错与损害后果之间是否存在因果关系、过错在医疗损害后果中的责任程度，而不仅限于医疗事故。医疗损害鉴定的改革是个复杂的系统工程，应当充分分析现有的医疗事故鉴定模式及医疗过错司法鉴定模式各自的利弊，并深入研究英美法系中的专家辅助人等相关制度，在取各家所长的基础上进行改革。

五、医疗损害责任的承担方式

医疗损害责任的承担方式包括赔礼道歉、赔偿损失、返还财产、恢复原状、停止侵害、排除妨碍、消除危险、消除影响、恢复名誉。承担责任的方式可以单独适用，也可以合并适用。

（一）人身损害赔偿的赔偿范围及标准

人身损害赔偿是指行为人侵犯他人的生命健康权益造成致伤、致残、致死等后果，对受害人承担金钱赔偿责任的一种民事救济制度。《民法通则》第119条规定了人身损害赔偿制度的基本内容。根据该条规定，侵害公民身体造成伤害的，应当赔偿医疗费、因误工减少的收入、残废者生活补助费等费用;造成死亡的,并应当支付丧葬费、死者生前扶养的人必要的生活费等费用。《侵权责任法》第 16 条规定:"侵害他人造成人身损害的,应当赔偿医疗费、护理费、交通费等为治疗和康复支出的合理费用,以及因误工减少的收入。造成残疾的,还应当赔偿残疾生活辅助具费和残疾赔偿金。造成死亡的,还应当赔偿丧葬费和死亡赔偿金。"即,根据致伤、致残、致死的后果不同,赔偿范围也不相同。

1. 致人身体伤害的赔偿项目

(1) 医疗费:医疗费是指因医疗损害的发生而支出的医疗费用,包括已经发生的医疗费和今后确定要发生的医疗费。实践中,一般根据医疗机构出具的药费、治疗费等收费凭证,结合病历和诊断证明等相关证据确定医疗费的具体数额。赔偿义务人对治疗的必要性和合理性有异议的,应当承担相应的举证责任。

(2) 护理费:护理费是指因医疗损害的发生而导致受害人生活不能自理或不能完全自理,需要有人进行护理而产生的费用。护理人员有收入的,参照误工费的规定计算;护理人员没有收入或者雇佣护工的,参照当地护工从事同等级别护理的劳务报酬标准计算。护理人员原则上为一人,但医疗机构或者鉴定机构有明确意见的,可以参照确定护理人员人数。护理期限应计算至受害人恢复生活自理能力时止。受害人因残疾不能恢复生活自理能力的,可以根据其年龄、健康状况等因素确定合理的护理期限,但最长不超过二十年。

(3) 交通费:交通费是指患者以及其必要的陪护人员因就医或转院必须乘坐交通工具治疗疾病而实际支出的费用。交通费应当以正式票据为凭;有关凭据应当与就医地点、时间、人数、次数相符合。

(4) 误工费:误工费是指患者因医疗损害后果耽误其工作而丧失的收入。误工费根据受害人的误工时间和收入状况确定。误工时间根据受害人接受治疗的医疗机构出具的证明确定。受害人因伤致残持续误工的,误工时间可以计算至定残日前一天。受害人有固定收入的,误工费按照实际减少的收入计算。受害人无固定收入的,按照其最近三年的平均收入计算;受害人不能举证证明其最近三年的平均收入状况的,可以参照受诉法院所在地相同或者相近行业上一年度职工的平均工资计算。

(5) 住院伙食补助费:住院伙食补助费是指患者因发生医疗损害而在医疗机构住院治疗时,医方应支付给患者的膳食补助费。住院伙食补助费可以参照当地国家机关一般工作人员的出差伙食补助标准予以确定。受害人确有必要到外地治疗,因客观原因不能住院,受害人本人及其陪护人员实际发生的住宿费和伙食费,其合理部分应予赔偿。

(6) 住宿费:住宿费是指患者因发生医疗损害在治疗过程中必须支付的住宿费用。

(7) 营养费:营养费是指患者因医疗损害而需补充营养物质所发生的费用。营养费根据受害人伤残情况参照医疗机构的意见确定。

2. 致人残疾的赔偿项目 除了以上致人身体伤害的赔偿项目外,医疗机构及其医务人员致患者残疾的,还应当赔偿残疾生活辅助器具费和残疾赔偿金。残疾生活辅助器具费是指患者因医疗损害导致残疾而需要配置补偿功能的残疾辅助器具费用。残疾赔偿金是指患者因医疗损害导致劳动能力全部或部分丧失需要得到的相应赔偿。残疾赔偿金根据受害人丧失劳动能力程度或者伤残等级,按照受诉法院所在地上一年度城镇居民人均可支配收入或者农村居民人均纯收入标准,自定残之日起按二十年计算。但六十周岁以上的,年龄每增加一岁减少一年;七十五周岁以上的,按五年计算。受害人因伤致残但实际收入没有减少,或者伤残等级较轻但造成职业妨害严重影响其劳动就业的,可以对残疾赔偿金作相应调整。

3. 致人死亡的赔偿项目 除了致人身体伤害的赔偿项目外,医疗机构及其医务人员致患者死亡的,还应当赔偿丧葬费和死亡赔偿金。丧葬费是指患者因医疗损害死亡时,其家属因安葬死者而支出的费用。死亡赔偿金其实不是对受害死者的赔偿,而是对与受害死者有关的一些人即亲属的赔偿。死亡赔偿金按照受诉法院所在地上一年度城镇居民人均可支配收入或者农村居民人均纯收入标准，按二十年计算。但六十周岁以上的，年龄每增加一岁减少一年；七十五周岁以上的，按五年计算。赔偿权利人举证证明其住所地或者经常居住地城镇居民人均可支配收入或者农村居民人均纯收入高于受诉法院所在地标准的，残疾赔偿金或者死亡赔偿金可以按照其住所地或者经常居住地的相关标准计算。

（二）精神损害赔偿

精神损害赔偿是权利主体因其人身权益受到不法侵害而使其遭受精神痛苦或精神利益受到损害而要求进行赔偿的民事法律制度。在法律上具有补偿、抚慰、惩罚三重功能，有利于保护受害人的利益。[1]《侵权责任法》第22条规定："侵害他人人身权益，造成他人严重精神损害的，被侵权人可以请求精神损害赔偿。"可见，造成严重精神损害是请求精神损害赔偿的前提。财产权受到侵害无权请求精神损害赔偿，只有人身权益受到侵害才享有此种权利。精神损害的赔偿数额根据以下因素确定：①侵权人的过错程度，法律另有规定的除外；②侵害的手段、场合、行为方式等具体情节；③侵权行为所造成的后果；④侵权人的获利情况；⑤侵权人承担责任的经济能力；⑥受诉法院所在地平均生活水平。

问题与思考

1. 谈谈你对医患关系以及医患纠纷的看法。
2. 结合案例6-1，分析该案中医疗机构具有哪些过错，侵害了患者的何种权利。
3. 结合案例6-2，谈谈患者的知情同意权。
4. 结合案例6-3，分析如何认定医疗过错。
5. 结合案例，分析医疗用品损害责任。

参考法律法规

《民法通则》
《侵权责任法》
《人民调解法》
《执业医师法》
《献血法》
《产品质量法》
《医疗事故处理条例》
《医疗机构管理条例》
《医疗机构管理条例实施细则》
《医院工作制度》
《医疗机构病历管理规定》
《司法鉴定程序通则》
《最高人民法院关于贯彻执行〈中华人民共和国民法通则〉若干问题的意见（试行）》
《最高人民法院关于审理名誉权案件若干问题的解答》
《关于建立健全诉讼与非诉讼相衔接的矛盾纠纷解决机制的若干意见》
《最高人民法院关于民事诉讼证据的若干规定》
《最高人民法院关于审理人身损害赔偿案件适用法律若干问题的解释》

---

[1] 王胜明. 中华人民共和国侵权责任法解读. 北京：中国法制出版社，2010：99.

《最高人民法院关于参照〈医疗事故处理条例〉审理医疗纠纷民事案件的通知》
《医疗事故技术鉴定暂行办法》
《最高人民法院关于适用〈中华人民共和国侵权责任法〉若干问题的通知》

（马　辉　陈晓嫦　雷光和）

第七章 医疗保障法律制度

【学习目标】

通过本章的学习，使学生掌握医疗保障法律概况。掌握我国医疗保障法律体系，并能够对我国医疗保障制度的历史沿革有清晰的认识。

1. 掌握：新型农村合作医疗保险、城镇职工医疗保险、城镇居民医疗保险、商业医疗保险制度。
2. 理解：医疗保障的概念、医疗保障体系。
3. 了解：医疗救助制度、社会优抚制度。

【相关材料】河南低保户、五保户医疗救助一站式服务

因病在遂平县某医院治疗的68岁低保户王大爷病愈出院，经新农合报销后他需自付11 700元医疗费，最后结算时，民政部门"一站式"即时结算当场支付了他个人负担50%的救助金，他只需自付剩下一半的医疗费。"不用自己垫钱，也不用再跑到民政部门报销，这种救助方式真是太方便了！"他看着结算单高兴地说。这就是河南省在部分地区开展的医疗救助与居民基本医疗保险同步结算服务，即"一站式"服务。过去的医疗救助模式是，低保户、五保户等困难群众到定点医院看病，自己要先垫付医疗费，再到民政部门审批报销一部分救助费用。但有时困难群众可能垫付不起医疗费，造成看病难。为减轻困难群众医疗经济负担，方便困难群众就医结算，自2008年起，河南省陆续开展了医疗救助与居民基本医疗保险同步结算服务，即一站式服务。这样，低保、五保等困难群众只需结清基本保险报销和医疗救助补助后自己应承担的费用，即可出院。医疗救助承担的费用由民政部门与医院结算，实现了医疗救助"零时限"。[1]

第一节 医疗保障法律制度概述

一、医疗保障概述

英国社会保障制度创始人贝弗里奇从社会保障的目标着手，在《贝弗里奇报告》中将社会保障定义为一种公共福利计划，认为社会保障是指人们在失业、疾病、伤害、老年以及死亡、薪金中断时，予以经济援助，并辅助其生育丧葬的意外费用的经济保障制度。[2] 在我国，社会保障是指国家立法强制规定，由国家和社会出面举办，对公民在年老、疾病、伤残、失业、生育、死亡、遭遇灾害、面临生活困难时给予物质帮助，旨在保障公民个人和家庭基本生活需要，并提高生活水平、实现社会公平和社会进步的制度。[3] 医疗保障是社会保障体系的重要部分。

---

[1] 李红. 我省低保户和五保户看病报销更方便, 医疗救助"一站式"年内实现. 河南日报, 2014-2-25 (2).
[2] 劳动和社会保障部社会保险研究所. 贝弗里奇报告. 北京：中国劳动社会保障出版社, 2004：135.
[3] 林嘉. 劳动法和社会保障法. 2版. 北京：中国人民大学出版社, 2009：297-303.

（一）医疗保障的概念

医疗保障主要是指对于住院医疗、门急诊医疗、康复、护理等医疗费用的补偿或者给付约定的给付金等保障。从医疗卫生事业和社会保障的角度来看，保证公民获得必要的医疗服务或者对医疗费用进行保障的一切计划、制度和安排等，均称为医疗保障制度。[1]

（二）医疗保障权

医疗保障权是指公民因疾病或其他自然事件及突发事件造成身体与健康损害时获得医疗服务或对其发生的医疗费用损失和其他损失获得经济补偿或救济的权利。医疗保障权是一项维护生存权与健康权的基本权利。

（三）医疗保障的功能

1. 保证和促进劳动力的再生产　人类自身的生产是人类社会生产的一种类型。人的一生不可避免地会遇到疾病、意外伤害的威胁，使劳动力的再生产受到影响。医疗保障制度为在生产中暂时或永久丧失劳动能力者及其家属提供物质帮助，使劳动者可以获得必要的物质保障，保证劳动力再生产顺利进行。

2. 促进社会公平　医疗保障权制度是通过国家立法，对于年老、疾病、伤残、失业、死亡及因其他灾难发生而使其生存发生困难的社会成员及其家属提供基本生活保障或帮助而建立起来的一种权利制度，目的就是在社会成员遭受困难时给予基本的生活保障，消除其后顾之忧，使他能积极地参与公平竞争。医疗保障权制度通过调节劳动者个人收入差距，实现人们对社会公平的普遍要求。

3. 为经济建设提供资金积累　医疗保障权制度还能为经济增长筹集资金，促进社会经济的发展。利用医疗保障筹集的资金，投资兴建各项社会基础设施，能够弥补资金不足。国家通过立法，规定医疗保障基金的投资项目和投资比例，指导投资方向，从而促使医疗保障基金向国家基础设施和重点项目投资，而医疗保障基金的有效投资反过来又使医疗保障基金增值，保障和促进社会经济的发展。

二、我国医疗保障体系概况

医疗保障是一个系统的工程，该系统包括医疗保险、医疗救助、社会优抚中的医疗待遇、社会福利等制度。这些制度共同构成多层次的医疗保障网络。

（一）基本医疗保险

基本医疗保险是多层次医疗保障体系的基础，也是国家医疗政策的重要组成部分。基本医疗保险以强制性实施为主，坚持"低水平、广覆盖"原则，立足于基本医疗保障。我国的基本医疗保险制度在农村体现为新型农村合作医疗保险制度，在城市体现为城镇职工医疗保险制度和城镇居民医疗保险制度。本章第二节将进行详细阐述。

（二）补充医疗保险

补充医疗保险是指在基本医疗保险制度以外，由商业保险机构或社会保险机构等各类组织举办并自担风险的医疗保险制度。补充医疗保险与基本医疗保险不同，补充医疗保险以自愿性为原则，并且通常只有参加了基本医疗保险的职工和用人单位才能参加补充医疗保险。为了妥善解决职工基本医疗保险范围以外的费用负担，使参保职工特别是困难职工在发生大额医疗费用时能获得更有效的救济，政府对补充医疗保险给予政策上的鼓励和扶持。我国当前的补充医疗保险主要包括：

1. 企业补充医疗保险　是指依据企业经营效益和行业特点，经国家社会保障行政管理部门批准设立、由企业和职工按照国家有关规定缴费建立企业补充医疗保险基金，用以支付企业

---

[1] 周绿林，李绍华. 医疗保险学. 2版：北京：科学出版社，2013：4.

职工基本医疗保险待遇以外的医疗费用的社会医疗保险制度。

2. 职工商业补充医疗保险 是指由社会保险机构主办，并由商业保险公司经办的，用以支付职工基本医疗保险待遇以外的医疗费用的补充医疗保险。

3. 职工互助医疗保险 是指由工会主办和经办的，用以支付职工基本医疗保险待遇以外的医疗费用的补充医疗保险。中华全国总工会主办的"中国职工保险互助会"是以职工互助形式从事保险业务的组织，其资金主要来源于职工互助会会员的个人缴费、各级行政部门给予的一定补助、工会资助、资金自身利息的增值。

（三）商业医疗保险

商业医疗保险是指由保险公司经营的，单位和个人自愿参加的营利性的医疗保障。商业医疗保险是医疗保障体系不可或缺的部分，国家鼓励用人单位和个人参加商业医疗保险。参保人依一定数额交纳保险金，遇到疾病时，可以从保险公司获得一定数额的医疗费用。依据保障范围的差异，广义的商业医疗保险产品通常可以分为医疗费用保险、失能收入损失保险和长期护理保险。对于该内容第三节将会详细阐述。

（四）医疗救助

医疗救助制度在医疗保障网络中占据重要位置。医疗救助是由政府和社会对因病无经济能力的贫困人群进行治疗，或因支付数额庞大的医疗费用而陷入困境的人群实施专项帮助和经济支持的一种救助制度。医疗救助的形式主要有三种：一是提供社会医疗救助金，给予救助对象经济补偿；二是给医疗机构一定的经济补贴，医疗机构直接减免救助对象的部分医疗费；三是由社会医疗救助机构举办专门的医疗机构，免费为救助对象提供医疗服务。

我国的医疗救助制度包括城市医疗救助制度和农村医疗救助制度。为使城市中处于弱势的群体能得到医疗救助，国务院于2005年转发民政部、卫生部、劳动保障部、财政部《关于建立城市医疗救助制度试点工作的意见》。自此我国开始全面展开城市医疗救助制度试点工作。城市医疗救助的对象主要分为三类，一是城市居民最低生活保障对象中未参加城镇职工基本医疗保险人员；二是已参加城镇职工基本医疗保险但个人负担仍然较重的人员；三是其他特殊困难群众。城市医疗救助的方式是对救助对象在扣除各项医疗保险可支付部分、单位应报销部分及社会互助帮困后，个人负担超过一定金额的医疗费用或特殊病种医疗费用给予一定比例或一定数量的补助。城市医疗救助基金由财政预算拨款、专项彩票公益金、社会捐助组成。

农村医疗救助制度是政府和社会向一部分生活处于低收入甚至贫困状态的农村弱势群体提供最基本的医疗支持。我国民政部、卫生部、财政部于2003年发布了《关于实施农村医疗救助的意见》，该文件于2012年已经废止。

2013年12月23日，财政部会同民政部制定了《城乡医疗救助基金管理办法》。城乡医疗救助基金的救助对象是城乡低保对象、农村五保供养对象，以及其他符合医疗救助条件的经济困难群众。县级以上人民政府建立城乡医疗救助基金，城乡医疗救助基金来源主要包括：地方各级财政部门安排的城乡医疗救助资金、社会各界自愿捐赠的资金、城乡医疗救助基金形成的利息收入、按规定可用于城乡医疗救助的其他资金。城乡医疗救助基金应分别结合城镇居民基本医疗保险和新型农村合作医疗制度的相关政策规定，统筹考虑城乡困难群众的救助需求，首先确保资助救助对象全部参加基本医疗保险，其次对经基本医疗保险、大病保险和商业保险等补偿后，救助对象仍难以负担的符合规定的医疗费用给予补助，帮助困难群众获得基本医疗服务。对因各种原因未能参加基本医疗保险的救助对象个人自负医疗费用，可直接给予救助。救助方式以住院救助为主，同时兼顾门诊救助。各地要科学制定救助方案，合理设置封顶线，稳步提高救助水平。要结合基本医疗保险的待遇规定，统筹城乡医疗救助制度，弥合城乡困难群众在获得医疗救助方面的差异，满足其正常的医疗服务需求。

(五) 社会优抚

社会优抚是指国家和社会对军人及其家属所提供的各种优待、抚恤、养老、就业安置等待遇和服务的保障制度。优抚对象为退出现役的残疾军人、在乡老复员军人、带病回乡退伍军人，以及享受国家抚恤和生活补助的烈士遗属、因公牺牲军人遗属、病故军人遗属等。优抚对象参保工作由民政、劳动和社会保障、卫生部门负责，当地政府对优抚对象参保应给予缴费补助或帮助。优抚对象到医疗机构就医时凭证件优先挂号、优先就诊、优先取药、优先住院；支持、鼓励、引导医疗机构自愿减免有关医疗服务费用。

优抚对象按照属地原则参加城镇职工基本医疗保险、城镇居民基本医疗保险和新型农村合作医疗等城乡基本医疗保障制度。在医疗保险制度的基础上，优抚对象还享有医疗补助，对城乡医疗保险制度能够解决的费用以外的个人负担部分给予补助。优抚对象未参加基本医疗保障制度的，以及参加基本医疗保障制度但个人医疗费用负担较重的，可享受城乡医疗救助和优抚对象医疗补助。对一至六级残疾军人在城镇职工基本医疗保险规定范围内、起付标准以下、最高支付限额以上，以及个人共付的医疗费用给予补助。对所在单位无力支付和无工作单位的七至十级残疾军人旧伤复发的医疗费用给予补助。对未参加城镇职工基本医疗保险、城镇居民基本医疗保险、新型农村合作医疗以及享受城乡基本医疗保障制度规定待遇后个人医疗费用负担较重的其他优抚对象给予补助。七至十级残疾军人旧伤复发的医疗费用，已经参加工伤保险的，由工伤保险基金支付；未参加工伤保险的，有工作的由工作单位解决；所在单位无力支付和无工作单位的，由当地政府从优抚对象医疗补助资金中解决。

三、医疗保障制度对临床医疗的重要影响

看病难、看病贵是社会各界关注的焦点问题，医疗保障制度改革是我国社会改革的难题，建立完备的医疗保障制度对临床医疗有深远的影响。

(一) 影响医疗消费行为

医疗消费是人们生活中必不可少的需求，医疗保障制度在一定程度上影响着人们的医疗消费行为。医疗保障制度降低了医疗支出与非医疗支出之间的替代性，改善了家庭内部成员之间资源分配的不均等性，在一定程度上补偿了消费者的医疗费用，变相增加了消费者的收入，客观上降低了医疗消费的不确定性和风险，从而提高了人们对医疗消费品的需求水平，促进了医疗消费。

由于医疗服务具有专业性和高技术性的特征，消费者在消费过程中处于被动地位，且消费者非常注重医疗消费品的质量，希望得到最安全、最优质的医疗服务。在有医疗保障制度的情况下，消费者只需负担部分医疗费用。医疗保障的介入提高了消费者对医疗服务的需求，导致医疗需求弹性变得更小。

(二) 影响医生临床决策

医疗保障制度促使临床医生的临床决策作出调整。医疗保障对医疗费用的控制、医疗费用合理性的监管以及医疗费用的分担制约都要求临床医生在保证医疗质量的前提下，合理使用现有药物并制定诊治措施，控制医疗费用，保证医疗保险基金的合理支出。

以往临床医生的临床决策往往由医生主导，患者无法参与临床决策。实施医疗保障制度后，由于建立了费用的分担制约机制，患者对知情权的要求愈来愈高，参与临床决策的愿望越来越强烈，促使临床决策转为共享决策。病人提出有关其生活经历、社会关系、资源、价值选择和期望等方面的信息，有助于作出最佳的决策。具有医学专长的临床医生能帮助患者做出与病人目的相符的医疗选择。

(三) 限制医生应用高新医疗技术

由于医疗费用控制指标的限制，医疗保险对定点医疗机构超出结算指标补偿严重不足，这

导致了临床医生在应当使用高新医疗技术时不愿意采用高新医疗技术，转而采用保守、廉价、疗效差的临床技术。另一方面，由于医保基金支付高新医疗技术的比例相对较小，参保人需要自负一笔相当大的医疗费用，一些参保人因为经济条件所限，不得不放弃选择高新医疗技术。因此，在某种程度上讲，医疗保障制度的缺陷限制了高新医疗技术的应用。

（贺红强）

第二节　社会医疗保障法律制度

【相关材料】

熊某是丰盛乡蛇场村的村民。熊某因腹部长期隐隐作痛吃尽了苦头。由于家中经济困难，一直没有到医院诊治，严重影响了生产生活。2005年3月，在村委会成员高某的劝说下，熊某全家参加了新型农村合作医疗保险，全家缴纳了参保费用720元。熊某于2007年1月29日到县中医院做了全腹彩超检查，得知自己患了子宫肌瘤，必须尽快施行手术，不然再拖一年半载将危及生命。当天在医院办理住院手续，医务人员于第三天一早帮其做了肌瘤切除手术，后又加强了连续8天的药物治疗和护理，花费8600元。当地新型农村合作医疗经办机构按规定为其支付了55%的医疗费用。熊某病情全面好转，摆脱了长期疾病的折磨。熊某出院回家左邻右舍均来探望，熊某热泪盈眶地阐述了手术住院的经过，逢人就说"参加了合作医疗好，合作医疗救了我的命"。

一、农村合作医疗保险制度概况

农村合作医疗保险是我国解决广大农民医疗保障问题的基本社会保障制度，是在政府组织、引导、支持的基础上，以农民自愿参加为原则，个人、集体和政府多方筹资和大病统筹为主要内容的农民医疗互助保险制度。我国农村合作医疗保险的本质是政府支持的以保障农民获得基本卫生服务为目的的医疗保障制度，在提高我国广大农民的健康水平、缓解农民因病致贫和因病返贫方面发挥了重要的作用。

（一）我国农村合作医疗保险制度的发展历程

我国农村合作医疗保险制度大体可以分为建立阶段、发展阶段、停滞阶段与新型农村合作医疗保险阶段。

新中国成立到农村合作化时期是该制度的建立阶段。新中国成立后，随着农业互助合作运动的开展，出现了由农民合作社出资开办的以服务社员为目的的公益性保健站和医疗站，这是我国农村合作医疗保险制度的雏形。1955年，山西、河南、河北等省的农村在乡政府的领导下，由农业生产合作社、农民个人（社员）和医生共同筹资建立了医疗保健站，采用了"合医合防不合药"的合作医疗模式。到1965年底，农村合作医疗保险制度在全国十几个省得到施行并逐步推广。

20世纪60年代中期到20世纪70年代末是该制度的发展阶段。1966年，我国第一个合作医疗试点——湖北省长阳县乐园公社杜家村卫生室挂名成立。1979年卫生部、农业部和财政部等联合下发了《农村健康保障章程〈试行草案〉》，全国农村基本全部实行了合作医疗，历史性地解决了广大农村长期存在的"缺医少药"问题。

20世纪70年代末期到21世纪初是该制度的停滞阶段。1979年，卫生部、农业部、全国供销合作总社等联合发布了《农村合作医疗章程（试行草案）》。农村合作医疗以农民群众自愿参加为原则，增加农民群众筹集比例，降低农村公社的支持力度，这导致农村合作医疗站相继解体、停办。20世纪80年代后期，中共中央和国务院再次提出要稳定推行合作医疗保健制度。国务院1997年出台了合作医疗政策，仍然坚持"民办公助和自愿参加"的原则。2002年农业部等五部委颁布了《关于2002年减轻农民负担工作的意见》，部分地区以农村合作医疗交费项目增加农民负担为由不允许征收，导致农村合作医疗基金难以继续运转，大多数地方的农村合作医疗保险名存实亡。

2003年至今是实施新型农村合作医疗保险的阶段。2002年10月19日，中共中央、国务院颁布了《关于进一步加强农村卫生工作的决定》，指出要"逐步建立以大病统筹为主的新型农村合作医疗制度"。从2003年开始，以大病统筹、政府扶持与农民自愿参加为主要内容的新型农村合作医疗保险在各地开始试点。经过十年的发展，我国新型农村合作医疗制度快速实现全面覆盖，各地参合率连年超过95%。

（二）我国新型农村合作医疗保险制度的基本内容

2003年1月16日，国务院办公厅以国办发〔2003〕3号文发布了《关于建立新型农村合作医疗制度的意见》（以下简称《意见》），各地相继建立了相应的新型农村合作医疗制度。

1．基本原则　第一个原则是农民自愿参加与政府积极组织扶持相结合的原则。第二个原则是多方筹资原则，采取政府、集体与农民个人三方出资的办法筹措合作医疗保险基金。第三个原则是以收定支、保障适度原则。保证这项制度持续有效运行，使农民能够享有最基本的医疗服务。

2．组织管理　新型农村合作医疗采取以县（市）为单位实行合作医疗基金统筹，在条件不具备的地方也可采取以乡（镇）为单位实行统筹并逐步向县（市）统筹过渡。省、地级人民政府成立由卫生、财政、农业、民政、审计、扶贫等部门组成的农村合作医疗协调小组，各级卫生行政部门内部应设立专门的农村合作医疗管理机构负责对新型农村合作医疗进行具体组织管理。县级人民政府成立由有关部门和参加合作医疗的农民代表组成的农村合作医疗管理委员会，负责有关组织、协调、管理和指导工作，下设经办机构负责具体业务工作；根据需要在乡（镇）可设立派出机构（人员）或委托有关机构管理；经办机构的人员和工作经费列入同级财政预算，不得从农村合作医疗基金中提取。

3．筹资标准　新型农村合作医疗制度的筹资标准直接决定了其保障水平，但必须从统筹区域农民的经济水平和政府财政承担能力出发考虑确定筹资标准。因此，《意见》指出：农民个人每年的缴费标准不应低于10元，经济条件好的地区可相应提高缴费标准；有条件的乡村集体经济组织应对本地新型农村合作医疗制度给予适当扶持，鼓励社会团体和个人资助新型农村合作医疗制度；地方财政每年对参加新型农村合作医疗农民的资助不低于人均10元，经济较发达的东部地区地方各级财政可适当增加投入；中央财政每年通过专项转移支付对中西部地区除市区以外的参加新型农村合作医疗的农民按人均10元安排补助资金。根据《意见》对筹资标准的要求，各地参保农民的交费标准以及政府对参保农民的财政补助资金标准有所提高，并且呈现逐年提高的趋势。

4．基金管理　新型农村合作医疗基金由农村合作医疗管理委员会及其经办机构进行管理。农村合作医疗经办机构应在管理委员会认定的国有商业银行设立农村合作医疗基金专用账户。农村合作医疗基金中农民个人缴费及乡村集体经济组织的扶持资金，原则上按年由农村合作医疗经办机构在乡（镇）设立的派出机构收缴并存入农村合作医疗基金专用账户；地方财政支持资金由地方各级财政部门根据参加新型农村合作医疗的实际人数，划拨到农村合作医疗基金专用账户；中央财政补助中西部地区新型农村合作医疗的专项资金，由财政部根据各地区参加新型农村合作医疗的实际人数和资金到位等情况核定，向省级财政划拨。

农村合作医疗基金主要补助参保农民的大额医疗费用或住院医疗费用，有条件的地方可实行大额医疗费用补助与小额医疗费用补助结合的办法，既提高抗风险能力又兼顾农民受益面。

对参加新型农村合作医疗的农民，年内没有动用农村合作医疗基金的，要安排进行一次常规性体检。

二、城镇职工基本医疗保险制度

在计划经济体制下，我国城镇职工实行以公费医疗为主的医疗保障制度。随着经济体制改革的推进，以公费医疗为特征的城镇职工医疗保险制度的主要问题是，医疗保险基金的严重不足而使城镇职工不能有效得到相应医疗保障，同时这种完全由单位或者政府承担医疗保险费用的制度的弊端也逐渐增多。1998年国务院在总结近年来各地城镇职工医疗保险制度改革试点经验的基础上，发布了《关于建立城镇职工基本医疗保险制度的决定》（下称《决定》），在全国范围内进行城镇职工医疗保险制度改革。

（一）城镇职工医疗保险覆盖范围

《决定》规定："城镇所有用人单位，包括企业（国有企业、集体企业、外商投资企业、私营企业等）、机关、事业单位、社会团体、民办非企业单位及其职工，都要参加基本医疗保险。乡镇企业及其职工、城镇个体经济组织业主及其从业人员是否参加基本医疗保险，由各省、自治区、直辖市人民政府决定。"从《决定》的内容和精神来看，这类人员参加医疗保险是强制性的。城镇职工医疗保险最大的问题是覆盖范围有限，部分劳动者（主要是个体工商户、私营企业主及其他灵活就业人员）的医疗保障存在问题，城镇无业居民、少年儿童以及绝大部分以农民工为代表的流动人口也不在城镇职工医疗保险的覆盖范围。

（二）城镇职工医疗保险缴费办法

按照《决定》的规定，基本医疗保险费由用人单位和职工共同缴纳。用人单位缴费率应控制在职工工资总额的6%左右，职工缴费率一般为本人工资收入的2%。随着经济发展，用人单位和职工缴费率可作相应调整。

（三）医疗保险基金统筹

按照《决定》的规定，基本医疗保险原则上以地级以上行政区（包括地、市、州、盟）为统筹单位，也可以县（市）为统筹单位，直辖市原则上在全市范围内实行统筹（以下简称统筹地区）。所有用人单位及其职工都要按照属地管理原则参加所在统筹地区的基本医疗保险，执行统一政策，实行基本医疗保险基金的统一筹集、使用和管理。铁路、电力、远洋运输等跨地区、生产流动性较大的企业及其职工，可以相对集中的方式异地参加统筹地区的基本医疗保险。

（四）医疗保险统筹基金和个人账户

目前我国的城镇职工医疗保险由统筹基金和个人账户构成。职工个人缴纳的基本医疗保险费全部计入个人账户。用人单位缴纳的基本医疗保险费分为两部分，一部分用于建立统筹基金，一部分划入个人账户。划入个人账户的比例一般为用人单位缴费的30%左右，具体比例由统筹地区根据个人账户的支付范围和职工年龄等因素确定。

（五）医疗费用的支付规则

统筹基金和个人账户要划定各自的支付范围，分别核算，不得互相挤占。要确定统筹基金的起付标准和最高支付限额，起付标准原则上控制在当地职工年平均工资的10%左右，最高支付限额原则上控制在当地职工年平均工资的4倍左右。起付标准以下的医疗费用，从个人账户中支付或由个人自付。起付标准以上、最高支付限额以下的医疗费用，主要从统筹基金中支付，个人也要负担一定比例。超过最高支付限额的医疗费用，可以通过商业医疗保险等途径解决。统筹基金的具体起付标准、最高支付限额以及在起付标准以上和最高支付限额以下的医疗费用个人负担比例，由统筹地区根据以收定支、收支平衡的原则确定。

（六）城镇职工基本医疗保险的除外责任

参保人员因下列原因就医发生的医疗费用，通常不享受相应基本医疗保险待遇：自杀、自残的（精神病除外）；斗殴、酗酒、吸毒及因犯罪或者治安违法行为所致伤病；交通事故、意外事故、医疗事故等明确由他人承担医疗费赔偿责任的部分；未经批准在非定点医疗机构就医或者在非定点零售药店购药、配药；在国外或者香港、澳门特别行政区以及台湾地区进行治疗；属于工伤保险或者生育保险支付范围的。

三、我国城镇居民基本医疗保险制度

为了解决城镇非从业居民的医疗保障，实现建立覆盖城乡全体居民的基本医疗保障体系的目标，国务院于2007年颁布了《关于开展城镇居民基本医疗保险试点的指导意见》（下称《试点意见》）。各级地方政府以该《试点意见》为依据，逐步建立了与地方经济发展水平相适应的城镇居民基本医疗保险制度。

（一）城镇居民医疗保险的参保范围

《试点意见》明确指出，不属于城镇职工基本医疗保险制度覆盖范围的中小学阶段的学生（包括职业高中、中专、技校学生）、少年儿童和其他非从业城镇居民都可自愿参加城镇居民基本医疗保险。从覆盖范围来看，城镇居民医疗保险带有一定的补充性；从制度安排来看，城镇居民医疗保险是自愿性的。

（二）城镇居民医疗保险的缴费和补助

《试点意见》规定："城镇居民基本医疗保险以家庭缴费为主，政府给予适当补助。参保居民按规定缴纳基本医疗保险费，享受相应的医疗保险待遇，有条件的用人单位可以对职工家属参保缴费给予补助。国家对个人缴费和单位补助资金制定税收鼓励政策。"

对于试点城市的参保居民，政府每年按不低于人均40元给予补助，其中，中央财政从2007年起每年通过专项转移支付，对中西部地区按人均20元给予补助。在此基础上，对属于低保对象的或重度残疾的学生和儿童参保所需的家庭缴费部分，政府原则上每年再按不低于人均10元给予补助，其中，中央财政对中西部地区按人均5元给予补助；对其他低保对象、丧失劳动能力的重度残疾人、低收入家庭60周岁以上的老年人等困难居民参保所需家庭缴费部分，政府每年再按不低于人均60元给予补助，其中，中央财政对中西部地区按人均30元给予补助。中央财政对东部地区参照新型农村合作医疗的补助办法给予适当补助。财政补助的具体方案由财政部门和劳动保障、民政等部门研究确定，补助经费要纳入各级政府的财政预算。政府补助标准不断变化，逐年增加。

（三）费用支付

城镇居民基本医疗保险基金重点用于参保居民的住院和门诊大病医疗支出，有条件的地区可以逐步试行门诊医疗费用统筹。

城镇居民基本医疗保险基金的使用要坚持以收定支、收支平衡、略有结余的原则。要合理制定城镇居民基本医疗保险基金起付标准、支付比例和最高支付限额，完善支付办法，合理控制医疗费用。探索适合困难城镇非从业居民经济承受能力的医疗服务和费用支付办法，减轻他们的医疗费用负担。城镇居民基本医疗保险基金用于支付规定范围内的医疗费用，其他费用可以通过补充医疗保险、商业健康保险、医疗救助和社会慈善捐助等方式解决。

（肖　鹏）

第三节 商业医疗保险法律制度

【相关材料】商业医疗保险是社会医疗保险的有益补充

45岁的王女士不慎滑倒，小腿胫腓骨骨折。经诊断必须植入钢板进行固定，整套价格为8000元，属社保以外项目。住院30天，床位费每天41元，伙食费10元，护理费每天10元，手术费1250元，其他医疗费用属于社保范围。全程治疗费用2.2万元。王女士社保起付线标准为社会平均工资的10%，住院自负比例为15%。算下来社保可报销9144元，还须自负12 856元。她意识到光靠社会医疗保险是不够的，决定购买一些商业医疗保险作补充。商业医疗保险目前主要有住院津贴型和费用报销型。如果购买的是住院津贴型商业医疗保险，保险公司以每天固定金额，对被保险人住院治疗期间的损失进行补偿，此类产品不与社保或其他类别的商业医疗保险冲突。如果购买的是费用报销型商业医疗保险，可以报销住院医疗费用，但不同保险产品的报销范围有所不同。部分保险合同约定，实际医疗费用必须在社保报销范围内才能报销。若已从社保或其他社会福利机构取得赔偿，保险公司仅给付剩余部分。社保不能报销的（进口药、特效药、特护病房等），商业保险同样不能报销。其作用仅在于对社保报销后，需按比例自负的部分进行赔偿。如果王女士事先投保此类保险组合，大约还能再报销5600余元。目前也有保险公司推出了不受医保范围限制的费用报销型医疗险。只要是实际发生的合理费用，都可按比例或在一定免赔额后，得到保险公司赔偿。如果王女士事先投保这种保险组合，上述8000元钢板费用绝大部分可向保险公司申请报销，在自负的12 856元中，可再报销12 126元，自己要负担的微乎其微。

一、商业医疗保险法律制度概述

（一）商业医疗保险法的概念

商业医疗保险法是指调整在商业医疗保险中形成的各种社会关系的法律规范的总称。我国目前没有专门的商业医疗保险法，涉及商业医疗保险法的内容散见于《保险法》、《合同法》、《民法通则》等法律规定之中。

（二）商业医疗保险的特征

与社会医疗保险相比，商业医疗保险具有鲜明的特点。主要特点是自愿性、营利性、选择性。

1. 商业医疗保险具有自愿性　商业医疗保险强调自愿性，投保人可以根据自身的需求和经济状况决定是否购买保险产品，购买哪家保险公司的何种产品。商业医疗保险充分体现了缔结契约平等、自愿的原则。

2. 商业医疗保险具有营利性　商业医疗保险是一种完全的市场行为，以追求利润最大化为经营目标。与社会医疗保险不同，商业医疗保险并不承载矫正社会分配的任务，不以实现实质公平为己任。

3. 商业医疗保险具有选择性　人人都有权平等地获得医疗服务的理念是社会医疗保险的理论基础，而商业医疗保险则并不以此为出发点，充分体现了选择性。商业医疗保险的自愿性使得投保人可以选择保险公司和保险产品，商业医疗保险的营利性又使得保险公司可以选择投保人和被保险人。对于高风险人群，商业医疗保险完全可以拒绝承保，或者加费承保。

（三）商业医疗保险涉及的主要险种

随着医疗体制改革的推进，各大保险公司的商业医疗保险险种也不断增多。最常见的商业医疗保险险种有医疗费用保险、失能收入损失保险、长期护理保险。①医疗费用保险是指对被保险人因疾病或意外事故所发生的医疗费用的支出进行补偿，这也是狭义的医疗保险。医疗费用保险补偿的费用一般包括门诊费用、药费、住院费用、护理费用、医院杂费、手术费用和各种检查费用等。常见的医疗费用保险包括住院医疗保险、意外伤害医疗保险、普通医疗保险、高额医疗保险、重大疾病保险、特种疾病保险。②失能收入损失保险主要补偿因疾病或意外伤害事故所导致的收入损失，即当被保险人因遭受伤害或意外损害而暂时或者永久失能无法工作时，可以得到定期的收入补偿。常见的失能收入损失保险包括工资收入保险、失能买断保险、重要员工失能收入保险。③长期护理保险是以被保险人失去自理能力后，产生护理需求为给付保险金条件的健康保险。最常见的长期护理保险包括单一责任护理保险、综合责任护理保险、失能收入损失保险的扩展、医疗费用保险附约等。

二、商业医疗保险法律关系

商业医疗保险法律关系的构成要素和其他法律关系一样，由主体、内容和客体三要素构成。

（一）商业医疗保险法律关系的主体

商业医疗保险法律关系的主体是指直接参加商业医疗保险法律关系，并在其中享有权利和承担义务的单位和个人。

1. 投保人　投保人又称为要保人，是保险合同的当事人，是指与保险人订立医疗保险合同，对医疗保险标的具有保险利益并按照医疗保险合同负有支付保险费义务的人。

2. 保险人　保险人又称为承保人，是保险合同的当事人，是指与投保人订立保险合同，按照合同收取保险费，并于保险事故发生后承担赔偿或给付保险金责任的人。依照各国通例，保险人只能是依法成立的、经营保险事业的组织，即保险公司。

3. 被保险人　被保险人是保险合同的关系人，是指受医疗保险合同保障，享有保险金请求权的人。医疗保险的被保险人只能是自然人。被保险人既可以是投保人本人，也可以是投保人之外的人。

4. 受益人　受益人又称为保险金受领人，是指由投保人或被保险人在保险合同中指定的，在保险事故发生时享有赔偿请求权的人。投保人或被保险人可以为受益人，也可以指定他人为受益人。

（二）商业医疗保险法律关系的内容

商业医疗保险法律关系的内容是指商业医疗保险法律关系各主体依法享有的权利和应承担的义务。

（1）投保人的权利义务

投保人有权指定和变更受益人，享有医疗保险合同的变更权、解除权，享有申请复效权。投保人有如实告知的义务、缴纳保险费的义务。

（2）保险人的权利义务

保险人享有保险费收取权、保险合同的解除权、代位求偿权。保险人承担保险条款的说明义务、赔偿或给付保险金的义务、保密义务、解约金的返还义务。

（3）被保险人的权利义务

被保险人享有同意权，享有是否同意其他人为其投保的权利，享有保险金请求权，享有指定或变更受益人的权利。被保险人承担如实告知义务、通知义务、不当得利的返还义务和赔偿损失的责任、防止和减少损失的义务。

（4）受益人的权利义务

受益人享有受益权、索赔权。受益人知道保险事故发生后，有义务及时通知保险人。除此之外，受益人一般不承担其他义务。

（三）商业医疗保险法律关系的客体

学术界对于什么是保险法律关系的客体有较大分歧。一种观点认为，保险利益即是保险客体。[1] 另一种观点认为保险法律关系的客体是保险标的。我们认为保险法律关系的客体就是保险标的，医疗保险法律关系的客体是医疗保险法律关系主体的权利义务指向的对象。具体来说，商业医疗保险法律关系的客体是人身，即人的生命和身体。这种保险标的无法用价值来衡量，因而在订立商业医疗保险合同时，预先由双方当事人约定保险金额。

三、商业医疗保险的理赔

（一）商业医疗保险理赔的概念

商业医疗保险理赔是指被保险人发生保险事故后或保险期限届满时受益人要求保险人承担赔偿或给付保险金责任的过程。[2]

（二）商业医疗保险理赔的过程

商业医疗保险理赔主要分为三个阶段：索赔与立案；审核与审理、理算；复核与结案。

1．索赔与立案　索赔是指受益人在被保险人发生保险事故造成人身伤亡时根据保险条款请求保险公司给付保险金的法律行为。被保险人发生了保险合同中保险责任范围内的伤病事故，向保险人报案，并提供相应的证据。

接到报案后，保险公司理赔人员应告知索赔申请需提供的证明材料，由索赔权利人向保险公司提交保险金给付申请书（理赔申请书），提出索赔申请。需要提供的证明材料主要包括保险单或保险凭证、保险金给付申请书、最后一期交纳保费凭证、被保险人或索赔申请人的身份证明、确认保险事故的性质、原因、损失程度等的证明材料等。理赔人员应对案件的性质、合同的有效性、索赔材料等进行初步审查，初审合格符合立案条件的编号立案。

2．调查与审理、理算　理赔人员在作出理赔结论之前，通常会进行调查。调查的主要内容包括：核实出险者身份、年龄；既往病史；不合理医疗；事故的性质和成因；道德危险与欺诈违法行为。

审理是指理赔人员通过对各项单证的审查和对案件事实的调查，确定保险公司应否承担责任以及承担多大的责任，作出理赔结论。理赔人员在核定保险责任的基础上，对于应当承担保险责任的，根据保单规定的保障项目、给付额度和赔偿比例准确计算保险金的给付数额。

3．复核与结案　复核是理赔处理的把关环节，由较高级别的理赔人员对下级理赔人员经办的案件再次进行审核，是理赔的必经程序。目的是及时发现和纠正理赔过程中的错误，保证理赔结论的客观性和公正性。

案件经有相应权限的理赔人员签署同意后，应作出给付或拒赔的决定。拒赔的主要理由是：事故的发生不属于保险人的承保责任范围，属于合同条款规定的责任免除范围，合同效力中止，合同依法无效等。

（三）影响商业医疗保险理赔的主要因素

在商业医疗保险中，保险人为了控制责任往往作出特别规定作为拒赔的理由。

1．除外责任　除外责任是指医疗保险合同中规定的保险人不承担保险责任的具体范围。常见的除外责任是：美容手术（意外伤害所致的除外）；军事行动或战争导致的疾病和伤害；自身原因或犯罪行为所导致的人身伤害；投保人申明的既往状态；其他保险机构已支付医疗费用的或免费的医疗服务项目。

2．免责期　免责期又称为等待期，是保险人为了防止被保险人带病参加医疗保险、降低

---

[1] 贾林青．保险法．北京：中国人民大学出版社，2006：83.
[2] 曹晓兰．医疗保险理论与实务．北京：中国金融出版社，2009：265.

赔付率而作出的规定,即规定在保险合同生效后的一定时期内,被保险人因疾病所致的医疗费用开支和收入损失不属于保险责任范围。但对在免责期内因意外伤害所致的医疗费用和收入损失,保险人要承担给付保险金的责任。合同到期后续保则新合同无等待期的规定。

3. 既往症　既往症是被保险人在商业医疗保险合同生效前就已发生的意外伤害或出现的健康问题。各类商业医疗保险合同大多都有既往症除外的条款。在商业医疗保险合同有效期内,由既往症导致的医疗保险事故将不能获得保险金的给付,但在投保时就已说明的既往情况除外,此时保险人通常采用附加条款的形式进行处理。

4. 免赔额　免赔额又称为自付额,是指被保险人在保险人给付保险金之前必须自己先承担一部分医疗费用。大多数商业医疗保险合同都有关于免赔额的规定。

5. 比例共付　医疗保险中的比例共付又称为比例自付,它要求被保险人和保险人双方都必须支付整个医疗费用的一定比例。通常来讲,医疗费用开支越大,被保险人承担的自付比例越低。

6. 保险金给付的协调　如果被保险人拥有一份以上商业医疗保险合同,可能存在超额投保的情况。为防止被保险人从伤害或疾病事故中不当得利,大多数个人商业医疗保险单都规定有保险金给付的协调条款,可以保证被保险人得到的所有保险金给付不会超过其实际损失的金额。

(贺红强)

问题与思考

1. 试论我国医疗保障体系。
2. 简述医疗救助的适用对象和现实意义。
3. 简述针对优抚对象的医疗补助。
4. 简述商业医疗保险理赔的流程。

参考法律法规

《关于建立城市医疗救助制度试点工作的意见》
《军人抚恤优待条例》
《一至六级残疾军人医疗保障办法》
《优抚对象医疗保障办法》
《关于建立新型农村合作医疗制度的意见》
《劳动保险条例》
《关于公费医疗的几项规定》
《国务院关于建立城镇职工基本医疗保险制度的决定》
《国务院关于开展城镇居民基本医疗保险试点的指导意见》
《社会保险法》

第八章　中国传统医学法律制度

【学习目标】

发展中医药长期以来就是我国卫生工作的方针之一，我国宪法对此作出了明确的规定。通过本章的学习，掌握我国发展中医药事业的方针和原则，中医医疗机构与从业人员管理，中西医结合工作的主要任务等内容。

1. 掌握：传统医药的概念，中医医疗机构设置的要求和审批程序，中医技术人员执业资格的取得条件和程序，开设中医坐堂医诊所的条件和程序，发展中医教育，文化，科研的规定，野生药材资源保护制度，中药品种保护制度，中医药管理机构和法律责任。
2. 理解：传统医药的特点和优势，中医医疗机构执业活动的要求。
3. 了解：传统医药存废之争，我国传统医药立法概况，民族医药发展立法概况，民间医药立法概况。

【相关材料】中医药在战胜 SARS 疫情中发挥独特作用

2002 年底以来，SARS 疫情在全球 32 个国家和地区蔓延。中国内地 SARS 的病死率大大低于其他国家和地区，一个重要原因是中医药得以介入 SARS 治疗过程，中西医两条腿走路发挥了特殊作用。一是降低了死亡率。广州中医药大学附属一院治疗 50 余名 SARS 病人，无一例死亡，医护人员也无一人感染。广州中医介入最早最深，病死率全国最低，不到 4%，全国约为 7%。在北京，中医介入后 SARS 病人死亡率只是介入前的 20%。二是降低了治疗成本。广州中医药大学附属一院以中医为主治疗 SARS 病人，费用最高的一例只有 5000 元。三是减少了后遗症。以中医为主治疗的病人至今尚未发现特别的后遗症。中医治疗 SARS 的特殊作用与意义已被世界卫生组织（WHO）专家认同。[1]

第一节　传统医学立法概述

一、传统医学的基本概念

在 2002 年通过的《世界卫生组织 2002～2005 年传统医学战略》中，对传统医学下了确切的定义："传统医学是传统中医学、印度医学及阿拉伯医学等传统医学系统以及多种形式的民间疗法的统称。"

中国传统医学是中华民族在长期的医疗、生活实践中，不断积累，反复总结而逐渐形成的具有独特理论风格的医学体系。传统医药，包括中医药、民族医药和民间医药三个组成部分。民族医药是中国少数民族的传统医药。民间医药则是蕴藏在民间的养生习俗、单方验方、草医草药和医疗方面的一技之长。它们并不一定受到中医学理论的指导，也很难归属于某个民族医

---

[1] 贾谦，陈永杰，孙光曼，等. 确立中医药战略地位的重要意义. 世界科学技术，2005，7（5）：88.

学，人们一般通称其为"民间草医"。

在中国传统医学中，由于汉族人口最多，文字产生最早，历史文化较长，因此汉族医学在中国以至在世界上的影响最大。在19世纪西方医学传入中国并普及以后，汉族医学又有"中医"之称，以此有别于"西医"，即西方医学。

二、中医存废之争与我国的政策

鸦片战争之后，西方医学传入中国，中医药学在中国的统治地位受到挑战。1925年，北洋政府拒绝将中医课程列入医学教育计划。在1929年国民党政府召开的第一届中央卫生委员会议上，通过了余云岫等人提出的"废止旧医以及扫除医药卫生之障碍案"，另拟"请明令废止旧医学校案"呈教育部，要求在全国禁止中医中药开业，禁止中医办医院、办学校，取缔中医书刊。国民党政府1936年1月颁布的《中医条例》中仍然存在许多歧视、排斥中医药的内容。

虽然新中国党和政府对中医采取了支持的态度，但也发生过波折。新中国成立之初，个别领导认为中医"落后"、"不科学"，片面地提出"中医是封建医，是封建社会的产物，应该随封建社会的消灭而消灭"的错误主张。2006年，有学者提出取消中医，并在网上征集签名活动，个别中国科学院院士支持取消中医的观点。

传统医药是我国各族人民生存发展历史中的智慧结晶，是各民族的宝贵财富。新中国成立后，党和政府对传统医学采取了认同、保护和发展的态度，确保了传统医学的生存与发展。

三、我国传统医药立法发展

据世界卫生组织统计，目前已有54个国家制定了与传统医学相关的法案，92个国家颁布了草药相关法案。

新中国成立初期，制定和通过了一系列法令、条规。1951年，卫生部发布了《中医师暂行条例》和《中医师暂行条例施行细则》、《中医诊所管理暂行条例》和《中医诊所管理暂行条例施行细则》。

1982年《宪法》第21条规定"发展现代医药和我国传统医药"，确立了中医药等传统医药的法律地位，为中医药的发展和法律制度建设提供了根本法律依据。

1984年9月20日公布的《药品管理法》第3条规定："国家发展现代药和传统药，充分发挥其在预防、医疗和保健中的作用。国家保护野生药材资源，鼓励培育中药材。"1987年6月13日卫生部发布了《地区性民间习用药材管理办法（试行）》。1987年10月30日国务院发布《野生药材资源保护管理条例》。1992年10月14日国务院发布《中药品种保护条例》。

1980年卫生部发布《关于中医医院工作若干问题的规定（试行）》，1982年发布《全国中医医院工作条例》。国家中医药管理局1989年1月发布了《中医医疗机构管理办法（试行）》。卫生部、国家中医药管理局2010年发布了《中医坐堂医诊所管理办法（试行）》。

卫生部1999年发布《传统医学师承和确有专长人员医师资格考核考试暂行办法》，2001年发布《关于医师执业注册中执业范围的暂行规定》。

2003年10月1日施行的《中医药条例》，是我国政府颁布的第一部专门的中医药行政法规。它将多年来党和国家对中医药工作的一系列方针、政策，通过国家行政法规的形式固定下来，全面概括了党的中医药政策，对保障和规范中医药事业发展作了较为全面的规定，是中医药事业发展的里程碑。

各地积极推进中医药立法工作，目前全国已有26个省（区、市）出台了中医药地方性法规，为中医药法的制定提供了许多有益的经验。

1983年，全国人大代表董建华就领衔提出了制定中医药法的议案，2005年3月启动了《中医药法》的起草工作。2008年10月，《中医药法》列入了十一届全国人大常委会五年立法规划。

四、民族医药发展与立法

民族医药是中国少数民族的传统医药，包括藏医药、蒙医药、维吾尔医药、傣医药、壮医药、苗医药、瑶医药、彝医药、侗医药、土家族医药、回回医药、朝鲜族医药等。

1958年，全国中医中药工作会议强调"对多民族（蒙医、藏医等）也应予以尊重和重视，做认真的发掘和发扬工作"。1983年卫生部、国家民委印发《关于继承、发扬民族医药学的意见》。1997年中共中央、国务院在《关于卫生改革与发展的决定》中指出："各民族医药是中华民族传统医药的组成部分，要努力发掘、整理、总结、提高，充分发挥其保护各族人民健康的作用。"1997年，国家中医药管理局、国家民委印发《关于进一步加强民族医药工作的意见》等文件，系统地制定了我国民族医药政策。2007年国家中医药管理局等11个部门联合发布了《关于切实加强民族医药事业发展的指导意见》。

在我国的中医药立法中，大多都规定了民族医药适用中医药法规。例如，《中医药条例》第38条第2款规定："民族医药的管理参照本条例执行。"在地方立法中也是如此。例如，《四川省中医药条例》第47条规定："本条例所称的中医药是指中医（含民族医）、中西医结合医、民族医和中药（含民族药）等。"

第二节 中医医学管理法律制度

【相关材料】青蒿素之痛

1973年，我国科学家屠呦呦从我国民间治疗疟疾的草药黄花蒿中成功分离出有效单体，并清晰地解析出其分子结构，将其命名为"青蒿素"。世界卫生组织（WHO）评价其为治疗恶性疟疾唯一真正有效的药物。屠呦呦等于1977年在《科学通报》上公开发表了青蒿素这一新的化学结构，在1979年5月出版的《化学学报》上发表了论文《青蒿素的结构和反应》。青蒿素的结构和合成路线便详尽地公布在世人面前。在当时尚未建立起专利制度的中国，具有如此重大经济价值的药物根本不可能得到有效的专利保护。各国制药企业向世界卫生组织申请认证的青蒿素类药物多达40多个，这些企业无一例外地依赖从中国进口青蒿素原料药。在国际市场中我国制药企业只充当了原料供应者的角色。全世界每年有4亿人感染疟疾，但在每年全球抗疟药约15亿美元的销售额中，中国仅获取不到1%，国内企业基本处于提供原料的产业链底端。在抗疟药物市场繁荣的背后，我国药企陷入尴尬困境的根源之一就在于有关青蒿素的知识产权并未掌握在我国手里。[1]

一、中医医疗机构管理法律制度

（一）中医医疗机构设置的规定

《国务院关于扶持和促进中医药事业发展的若干意见》和《中医药条例》都规定，县级以上地方人民政府要在区域卫生规划中合理规划和配置中医医疗机构。根据2011年国家中医药管理局首次发布的中医基本现状调查报告，中医类别医疗机构37268家，包括3299家医院、1228家门诊部和32741家诊所。

---

[1] 王博，刘桂明. 从青蒿素的教训和经验看专利在国际竞争中的作用. 统计分析，2011，7：42.

《国务院关于扶持和促进中医药事业发展的若干意见》规定，大力加强综合医院、乡镇卫生院和社区卫生服务中心的中医科室建设，积极发展社区卫生服务站、村卫生室的中医药服务。在其他医疗卫生机构中积极推广使用中医药适宜技术。有条件的县以上综合医院和乡镇卫生院、社区卫生服务中心都要设置中医科和中药房，配备中医药专业技术人员、基本中医诊疗设备和必备中药，基本实现每个社区卫生服务站、村卫生室都能够提供中医药服务。推动中医药进乡村、进社区、进家庭。

2009年卫生部、国家中医药管理局发布的《综合医院中医临床科室基本标准》规定：中医科作为医院的一级临床科室。床位数不低于医院标准床位数的5%。设立中医门诊，三级医院门诊开设中医专业不少于3个，二级医院不少于2个。每床至少配备0.4名中医类别医师和0.4名护士。三级医院中医临床科室主任应当具有中医类别副主任医师以上专业技术职务任职资格，从事中医临床专业10年以上。二级医院中医临床科室主任应当具有中医类别主治医师以上专业技术职务任职资格，从事相关专业工作6年以上。主管中医病房的护士长应当系统接受过中医药知识技能岗位培训，能够指导护士开展辨证施护和运用中医护理技术。中医科门诊诊室的面积应满足开展业务的需求。三级医院净使用面积不少于90平方米，二级医院净使用面积不少于60平方米。病房每床建筑面积不少于40平方米，或不低于医院临床科室平均每床建筑面积；每床净使用面积不少于6平方米，或不低于医院临床科室每床平均净使用面积。配备中医相应的专科诊疗设备。

（二）中医医疗机构的标准与审批规定

1. 中医医疗机构的标准 《中医药条例》第8条规定："开办中医医疗机构，应当符合国务院卫生行政部门制定的中医医疗机构设置标准……"

卫生部医疗机构基本标准将传统医学医疗机构分为中医医疗机构、中西医结合医疗机构和民族医医疗机构三大类。这三大类传统医学医疗机构又包括医院、门诊部和诊所三个层次。其中，中医院、中西医结合医院和民族医医院分为三级，分别规定了床位数、科室设置、人员要求、房屋要求、设备要求、规章制度要求、注册资金要求等。中医门诊部、中西医结合门诊部和民族医门诊部规定了科室设置、人员、房屋、设备、规章制度和注册资金等条件。中医诊所、中西医结合诊所和民族医诊所也规定了科室设置、人员、房屋、设备、规章制度和注册资金等条件。

2. 中医医疗机构审批的要求 《中医药条例》规定：开办中医医疗机构，应当符合国务院卫生行政部门制定的中医医疗机构设置标准和当地区域卫生规划，并按照《医疗机构管理条例》的规定办理审批手续，取得医疗机构执业许可证后，方可从事中医医疗活动。

（三）中医医疗机构医疗活动的要求

1. 充分发挥中医药特色和优势 中医药具有独特的生理观、病理观、疾病防治观，注重从整体联系的角度、功能的角度、运动变化的角度来把握生命的规律和疾病的演变。中医药的优势在于临床疗效确切，用药相对安全，服务方式灵活，费用比较低廉，创新潜力巨大和发展空间广阔。中医药在防治疾病、保健、康复中具有独特的作用。中医医疗机构的发展必须充分发挥中医药的这些特色和优势。

2. 遵循中医药自身发展规律 在几千年的发展中，中医药形成了自身的发展规律。例如，中医与中华传统文化密不可分的规律、中医重视临床实践经验总结的规律、师徒传承方式培养人才的规律、个性化治疗使中医适宜于诊所形式的规律、中医中药不分家的规律等。这要求在中医医疗人员分类、医疗机构中药制剂管理等方面作出相应规定，建立符合中医药自身特点和规律的管理制度。

3. 运用传统理论和方法，结合现代科学技术手段 中医医疗机构要以中医药服务为主要手段，不能为了经济利益而削减中医特色科室或有中医特色的诊疗项目，不能盲目依赖现代医学检查手段而忽视中医四诊的应用，对能用中医药为主或可以单独使用中医药解决的病症，要采取中医药的方法。我国医疗机构基本标准要求中医医院的门诊中医药治疗率不低于85%，病房中医药治疗率不低于70%。

（四）中医坐堂医诊所的规定

1. 恢复中医坐堂医诊所的意义　坐堂，是传统中医行医的特有方式。中医坐堂有着一千多年的历史，起始于东汉名医张仲景。传统中医是"医药不分家"，"堂"既是治病场所，也是司药的地方，所以古代中医诊所和中药药店都可以"堂"命名。中医坐堂的模式具有简便、低廉的特点。民国时期，中医成为被取缔对象，中医坐堂的少了，走乡串村的"走方医"多了起来。新中国成立后行政管理体制导致中医"医药分家"，致使坐堂中医逐渐淡出药店。

为了贯彻落实《国务院关于扶持和促进中医药事业发展的若干意见》，卫生部、国家中医药管理局2010年发布了《中医坐堂医诊所管理办法（试行）》和《中医坐堂医诊所基本标准（试行）》，正式恢复了中医坐堂行医的模式。

2. 中医坐堂医诊所设置的条件与程序　根据规定，药品零售药店可申请设置中医坐堂医诊所。申请设置中医坐堂医诊所的药品零售药店，必须同时具备以下条件：①具有《药品经营质量管理规范认证证书》、《药品经营许可证》和营业执照；②具有独立的中药饮片营业区，饮片区面积不得少于50平方米；③中药饮片质量符合国家规定要求，品种齐全，数量不少于400种。

设置中医坐堂医诊所，应按照《医疗机构管理条例》规定的程序审批。

3. 中医坐堂医诊所的执业要求　中医坐堂医诊所的法定代表人由药品零售药店法定代表人担任。中医坐堂医诊所登记注册的诊疗科目应为《医疗机构诊疗科目名录》"中医科"科目下设的二级科目，所设科目不超过2个，并且与中医坐堂医诊所提供的医疗服务范围相对应。中医坐堂医诊所的命名由识别名称和通用名称依次组成。识别名称：药品零售药店名称和地名，通用名称：中医坐堂医诊所。

中医坐堂医诊所聘用的医师，应当是取得医师资格后经注册连续在医疗机构从事5年以上临床工作的中医类别中医执业医师。中医坐堂医诊所可以作为中医类别中医执业医师的第二执业地点进行注册，但至少有1名中医类别中医执业医师的第一执业地点为该诊所。中医类别中医执业医师可以在中医坐堂医诊所执业，其他类别的执业医师不得在中医坐堂医诊所执业。中医坐堂医诊所只能提供中药饮片处方服务，不得超出执业范围；同一时间坐诊的中医类别中医执业医师不得超过2人。

4. 中医坐堂医诊所基本标准　《中医坐堂医诊所基本标准（试行）》作为卫生部1994年印发的《医疗机构基本标准（试行）》的第五部分规定了坐堂医诊所的标准：①中医坐堂医诊所由中药饮片品种不少于400种的药店设置，只允许提供中药饮片处方服务。②人员：至少有1名取得医师资格后经注册连续在医疗机构从事5年以上临床工作的中医类别中医执业医师。③房屋：设置的诊室必须独立隔开，不超过2个。每个诊室建筑面积不少于10平方米。④设备：设有诊察桌、诊察床、诊察凳和与开展诊疗科目相应的设备设施。⑤制定各项规章制度、人员岗位责任制，有国家制定或认可的医疗技术操作规程，并成册可用。

（五）中医广告管理的要求

《中医药条例》第13条规定了对中医广告的要求。发布中医医疗广告，医疗机构应当按照规定向所在地省级人民政府负责中医药管理的部门申请并报送有关材料。省级人民政府负责中医药管理的部门应当自收到有关材料之日起10个工作日内进行审查，并作出是否核发中医医疗广告批准文号的决定。对符合规定要求的，发给中医医疗广告批准文号。未取得中医医疗广告批准文号的，不得发布中医医疗广告。发布的中医医疗广告，其内容应当与审查批准发布的内容一致。

二、发展中医药教育、科研和文化的法律制度

(一)发展中医药教育的规定

1. 中医药人才培养模式　中医药人才的培养有两种不同的模式,一种是我国古代的师承培养模式,另一种是中医药院校教育模式。师承模式的优点是注重中医经典,秉承传统文化;跟师临床实践,培养辩证思维;立足言传身教,传承高尚医德;良师因材施教,增进师生情谊。但也有不能博采众长、培养出的人才水平不一、无法在教育规模及学术创新上有所扩大等弊端。院校教育模式的优点是师资众多、批量培养、充分利用现代技术、培养标准客观等,但也存在弱化中医药经典知识学习、理论和实践脱节、难以因材施教等缺点。目前,我国对中医药人才两种培养模式都给予了合法地位。

2. 中医药院校教育　《中医药条例》规定:国家采取措施发展中医药教育事业。各类中医药教育机构应当加强中医药基础理论教学,重视中医药基础理论与中医药临床实践相结合,推进素质教育。设立各类中医药教育机构,应当符合国家规定的设置标准,并建立符合国家规定标准的临床教学基地。

教育部、国家中医药管理局2008年共同发布了《高等学校本科教育中医学专业设置基本要求(试行)》、《高等学校本科教育中药学专业设置基本要求(试行)》、《高等学校专科教育中医学专业设置基本要求(试行)》、《高等学校专科教育中药学专业设置基本要求(试行)》、《高等学校中医临床教学基地建设基本要求(试行)》、《本科教育中医学专业中医药理论知识与技能基本标准(试行)》。这些规章成为中医药类专业设置、临床教学基地建设等工作的主要依据。

3. 中医药人才的师承培养　师承教育方式是我国传统医学人才培养的模式,具有悠久的历史。《国务院关于扶持和促进中医药事业发展的若干意见》提出,完善中医药师承和继续教育制度,探索不同层次、不同类型的师承教育模式。

《中医药条例》第16条规定了中医药专家学术经验和技术专长继承制度。承担中医药专家学术经验和技术专长继承工作的指导老师应当具备下列条件:①具有较高学术水平和丰富的实践经验、技术专长和良好的职业品德;②从事中医药专业工作30年以上并担任高级专业技术职务10年以上。中医药专家学术经验和技术专长继承工作的继承人应当具备下列条件:①具有大学本科以上学历和良好的职业品德;②受聘于医疗卫生机构或者医学教育、科研机构从事中医药工作,并担任中级以上专业技术职务。

卫生部发布的《传统医学师承和确有专长人员医师资格考核考试办法》规定了师承教育的要求。师承人员应当具有高中以上文化程度或者具有同等学力,并连续跟师学习满3年。师承人员的指导老师应当同时具备下列条件:①具有中医类别中医或者民族医专业执业医师资格;②从事中医或者民族医临床工作15年以上,或者具有中医或者民族医副主任医师以上专业技术职务任职资格;③有丰富的临床经验和独特的技术专长;④遵纪守法,恪守职业道德,信誉良好;⑤在医疗机构中坚持临床实践,能够完成教学任务。师承人员应当与指导老师签订由国家中医药管理局统一式样的师承关系合同。师承关系合同应当经县级以上公证机构公证,跟师学习时间自公证之日起计算。指导老师同时带教师承人员不得超过两名。

(二)发展中医药科研的规定

1. 中医药的继承　继承是对原有事物的接受。中医药的继承就是对我国中医药传统理论、方法的接受。其中,挖掘中医药传统理论和方法是一个重要的方面。目前,我国开展了中医药古籍普查登记,建立综合信息数据库和珍贵古籍名录,整理、出版、研究和利用;整理历代医家医案,研究其学术思想、技术方法和诊疗经验,总结中医药学重大学术创新规律;依托现有中医药机构设立一批当代名老中医药专家学术研究室,系统研究其学术思想、临床经验和技术

专长；整理研究传统中药制药技术和经验，形成技术规范；挖掘整理民间医药知识和技术，加以总结和利用。《中医药条例》规定，捐献对中医药科学技术发展有重大意义的中医诊疗方法和中医药文献、秘方、验方的，参照《国家科学技术奖励条例》的规定给予奖励。

2．中医药的创新　创新是指人们为了发展的需要，运用已知的信息，不断突破常规，发现或产生某种新颖、独特的有社会价值或个人价值的新事物、新思想的活动。中医药的创新就是在传统中医药学的基础上，创新中医药的理论和方法。包括建立符合中医药特点的科技创新体系、评价体系和管理体制，改革和创新项目组织管理模式，整合中医药科技资源。推进中医药科研基地特别是国家和省级中医临床研究基地建设。支持中医药科技创新，开展中医药基础理论、诊疗技术、疗效评价等系统研究，推动中药新药和中医诊疗仪器、设备的研制开发，加强重大疾病的联合攻关和常见病、多发病、慢性病的中医药防治研究等。

3．中医药科学研究　《中医药条例》规定，国家发展中医药科学技术，将其纳入科学技术发展规划，加强重点中医药科研机构建设。县级以上地方人民政府应当充分利用中医药资源，重视中医药科学研究和技术开发，采取措施开发、推广、应用中医药技术成果，促进中医药科学技术发展。中医药科学研究应当注重运用传统方法和现代方法开展中医药基础理论研究和临床研究，运用中医药理论和现代科学技术开展对常见病、多发病和疑难病的防治研究。中医药科研机构、高等院校、医疗机构应当加强中医药科研的协作攻关和中医药科技成果的推广应用，培养中医药学科带头人和中青年技术骨干。

4．中医药知识产权保护　《中医药条例》规定，重大中医药科研成果的推广、转让、对外交流，中外合作研究中医药技术，应当经省级以上人民政府负责中医药管理的部门批准，防止重大中医药资源流失。属于国家科学技术秘密的中医药科研成果，确需转让、对外交流的，应当符合有关保守国家秘密的法律、行政法规和部门规章的规定。

我国中药研究成果的保护形式主要有国家保密保护、商标保护、中药品种保护、专利保护、商业秘密保护、原产地域产品保护及新药保护等。其中中药保密品种是根据《保守国家秘密法》、《科学技术保密规定》等有关规定，已列入国家秘密技术项目的中药品种，其处方、剂量、制法等内容是保密的，为目前国内对中药的最高级别保护。保密级别划分为绝密级（长期保密）、机密级（一般保密期限不少于20年）和秘密级（一般保密期限不少于5年）。国家医药管理局发布有《中西药品、医疗器械科学技术保密细则》，详细规定了保密范围、密级划分和保密措施。

（三）发展中医药文化的规定

中医药根植于中国文化的沃土之中，中医药文化是我国传统文化的重要组成部分。中医药文化是中华民族优秀传统文化中体现中医药本质与特色的精神文明和物质文明的总和。中医药文化的核心价值主要体现在中医药的本体观、价值观、道德观和思维方式等方面。中医药文化包括中医药文物、古迹保护、中医药非物质文化遗产、传统职业道德等。《国务院关于扶持和促进中医药事业发展的若干意见》明确提出，将中医药文化建设纳入国家文化发展规划。2007年国家中医药管理局发布了《关于加强中医医院中医药文化建设的指导意见》，2012年国家中医药管理局发布了《中医药文化建设"十二五"规划》。

三、中医医疗技术人员执业管理的法律制度

按照我国法律法规的规定，传统医学技术人员主要有中医医师（包括中医助理医师）、中药师。中药师按照《执业药师资格制度暂行规定》参加考试，目前无特别的制度规定。但中医师的执业资格有特别的制度规定。

（一）具有医学学历人员执业资格的取得

《中医药条例》规定，中医从业人员，应当依照有关卫生管理的法律、行政法规、部门规

章的规定通过资格考试,并经注册取得执业证书后,方可从事中医服务活动。因此,中医师资格考试是取得执业资格的法定渠道。具有《执业医师法》规定学历条件的人员,按照《执业医师法》的要求,参加执业医师资格考试即可。

(二)师承和确有专长人员执业资格的取得

《传统医学师承和确有专长人员医师资格考核考试办法》规定,对师承人员要进行出师考核。同时具备依法从事传统医学临床实践5年以上和掌握独具特色、安全有效的传统医学诊疗技术的,可以申请确有专长考核。

对以师承方式学习传统医学或者经多年传统医学临床实践医术确有专长、不具备医学专业学历的人员如何参加执业医师资格考试,《执业医师法》第11条规定,以师承方式学习传统医学满三年或者经多年实践医术确有专长的,经县级以上人民政府卫生行政部门确定的传统医学专业组织或者医疗、预防、保健机构考核合格并推荐,可以参加执业医师资格或者执业助理医师资格考试。

第三节 传统药管理法律制度

一、野生药材资源管理法律制度

野生中药材是中药饮片和中成药的主要原材料,保护并合理开发利用野生中药材资源,确保其永续利用,是发展中医药事业的基础。1987年国务院颁布了《野生药材资源保护管理条例》。

(一)野生药材资源的分类

国家重点保护的野生药材物种分为三级:一级:濒临灭绝状态的稀有珍贵野生药材物种,例如虎骨、豹骨、羚羊角等四种;二级:分布区域缩小、资源处于衰竭状态的重要野生药材物种,例如麝香、人参等27种;三级:资源严重减少的主要常用野生药材物种,例如贝母、龙胆等45种。

(二)保护措施

1. 限制采猎措施 禁止采猎一级保护野生药材物种。采猎、收购二、三级保护野生药材物种的,必须按照批准的计划执行。采猎二、三级保护野生药材物种的,不得在禁止采猎区、禁止采猎期进行采猎,不得使用禁用工具进行采猎。采猎二三级保护野生药材物种的,必须持有采药证。取得采药证后,需要进行采伐或狩猎的,必须分别向有关部门申请采伐证或狩猎证。

2. 建立国家或地方野生药材资源保护区 进入野生药材资源保护区从事科研、教学、旅游等活动的,必须经该保护区管理部门批准。进入设在国家或地方自然保护区范围内野生药材资源保护区的,还须征得该自然保护区主管部门的同意。

3. 野生药材资源经营限制 一级保护野生药材物种属于自然淘汰的,其药用部分由各经药材公司负责经营管理,但不得出口。二、三级保护野生药材物种属于国家计划管理的品种,由中国药材公司统一经营管理;其余品种由产地县药材公司或其委托单位按照计划收购。二、三级保护野生药材物种的药用部分,除国家另有规定外,实行限量出口。

4. 促进中药资源可持续发展 近年来,我国开始对药用野生动植物资源实行动态监测和定期普查,建立药用野生动植物资源种质基因库、保护区和抚育区,鼓励药用野生动植物实现人工种植养殖,支持开展珍稀濒危药用野生动植物的繁育及其相关研究。实行药用野生动植物资源分级保护和合理开发利用制度。支持道地中药材良种繁育和品牌培育,扶持道地中药材生产基地建设,建立道地中药材评价体系。

二、地区性民间习用中药材管理法律制度

（一）地区性民间习用中药材的概念

地区性民间习用中药材系指国家药品标准未收载，而在局部地区有多年生产、使用习惯（其他地区没有使用习惯）的药材品种。中药材的产地十分讲究，被称为道地中药材。但是，由于地域的、历史的和文化的原因，仍有一部分药材未纳入国家药品标准管理，它们在我国局部地区有一定的使用习惯，即所谓的地区性民间习用中药材。

（二）地区性民间习用中药材的管理措施

1. 制定地方标准　各省级卫生行政部门对本地区内确有历史习用的药材品种，应制定地方药材标准。对已经制定地方药材标准的品种，应将其标准和起草说明送国家药典委员会备案。对新发现的中药材应按"新药审批办法"的规定办理。

2. 使用地区限制　经批准的地区性民间习用中药材，只准在本地区内销售使用。调往外省销售使用的，必须经调入省卫生行政部门批准。地区性习用中药材在本地区内调拨使用的，也应按照《药品管理法》第36条的规定，在每件包装上，必须注明品名、产地、日期、调出单位，并附有质量合格的标志。

3. 原料使用的管理　用地区性习用中药材为原料生产中成药制剂的，必须按"新药（中药）审批办法"《有关中药问题的补充规定和说明》中的有关规定办理。

三、中药品种保护法律制度

《药品管理法》第36条规定，国家实行中药品种保护制度。1992年国务院颁布了《中药品种保护条例》。该条例适用于没有申请药品专利的中药品种。

（一）中药保护品种等级的划分和审批

1. 保护范围　受保护的中药品种，必须是列入国家药品标准的品种。经国务院卫生行政部门认定，列为省级药品标准的品种，也可以申请保护。

2. 保护分级　受保护的中药品种分为一、二级。符合下列条件之一的中药品种，可以申请一级保护：①对特定疾病有特殊疗效的；②相当于国家一级保护野生药材物种的人工制成品；③用于预防和治疗特殊疾病的。符合下列条件之一的中药品种，可以申请二级保护：①符合一级保护条件的品种或者已经解除一级保护的品种；②对特定疾病有显著疗效的；③从天然药物中提取的有效物质及特殊制剂。

（二）申请办理中药品种保护的程序

1. 申请　中药生产企业对其生产的符合规定的中药品种，可以向所在地省级中药生产经营主管部门提出申请，经中药生产经营主管部门签署意见后转送同级卫生行政部门，由省级卫生行政部门初审签署意见后，报国务院卫生行政部门。特殊情况下，中药生产企业也可以直接向国家中药生产经营主管部门提出申请，由国家中药生产经营主管部门签署意见后转送国务院卫生行政部门，或者直接向国务院卫生行政部门提出申请。

2. 评审　国务院卫生行政部门委托国家中药品种保护审评委员会负责对申请保护的中药品种进行审评。国家中药品种保护审评委员会应当自接到申请报告书之日起六个月内做出审评结论。

3. 颁发证书　根据国家中药品种保护审评委员会的审评结论，由国务院卫生行政部门征求国家中药生产经营主管部门的意见后决定是否给予保护。批准保护的中药品种，由国务院卫生行政部门发给《中药保护品种证书》。

（三）中药保护品种的保护规定

1. 保护期限　中药一级保护品种分别为三十年、二十年、十年。中药二级保护品种为

七年。

2．保护措施　中药一级保护品种的处方组成、工艺制法，在保护期限内由获得《中药保护品种证书》的生产企业和有关的药品生产经营主管部门、卫生行政部门及有关单位和个人负责保密，不得公开。向国外转让中药一级保护品种的处方组成、工艺制法的，应当按照国家有关保密的规定办理。

中药一级保护品种因特殊情况需要延长保护期限的，由生产企业在该品种保护期满前六个月，依照规定的程序申报。延长的保护期限由国务院卫生行政部门根据国家中药品种保护审评委员会的审评结果确定；但是，每次延长的保护期限不得超过第一次批准的保护期限。中药二级保护品种在保护期满后可以延长七年。申请延长保护期的中药二级保护品种，应当在保护期满前六个月，由生产企业依照规定的程序申报。

被批准保护的中药品种，在保护期内限于由获得《中药保护品种证书》的企业生产，但临床用药紧缺的中药保护品种除外。国务院卫生行政部门批准保护的中药品种如果在批准前是由多家企业生产的，其中未申请《中药保护品种证书》的企业应当自公告发布之日起六个月内向国务院卫生行政部门申报，并依照规定提供有关资料，由国务院卫生行政部门指定药品检验机构对该申报品种进行同品种的质量检验。国务院卫生行政部门根据检验结果，可以采取以下措施：①对达到国家药品标准的，经征求国家中药生产经营主管部门意见后，补发《中药保护品种证书》；②对未达到国家药品标准的，依照药品管理的法律、行政法规的规定撤销该中药品种的批准文号。

对临床用药紧缺的中药保护品种，根据国家中药生产经营主管部门提出的仿制建议，经国务院卫生行政部门批准，由仿制企业所在地的省、自治区、直辖市卫生行政部门对生产同一中药保护品种的企业发放批准文号。该企业应当付给持有《中药保护品种证书》并转让该中药品种的处方组成、工艺制法的企业合理的使用费，其数额由双方商定；双方不能达成协议的，由国务院卫生行政部门裁决。

第四节　管理机构与法律责任

一、中医药管理机构

（一）中医药管理机构

《中医药条例》规定，国务院中医药管理部门负责全国中医药管理工作。国务院有关部门在各自的职责范围内负责与中医药有关的工作。县级以上地方人民政府负责中医药管理的部门负责本行政区域内的中医药管理工作。县级以上地方人民政府有关部门在各自的职责范围内负责与中医药有关的工作。

（二）中医药管理机构的职责

国家中医药管理局的主要职责是：①拟订中医药和民族医药事业发展的战略、规划、政策和相关标准，起草有关法律法规和部门规章草案，参与国家重大中医药项目的规划和组织实施。②承担中医医疗、预防、保健、康复及临床用药等的监督管理责任。规划、指导和协调中医医疗、科研机构的结构布局及其运行机制的改革。拟订各类中医医疗、保健等机构管理规范和技术标准并监督执行。③负责监督和协调医疗、研究机构的中西医结合工作，拟订有关管理规范和技术标准。④负责指导民族医药的理论、医术、药物的发掘、整理、总结和提高工作，拟订民族医医疗机构管理规范和技术标准并监督执行。⑤组织开展中药资源普查，促进中药资源的保护、开发和合理利用，参与制定中药产业发展规划、产业政策和中医药的扶持政策，参与国家基本药物制度建设。⑥组织拟订中医药人才发展规划，会同有关部门拟订中医药专业技术人员资格标准并组织实施。会同有关部门组织开展中医药师承教育、毕业后教育、继续教育和相关人才培训工作，参与指导中医药教育教学改革，参与拟订各级各类中医药教育发展规划。⑦拟订和组织实施中医药科学研究、技术开发规划，指导中医药科研条件和能力建设，管理国家重点中医药科研项目，促进中医药科技成果的转化、应用和推广。⑧承担保护濒临消亡的中医诊疗技术和中药生产加工技术的责任，组织开展对中医古籍的整理研究和中医药文化的继承发展，提出保护中医非物质文化遗产的建议，推动中医药防病治病知识普及。⑨组织开展中医药国际推广、应用和传播工作，开展中医药国际交流合作和与港澳台的中医药合作。⑩承办国务院及国家卫计委交办的其他事项。

二、法律责任

（一）中医药管理人员的责任

负责中医药管理的部门的工作人员在中医药管理工作中违反规定，利用职务上的便利收受他人财物或者获取其他利益，滥用职权，玩忽职守，或者发现违法行为不予查处，造成严重后果，构成犯罪的，依法追究刑事责任；尚不够刑事处罚的，依法给予降级或者撤职的行政处分。

（二）中医医疗机构的责任

中医医疗机构违反规定，有下列情形之一的，由中医药管理部门责令限期改正；逾期不改正的，责令停业整顿，直至由原审批机关吊销其医疗机构执业许可证、取消其城镇职工基本医疗保险定点医疗机构资格，并对负有责任的主管人员和其他直接责任人员依法给予纪律处分：①不符合中医医疗机构设置标准的；②获得城镇职工基本医疗保险定点医疗机构资格，未按照规定向参保人员提供基本医疗服务的。

未经批准擅自开办中医医疗机构或者未按照规定通过执业医师或者执业助理医师资格考试取得执业许可，从事中医医疗活动的，依照《执业医师法》和《医疗机构管理条例》的有关规定给予处罚。

（三）中医药教育机构的责任

中医药教育机构违反规定，有下列情形之一的，由中医药管理部门责令限期改正；逾期不改正的，由原审批机关予以撤销：①不符合规定的设置标准的；②没有建立符合规定标准的临床教学基地的。

（四）中医药资源流失和技术泄密的责任

违反规定，造成重大中医药资源流失和国家科学技术秘密泄露，情节严重，构成犯罪的，依法追究刑事责任；尚不够刑事处罚的，由中医药管理部门责令改正，对负有责任的主管人员和其他直接责任人员依法给予纪律处分。

（五）损毁或破坏中医药文献的责任

违反规定，损毁或者破坏中医药文献的，由中医药管理部门责令改正，对负有责任的主管人员和其他直接责任人员依法给予纪律处分；损毁或者破坏属于国家保护文物的中医药文献，情节严重，构成犯罪的，依法追究刑事责任。

（六）违反中医广告规定的责任

篡改经批准的中医医疗广告内容的，由原审批部门撤销广告批准文号，1年内不受理该中医医疗机构的广告审批申请。负责中医药管理的部门撤销中医医疗广告批准文号后，应当自作出行政处理决定之日起5个工作日内通知广告监督管理机关。广告监督管理机关应当自收到负责中医药管理的部门通知之日起15个工作日内，依照《广告法》的有关规定查处。

问题与思考

1. 试述我国传统医药的法律地位。
2. 试述我国中医执业医师执业资格的条件与程序。
3. 试述我国中医医疗机构的设置要求。
4. 试述我国开设中医坐堂医诊所的条件。
5. 试述我国中医医疗机构执业的特殊要求。
6. 试述我国野生药材资源分类与保护措施。
7. 试述我国中药保护品种的保护措施。

参考法律法规

《执业医师法》
《药品管理法》
《中医药条例》
《野生药材资源保护管理条例》
《中药品种保护条例》
《医疗机构管理条例》
《国务院关于扶持和促进中医药事业发展的若干意见》
《中医医疗机构管理办法（试行）》
《中医坐堂医诊所管理办法（试行）》
《全国老中医药专家学术经验继承工作管理暂行规定》
《传统医学师承和确有专长人员医师资格考核考试办法》
《地区性民间习用药材管理办法（试行）》
《医疗机构基本标准（试行）》

（蔡维生）

第九章 医学科研与新技术法律制度

【学习目标】

通过本章的学习，使学生熟悉人类辅助生殖、基因工程、器官移植、脑死亡、安乐死的相关法律、法规，能遵守医学科研与新技术的法律规定，并能运用法律、法规分析和解决医学科研与新技术在实践中遇到的问题。

1. 掌握：人类辅助生殖技术的概念；基因工程的含义；器官移植的含义；脑死亡的概念；安乐死的概念。掌握我国器官移植的法律规定。
2. 熟悉：人类辅助生殖技术、基因工程、器官移植、脑死亡与安乐死的相关法律制度。
3. 了解：人类辅助生殖技术、基因工程、器官移植、脑死亡、安乐死等法律制度在实践中的应用。

第一节 人类辅助生殖技术相关法律制度

【相关材料】

2004年2月，王霞（化名）与丈夫在广东省妇幼保健院的集爱中心培育胚胎，准备做胚胎移植生育儿女。2月28日进行的首次移植失败。不幸的是，5月12日，丈夫因为车祸身亡，医院则以违反《人类辅助生殖技术规范》及《人类辅助生殖技术和人类精子库伦理原则》为由，终止了其第二次胚胎移植。为此，王霞先后多次向广东省卫生厅、卫生部发出申请函。10月13日，经过卫生专家组的讨论，她终于获准再进行第二次胚胎移植。这则国内首例的胚胎移植案例至今仍然是一个人们关注的话题。[1]

一、人类辅助生殖技术概述

人类辅助生殖技术（Assisted Reproductive Technology，ART），是指运用医学技术和方法对人的卵子、精子、受精卵或胚胎进行人工操作，以达到受孕的目的，包括人工授精和体外受精-胚胎移植技术（即俗称的试管婴儿），以及各种衍生技术。

（一）人工授精

人工授精（Artificial Insemination，AI），是指用人工方式将精液注入女性体内以取代性交途径使其妊娠的一种方法。[2] 根据精液来源不同，分为夫精人工授精（Artificial Insemination by Husband Semen，简称AIH），即精子来自丈夫，以及供精人工授精（Artificial Insemination by Donor Semen，简称AID），即精子来自丈夫以外的男性。

（二）体外受精

体外受精（In Vitro Fertilization，IVF），是指将精子和卵子在体外人工控制的环境中完成

---

[1] 曾文琼. 卫生部特批可为亡夫生子追踪. 寡妻生子不能效仿[EB/OL]. 2004-10-30 [2013-06-08]. http://news.qq.com/a/20041030/000159.htm.
[2] 卫生部. 人类辅助生殖技术管理办法. [2006-06-02]. http://www.moh.gov.cn/mohbgt/pw10604/200804/27608.shtml

受精过程后继续培养，至形成早期胚胎时，再转移到子宫内着床使女性妊娠的辅助生殖技术。体外受精-胚胎移植及其衍生技术目前主要包括体外受精-胚胎移植、配子或合子输卵管内移植、卵胞浆内单精子显微注射、胚胎冻融、植入前胚胎遗传学诊断等。

（三）代孕

代孕也称为代理母亲、"借腹生子"，是指将他人的受精卵植入代理母亲的子宫或用人工授精方法使该妇女妊娠，分娩后婴儿由委托人收养。代孕可以分为以下几种情况：一是精子和卵子来自委托人夫妻双方，只是借用了代理母亲的子宫；二是精子来自丈夫，而卵子由代理母亲提供，通过人工授精或者体外受精方式由代理母亲怀孕生育，该种情况下妻子可能知情也可能不知情；三是精子来自供精者，卵子由妻子提供，体外受精后，由代理母亲怀孕生育。从严格意义上讲，代孕并不是一种单独的或新的生殖技术，从技术层面而言都属于人工授精或体外受精技术，但是由于代理母亲的介入，使亲子关系的认定、代孕所生子女的法律地位确定等问题十分复杂。

（四）克隆

克隆是英文"Clone"的音译，而"Clone"一词则源于希腊文"Klone"，原意是用于扦插的嫩枝。美国《韦伯词典》关于"Clone"的生物学解释有两种：(1) 通过无性生殖的方法繁殖个体的技术；(2) 一个个体从另一个体的单一体细胞发育而成，并同时与向它提供遗传物质的个体保持完全相同的基因。DNA片段、细胞（包括细菌）、病毒、动物、植物等都可以成为克隆的对象。根据实施克隆的目的不同，可以将克隆分为生殖性克隆（reproductive cloning）和医疗研究性克隆（cloning for biomedical research）。

作为人类辅助生殖技术的克隆就是生殖性克隆，是指从人的身上提取一个单细胞，而无需精子和卵子的结合，用人工的方法将其培养成胚胎后植入女性体内，就可孕育出新的个体，即无性克隆。实践中，克隆动物的成功率还很低，但是随着其发展，克隆人可能会成为现实，因此引发了对克隆人伦理的巨大争论。目前，各国普遍明文禁止克隆人。

二、人类辅助生殖技术带来的法律问题

人类辅助生殖技术的产生与发展给许多有生育障碍的夫妇带来了福音，也使得患有遗传性疾病或有遗传性疾病家族史的夫妇有机会杜绝其后代再患此病的危险，然而它也给人类的伦理和法律带来了巨大的挑战。人类辅助生殖技术首要的法律问题就是亲子关系的确认。

（一）人工授精带来的法律问题

在夫精人工授精中，由于精子和卵子均来自夫妻双方，因此其生物学意义上的父母和法律上的父母是统一的，对此并无争议。但其还面临不少法律的难题，例如：①婚姻关系存续期间，丈夫由于夫妻关系不和等原因不再同意妻子采用AIH的方法怀孕，而妻子还是坚持用冷冻的精子怀孕并生下孩子，那么丈夫是否为孩子的父亲？他能不能否定这种亲子关系？②丈夫死亡，妻子在其死后利用前夫的冷冻精子进行人工授精怀孕并生下孩子，该子女是否是其前夫的婚生子女？能否继承前夫的遗产？

供精人工授精中，精子来自丈夫以外的男性，因此AID子女的生物父亲和社会父亲是相分离的，那么谁是AID子女的法律父亲？

各国对AID子女的地位确定在司法实践中不断摸索和发展。早期的英国判例认为供精人工授精违反公序良俗，构成通奸罪。2003年12月以前意大利认为可以进行供精人工授精，但2003年12月10日意大利参议院通过投票表决，禁止供精人工授精。澳大利亚法律规定，生育婴儿的母亲及其丈夫为供精人工授精生育的婴儿的父母。在美国，早期判例认为AID子女为生母的非婚生子女，在1948年1月美国纽约州最高法院对斯坦德案件的判决中对AID子女法律地位的看法有了根本性的改变。此案中，原告斯坦德太太提出由于其丈夫无生育能力，应

否认他对其 AID 子女的权利。但法官认为，如果原告胜诉，其子女的法律地位为非婚出生，那么就会影响多数 AID 子女的法律地位，这是不人道的，违反了社会最高准则。因此，AID 子女的生母之夫虽然不是该子女生物学上的父亲，但为了维护 AID 子女的利益，仍应认定该子女为他的婚生子女。这一判例在确定 AID 子女的法律地位上具有历史性意义。1972 年美国《统一亲子法》规定，在 AID 生育中，如果符合知情同意原则，丈夫书面承诺并经夫妻双方签字，法律将丈夫视为婴儿的自然父亲。

目前，在 AID 子女的法律地位这一问题上，学界和各国较为一致的观点和实践做法是 AID 子女与其生物学父亲无法律上的亲子关系，而 AID 子女生母之夫根据其所为的同意的意思表示，与 AID 子女形成法律上的父子关系。AID 子女与婚生子女具有同等法律地位的前提是 AID 子女的生母与生母之夫协商一致，生母之夫同意实施 AID。否则，生母之夫与 AID 子女间无亲子关系，AID 子女为生母的非婚生子女。

（二）体外受精带来的法律问题

体外受精中，根据精子来源的不同，可以分为以下几种情况：

1. 在夫妻双方一致同意的前提下，使用妻子的卵子和丈夫的精子在体外受精后将胚胎植入妻子子宫内妊娠。该情况下出生的子女，其生物学父母就是其法律上的父母。

2. 在夫妻双方一致同意的前提下，使用妻子的卵子和供精者的精子在体外受精后将胚胎植入妻子子宫内妊娠。显然，这种情况与供精人工授精的区别仅仅在于胚胎是在体内形成还是在体外形成，因此该情况下出生的子女的法律地位与 AID 子女相同。

（三）代孕带来的法律问题

对于代孕中亲子关系的认定，各国有以下不同的做法：

1. 生者为母　生育婴儿的妇女（即代理母亲）与其丈夫是婴儿的父母，而不论精子、卵子由谁提供。澳大利亚采此做法。

2. 遗传学父母为婴儿父母　精子提供者和卵子提供者为婴儿的法律父母，而无论两者间是否存在婚姻关系。英国采此做法。

3. 根据契约的约定确定亲子关系　即委托方夫妇为代理母亲所生婴儿的父母。美国新泽西、密执安等州采此做法，规定婴儿的父母是委托方夫妇。

除了亲子关系认定、代孕所生子女的法律地位等问题外，代孕还冲击和拷问着现代文明与法的价值的底线——人的主体地位。尽管国外有小部分案例是基于亲情而进行的代孕，但是大部分代孕是以金钱交易为基础的，即委托方夫妻给付代理母亲一定金额的报酬，这在实质上导致了代理母亲与因此而出生的婴儿被视为商品，这与现代文明与现代法律价值中人作为主体而不是客体这一理念是根本违背的。基于亲情而进行的代孕也存在许多伦理问题，例如母亲替女儿代孕、姐姐替妹妹怀孕等带来了亲属关系的极度混乱。因此，许多国家立法禁止代理母亲。我国也禁止医疗机构和医务人员实施代孕技术，但法律对于代孕所生婴儿的亲子关系认定、法律地位等并没有进行规定。

（四）克隆带来的法律问题

随着生命技术的飞速发展，科幻小说、科幻电影中的"克隆人"成为现实的可能，离人类越来越近，而克隆人也引发了伦理界和法律界的极大争论。

1. 克隆人会对人的主体地位造成冲击，导致人沦为工具，从而无法实现对克隆人人格尊严的保护　如果一些别有用心的人运用克隆技术来克隆人或者出于"补偿心态"而实施克隆，例如父母痛失爱子因而克隆一个爱子，那么克隆人就会成为工具，这将导致人的价值和尊严荡然无存。从伦理学的角度来看，这些克隆人导致人自身不被看做是目的，而沦落为一种工具，这无疑是对人的尊严的一种挑战。法国国家医学科学院在 1997 年 6 月 5 日通过决议，认为"克隆体必将构成对人类尊严的侵犯，他将不再被视为一种目的而成为一种手段，我们不再称其为人，而将其视为一种可供操作的物件，它还与以多样性为依托的生物法则格格不入，正是这一多样性促进了人类的进步"。

2. 克隆人会使得法律主体产生混乱　从法律的角度来看，克隆人是人而不是物，因此克隆人应具有自然人的法律主体资格。但两个以上有同样特征的人并存，将导致无法从法律角度确定行为主体。此外，克隆人与细胞核的供体关系十分混乱。克隆人与细胞核的供体既不是亲子关系，也不是兄弟姐妹的同胞关系，他们类似于"一卵多胎同胞"，那么克隆人对谁的遗产具有继承权？而如果采用匿名或无名体细胞核，克隆人一出生就会成为"生物孤儿"，这种做法是否符合伦理学和法的价值？如果无名或匿名体细胞核大量应用加上卵子库的开放，就很有可能孕育一大批同父同母群、同父异母群和同母异父群，甚而近亲配偶群，并随着时间的推移形成恶性循环。同时，克隆人会导致人类基因库的单一性，丧失多样性对人类意味着将面临灭顶之灾。

3. 克隆人将击碎家庭伦理关系　克隆人技术使生育与男女婚姻紧密联系的传统模式发生改变，降低了自然生殖过程在夫妇关系中的重要性，进而冲击传统的家庭观以及权利与义务观，而且夫妻、父母子女等基本的社会人伦关系也会相应消失。从哲学上讲，这是对人性的否定。

由于克隆人存在诸多问题，因此目前许多国际组织和国家都反对开展克隆人的研究。1997年3月11日，世界卫生组织发表声明表示，任何利用克隆技术复制人类的行为都是不能接受的，并建议这方面的实验也应禁止。1997年11月，联合国教科文组织通过了《世界人类基因组与人权宣言》的文件，明确反对用克隆技术繁殖人。1997年6月，法国总统希拉克在八国首脑会议上，提议禁止克隆人，该提议被作为一项内容写入了八国首脑宣言。同年10月，欧盟理事会一致决议禁止制作克隆人。1998年1月20日，法国、丹麦、芬兰等19个欧洲国家在巴黎签署了《禁止克隆人协议》，禁止用任何技术创造与任何生者或死者基因相似的人，这是人类第一份禁止克隆人的法律文件。

2001年，法国和德国提议联合国通过具有法律效力的反对克隆人的全球条约，并获得大多数国家支持。但是，2004年布什政府提出将禁止克隆人的范围扩大，包括禁止一切治疗性人类胚胎克隆。因此，国际社会分歧加大，该争论持续了4年之久，签署全球条约的努力失败。面对分歧，联合国负责条约拟定的法律委员会放弃签署条约的决定，改为发表不具有法律约束力的声明的方式。2005年，第59届联合国大会批准通过了没有法律约束力的《联合国关于人类克隆的宣言》，敦促各国政府禁止一切形式的人类克隆，包括用于干细胞研究的人类胚胎克隆。中国、英国、比利时、新加坡、法国、印度、韩国等赞成治疗性克隆的国家投了反对票，因为这些国家认为，治疗性克隆这项先进技术为治愈多种疑难杂症找到了希望，例如，治疗癌症和糖尿病等。新加坡国会于2004年通过《人类克隆和其他被禁止活动法案》，禁止克隆人，但允许治疗性克隆研究。

我国反对生殖性克隆人试验，但支持治疗性克隆研究。2001年卫生部发布了《人类辅助生殖技术规范》，明确规定禁止克隆人。2003年科学技术部、卫生部发布的《人胚胎干细胞研究伦理指导原则》第4条规定："禁止进行生殖性克隆人的任何研究"。2010年施行的《专利审查指南（2010）》明确规定，克隆的人或克隆人的方法等发明创造违反社会公德，不能被授予专利权。

三、人类辅助生殖技术在我国的应用及立法

目前，我国规范人类辅助生殖技术的法律文件包括《人类辅助生殖技术管理办法》、《人类辅助生殖技术规范》、《人类精子库基本标准和技术规范》和《人类辅助生殖技术和人类精子库伦理原则》。

（一）人类辅助生殖技术的开展实行行政许可制度

1．拟开展人类辅助生殖技术的医疗机构必须由所在地省级卫生行政部门根据区域规划、医疗需求予以初审，并上报国家卫计委批准筹建。筹建完成后由国家卫计委组织专家进行预准入评审，试运行一年后再进行正式准入评审。

2．申请实施人类辅助生殖技术的医疗机构必须是持有《医疗机构执业许可证》的综合性医院、专科医院或持有《计划生育技术服务机构执业许可证》的省级以上（含省级）的计划生育技术服务机构。同时，必须符合以下条件：具有与开展的人类辅助生殖技术相适应的卫生专业技术人员和其他专业技术人员；具有与开展的技术相适应的技术和设备；设有医学伦理委员会；符合卫生部制定的《人类辅助生殖技术规范》的要求。

3．申请实施夫精人工授精技术的医疗机构，由省、自治区、直辖市卫生行政部门审查批准证书并报国家卫计委备案。申请实施供精人工授精技术以及体外受精-胚胎移植及其衍生技术的医疗机构，由国家卫计委审查批准。

4．人类辅助生殖技术批准证书每2年校验一次，校验由原审批机关办理。校验合格的，可以继续开展人类辅助生殖技术；校验不合格的，收回其批准证书。

（二）我国人类辅助生殖技术的应用原则

1．人类辅助生殖技术的应用以医疗为目的，并符合国家计划生育政策、伦理原则和有关法律规定。禁止给不符合国家人口和计划生育法律规定的夫妇和单身妇女实施人类辅助生殖技术。

2．人类辅助生殖技术必须在经批准开展此项技术的医疗机构中实施。任何单位和个人不得未经卫生行政部门批准擅自实施人类辅助生殖技术。

3．实施供精人工授精的机构，必须从持有《人类精子库批准证书》的人类精子库获得精源，并有义务向供精单位及时提供供精人工授精情况及准确的反馈信息。实施供精体外受精与胚胎移植及其衍生技术的医疗机构，必须向供精的人类精子库及时准确地反馈受者的妊娠和子代等相关信息。

4．遵循知情同意原则，并签署知情同意书。涉及伦理问题的，应当提交医学伦理委员会讨论。

5．实施人类辅助生殖技术的医疗机构应当为当事人保密，不得泄漏有关信息。

6．禁止以任何形式买卖配子、合子、胚胎。

7．医疗机构和医务人员不得实施任何形式的代孕技术。

8．实施人类辅助生殖技术的医疗机构不得进行性别选择。法律法规另有规定的除外。

9．实施人类辅助生殖技术的医疗机构应当建立健全技术档案管理制度。供精人工授精医疗行为方面的医疗技术档案和法律文书应当永久保存。

10．禁止开展人类嵌合体胚胎试验研究。

11．禁止克隆人。

（三）人类精子库的管理

人类精子库是指以治疗不育症以及预防遗传病等为目的，利用超低温冷冻技术，采集、检测、保存和提供精子的机构。人类精子库必须设置在医疗机构内。

1．人类精子库的审批　设置人类精子库由省级卫生行政部门提出初步意见后，报国家卫计委审批。人类精子库批准证书每2年校验一次。校验合格的，可以继续开展人类精子库工作；校验不合格的，收回人类精子库批准证书。

2．精子的采集与提供　精子的采集与提供应当在经过批准的人类精子库中进行。未经批准，任何单位和个人不得从事精子的采集与提供活动。精子库采集精子后，应当进行检验和筛查。精子冷冻6个月后，经过复检合格，方可向经卫生行政部门批准开展人类辅助生殖技术的医疗机构提供,并向医疗机构提交检验结果。严禁精子库向医疗机构提供新鲜精子。供精者只能在一个人类精子库中供精。一个供精者的精子最多只能提供给 5 名妇女受孕。人类精子库工作人员及其家属不得供精。

3．人类精子库的保密义务　人类精子库应当为供精者和受精者保密,未经供精者和受精者同意不得泄露有关信息。除精子库负责人外,其他任何工作人员不得查阅有关供精者身份的资料和详细地址。除司法机关出具公函或相关当事人具有充分理由同意查阅外,其他任何单位和个人一律谢绝查阅供精者的档案。确因工作需要及其他特殊原因非得查阅档案时,则必须经人类精子库机构负责人批准,并隐去供精者的社会身份资料。

第二节　基因工程技术法律制度

【相关材料】

河北徐性女患者,45 岁,患左大腿伸侧纤维肉瘤 1 年余,曾在北京某大医院行手术切除,术后多次复发,反复手术 3 次,不能根除。即行三疗程化疗,肿块缩小不明显,但化疗副作用致颅神经损伤,致使左眼不能内收。今年 6 月到某医院,当时左大腿伸侧有一 12×13cm 大小肿块,边界清楚,病人行走困难。考虑到患者不能耐受化疗和对化疗的恐惧以及患者尚无其他远处转移,决定以局部治疗为主。该医院采用每周在肿块多处注射 P53 抑癌基因一次,同时配合局部放疗。2 周后肿块明显缩小,4 周缩小一半以上,6 周后肿块接近消失。

一、基因和基因工程概述

基因是具有遗传效应的 DNA 分子片段,是控制生物性状遗传的结构和功能单位,决定着生物的性状、生长与发育。基因与许多疾病有关。

基因工程(genetic engineering)又称基因拼接技术和 DNA 重组技术,是将外源基因通过体外重组后导入受体细胞内,使这个基因能在受体细胞内复制、转录、翻译表达的操作,从而产生出人类需要的基因产物,或者改造、创造新的生物类型。

二、人类基因工程带来的法律问题

(一)基因诊断

基因诊断是指采用分子生物学的技术方法来分析受检者的某一特定基因的结构或功能是否异常,以此来对相应的疾病进行诊断。基因诊断是对病因的诊断,既特异又灵敏,可以揭示尚未出现症状时与疾病相关的基因状态,从而可以对表型正常的携带者及某种疾病的易感者作出诊断和预测,特别对确定有遗传疾病家族史的个体或产前的胎儿是否携带致病基因的检测具有重要意义。

基因诊断具有重要的医学意义,但它的应用也带来了诸多法律问题。例如,医生是否负有为诊断出遗传病的病人保密的义务?医生的保密义务与病人配偶的利益是否产生冲突?如何协调、调整这种利益冲突?父母有权让他们未成年的孩子检测成年后才可能出现的疾病吗?在没有治疗方法的情况下应当检测吗?基因诊断会否导致有遗传病的人成为保险公司歧视的对象而被拒保?这一技术在公司招聘中是否会被滥用?通过基因诊断查明的遗传病患者将不可避免地会在就业、生活中受到歧视,因此人们开始思考有关基因诊断的法律控制问题。

(二)基因治疗

基因治疗是基于导入遗传物质以改变患者细胞的基因表达从而达到治疗或预防疾病的目

标的措施。导入的基因可以是与缺陷基因相对应的有功能的同源基因或与缺陷基因无关的治疗基因。基因治疗的形式包括体细胞基因治疗以及种系基因治疗（也称为生殖细胞治疗）。体细胞治疗的影响只限于患者个体，而种系基因治疗从理论上讲，不但当代可以得到根治，而且可以将正常的基因传给子代。但种系基因治疗的生物学极其复杂，且有许多尚未清楚的地方，一旦发生差错将会造成不可想象的后果，带来的伦理和法律问题很多。例如，人是否有权利改变人？根据什么标准来改变人？许多国家目前对基因治疗采取非常审慎的态度。我国目前仅开放体细胞基因治疗。

（三）人类基因组计划

人类基因组计划是由美国科学家于1985年率先提出，于1990年正式启动的。按照该计划的设想，在2005年要把人体内约10万个基因的密码全部解开，破译人类全部遗传信息。美、英、法、德、日本和中国6个国家参与了这一计划，并于1999年11月23日完成了10亿个碱基对的测定工作。2000年6月26日科学家公布了已测定的基因组的草图。2006年5月18日，美国和英国科学家在《自然》杂志网络版上发表了人类最后一个染色体——1号染色体的基因测序，这宣告解读人体基因密码的"生命之书"已经完成。

人类基因组计划也使人类更担忧基因工程所带来的法律、伦理和其他社会问题，例如基因隐私问题、基因决定论问题、种族优越论问题、基因歧视问题、基因专利问题、利益分享问题等。

三、国外基因工程立法

国际上对基因工程立法的态度和认识，与基因工程自身的发展紧密相连。在基因工程发展初期，重组技术的前景难以预测，加之社会争论巨大，当时许多人担心人类有一天会因为基因重组技术而毁灭人类自身。因此，当时是以控制基因工程的发展为基调。随着基因工程技术的发展和讨论的逐渐深入和理性，人们逐步意识到之前过分夸大了基因工程技术的危险性，过于严厉的法律规制不利于基因工程技术的发展。因此，各国开始陆续修正、放宽实验准则。1982年开始，基因工程的产业化、商业化进程加快，基因重组技术已经走出实验室而进入了应用领域，因而潜在性危害发生的可能性也随之明显加大。为了防止重组DNA所导致的危险和灾害性事故的发生，国际组织和部分国家开始对重组DNA安全操作和运用的技术制定法规。1986年，《国际生物技术产业化准则》通过。

四、我国基因工程立法

1993年12月24日中华人民共和国国家科学技术委员会第17号令发布了《基因工程安全管理办法》。该《管理办法》是一个管理全国生物安全的部门规章，由6章组成，规定了我国基因工程工作的管理体系。按潜在的危险程度，将基因工程工作分为四个安全等级，并规定了审批权限。国家科学技术委员会是这一时期主管基因工程安全的部门。

在基因治疗方面，我国目前仅同意体细胞基因治疗。1993年，卫生部制定了《人的体细胞治疗及基因治疗临床研究质控要点》，强调对基因治疗的临床试验要首先进行安全性论证、有效性评价和免疫学考虑，同时注意社会伦理影响。

我国的基因工程立法应当遵循基因资源主权原则、基因工程风险防范和操作的安全性原则、禁止基因工程技术滥用原则、知识产权保护原则和尊重人类基本权利原则。

五、人类遗传资源保护立法

我国有56个民族和诸多遗传隔离人群，有着丰富的人类遗传资源，是研究人类基因组多样性和疾病易感性、抗性的天然宝库。1998年，经国务院同意，科学技术部与卫生部下发了《人类遗传资源管理暂行办法》。该《办法》中的人类遗传资源是指含有人体基因组、基因及其产物的器官、组织、细胞、血液、制备物、重组脱氧核糖核酸（DNA）构建体等遗传材料及相关的信息资料。国家对人类遗传资源实行分级管理、统一审批制度。2012年10月，国务院法制办公室公布了《人类遗传资源管理条例（送审稿）》及其说明全文，征求社会各界意见，进一步研究、修改后报请国务院常务会议审议。

（一）国际合作项目的申办程序

凡涉及我国人类遗传资源的国际合作项目，须由中方合作单位办理报批手续。中央所属单位按隶属关系报国务院有关部门，地方所属单位及无上级主管部门或隶属关系的单位报该单位所在地的地方主管部门，审查同意后，向中国人类遗传资源管理办公室提出申请，经审核批准后方可正式签约。

（二）人类遗传资源的出口管理

重要人类遗传资源严格控制出口、出境和对外提供。已审核批准的国际合作项目中，列出人类遗传资源材料出口、出境计划的，需填写申报表，直接由中国人类遗传资源管理办公室办理出口、出境证明。

因其他特殊情况，确需临时对外提供人类遗传资源材料的，须填写申报表，经地方主管部门或国务院有关部门审查同意后，报中国人类遗传资源管理办公室，经批准后核发出口、出境证明。

（三）知识产权

1. 我国境内的人类遗传资源信息，包括重要遗传家系和特定地区遗传资源及其数据、资料、样本等，我国研究开发机构享有专属持有权，未经许可，不得向其他单位转让。获得上述信息的外方合作单位和个人未经许可不得公开、发表、申请专利或以其他形式向他人披露。

2. 人类遗传资源的国际合作项目应当遵循平等互利、诚实信用、共同参与、共享成果的原则，明确各方应享有的权利和承担的义务，充分、有效地保护知识产权。合作研究开发的知识产权按下列原则处理：①合作研究开发成果属于专利保护范围的，应由双方共同申请专利，专利权归双方共有。双方可根据协议共同实施或分别在本国境内实施该项专利，但向第三方转让或者许可第三方实施，必须经过双方同意，所获利益按双方贡献大小分享；②合作研究开发产生的其他科技成果，其使用权、转让权和利益分享办法由双方通过合作协议约定。协议没有约定的，双方都有使用的权利，但向第三方转让须经双方同意，所获利益按双方贡献大小分享。

（四）法律责任

我国单位和个人违反规定，未经批准，私自携带、邮寄、运输人类遗传资源材料出口、出境的，由海关没收其携带、邮寄、运输的人类遗传资源材料，视情节轻重，给予行政处罚直至移送司法机关处理；未经批准擅自向外方机构或者个人提供人类遗传资源材料的，没收所提供的人类遗传资源材料并处以罚款；情节严重的，给予行政处罚直至追究法律责任。

国（境）外单位和个人违反规定，未经批准，私自采集、收集、买卖我国人类遗传资源材料的，没收其所持有的人类遗传资源材料并处以罚款；情节严重的，依照我国有关法律追究其法律责任。私自携带、邮寄、运输我国人类遗传资源材料出口、出境的，由海关没收其携带、邮寄、运输的人类遗传资源材料，视情节轻重，给予处罚或移送司法机关处理。

管理部门的工作人员和参与审核的专家负有为申报者保守技术秘密的责任。玩忽职守、徇私舞弊，造成技术秘密泄露或人类遗传资源流失的，视情节给予行政处罚直至追究法律责任。

第三节 器官移植法律问题

【案例 9-1】
2012年8月31日上午，东莞市第一人民法院公开开庭审理了周某章、张某鑫等8名被告人涉嫌组织出卖人体器官罪一案。案犯从廉价卖肾人处2万元买来肾脏，最终以23万至27万元不等的价格卖给肾病患者，中间暴利分别被团伙成员瓜分。法庭认定8名案犯中有6名均为主犯，分别判处3年至10年不等的有期徒刑和相应罚金。3名卖肾人对这个8人地下人体器官交易团伙提出了相应索赔。法院判决认为卖肾人明知道卖肾团伙的行为违反法律禁止性规定，为获得金钱仍自愿签署协议，具有一定过错，应自行承担40%的责任。由于户籍性质不同，非农业户口的两名卖肾人一审可获得8.8万元和10万元的赔偿，而农业户口的卖肾人丁某进只能获赔3.4万元。这是广东省首宗组织卖肾案。[1]

一、器官移植概述

器官移植是指通过手术等方法替换体内已经损伤的或衰竭的器官，以达到治疗目的的医疗措施。供器官的移植既可以是人工器官，也可以是活体器官。活体器官移植又可以分为同种器官移植和异种器官移植。

二、器官移植带来的法律问题

器官移植带来的法律问题主要有器官移植捐献人的条件、意思表示的形式、活体器官接受人的条件、器官分配的公平性、病人对自己的废弃器官的所有权、胎儿器官能否用于器官移植等一系列问题。

三、我国人体器官移植立法

《人体器官移植条例》自2007年5月1日起施行。凡在我国境内从事人体器官移植，适用该条例；从事人体细胞和角膜、骨髓等人体组织移植，则不适用该条例。该条例中的人体器官移植是指摘取人体器官捐献人具有特定功能的心脏、肺脏、肝脏、肾脏或者胰腺等器官的全部或者部分，将其植入接受人身体以代替其病损器官的过程。可见，该条例不包括异种器官移植。申请人体器官移植手术患者的排序，应当符合医疗需要，遵循公平、公正和公开的原则。

国务院卫生主管部门负责全国人体器官移植的监督管理工作。县级以上地方人民政府卫生主管部门负责本行政区域人体器官移植的监督管理工作。

卫生部总结了活体器官移植在该条例施行后出现的一些问题，在2009年12月28日颁布了《卫生部关于规范活体器官移植的若干规定》，该规定于同日开始施行。

（一）人体器官的捐献

1. 人体器官捐献的原则　人体器官捐献应当遵循自愿、无偿的原则。任何组织或者个人不得强迫、欺骗或者利诱他人捐献人体器官。任何组织或者个人不得以任何形式买卖人体器官，不得从事与买卖人体器官有关的活动。

2. 捐献人体器官公民的条件　捐献人体器官的公民应当具有完全民事行为能力。

3. 人体器官捐献意愿的表示形式以及捐献意愿的撤销　公民捐献其人体器官应当有书面

---

[1] 张弛，许方健，王道斌，等. 广东首宗组织卖肾案开庭. 买肾20万卖肾2万. 人民网. [2012-8-31]. http://env.people.com.cn/n/2012/0831/clolo-18885653-3.html.

形式的捐献意愿，对已经表示捐献其人体器官的意愿，有权予以撤销。公民生前表示不同意捐献其人体器官的，任何组织或者个人不得捐献、摘取该公民的人体器官；公民生前未表示不同意捐献其人体器官的，该公民死亡后，其配偶、成年子女、父母可以以书面形式共同表示同意捐献该公民人体器官的意愿。

4. 活体器官捐献人的年龄条件　任何组织或者个人不得摘取未满18周岁公民的活体器官用于移植。

5. 活体器官接受人的条件　根据《人体器官移植条例》的规定，活体器官接受人仅限于活体器官捐献人的配偶、直系血亲或者三代以内旁系血亲，或者有证据证明与活体器官捐献人存在因帮扶等形成亲情关系的人员。随后，为了更好地杜绝器官买卖，根据《卫生部关于规范活体器官移植的若干规定》，配偶仅限于结婚3年以上或者婚后已育有子女的，因帮扶等形成的亲情关系仅限于养父母和养子女之间的关系、继父母与继子女之间的关系。

（二）人体器官的移植

1. 人体器官移植诊疗科目登记和条件　我国对人体器官移植的开展实行行政准入制度。医疗机构从事人体器官移植，应当依照《医疗机构管理条例》的规定，向所在地省、自治区、直辖市人民政府卫生主管部门申请办理人体器官移植诊疗科目登记。医疗机构从事人体器官移植，应当具备下列条件：①有与从事人体器官移植相适应的执业医师和其他医务人员；②有满足人体器官移植所需要的设备、设施；③有由医学、法学、伦理学等方面专家组成的人体器官移植技术临床应用与伦理委员会，该委员会中从事人体器官移植的医学专家不超过委员人数的1/4；④有完善的人体器官移植质量监控等管理制度。

省级以上人民政府卫生主管部门应当定期组织专家根据人体器官移植手术成功率、植入的人体器官和术后患者的长期存活率，对医疗机构的人体器官移植临床应用能力进行评估，并及时公布评估结果；对评估不合格的，由原登记部门撤销人体器官移植诊疗科目登记。

已经办理人体器官移植诊疗科目登记的医疗机构不再具备条件的，应当停止从事人体器官移植，并向原登记部门报告。原登记部门应当自收到报告之日起2日内注销该医疗机构的人体器官移植诊疗科目登记，并予以公布。

2. 对人体器官捐献人的医学检查和风险评估　医疗机构及其医务人员从事人体器官移植，应当遵守伦理原则和人体器官移植技术管理规范。实施人体器官移植手术的医疗机构及其医务人员应当对人体器官捐献人进行医学检查，对接受人因人体器官移植感染疾病的风险进行评估，并采取措施，降低风险。

在摘取活体器官前或者尸体器官捐献人死亡前，负责人体器官移植的执业医师应当向所在医疗机构的人体器官移植技术临床应用与伦理委员会提出摘取人体器官审查申请。人体器官移植技术临床应用与伦理委员会不同意摘取人体器官的，医疗机构不得做出摘取人体器官的决定，医务人员不得摘取人体器官。

3. 人体器官移植的伦理审查　人体器官移植技术临床应用与伦理委员会收到摘取人体器官审查申请后，应当对下列事项进行审查，并出具同意或者不同意的书面意见：①人体器官捐献人的捐献意愿是否真实；②有无买卖或者变相买卖人体器官的情形；③人体器官的配型和接受人的适应证是否符合伦理原则和人体器官移植技术管理规范。经2/3以上委员同意，人体器官移植技术临床应用与伦理委员会方可出具同意摘取人体器官的书面意见。

4. 摘取活体器官应当履行的义务　从事人体器官移植的医疗机构及其医务人员摘取活体器官前，应当履行下列义务：①向活体器官捐献人说明器官摘取手术的风险、术后注意事项、可能发生的并发症及其预防措施等，并与活体器官捐献人签署知情同意书；②查验活体器官捐献人同意捐献其器官的书面意愿、活体器官捐献人与接受人存在规定关系的证明材料；③确认除摘取器官产生的直接后果外不会损害活体器官捐献人其他正常的生理功能。

从事人体器官移植的医疗机构应当保存活体器官捐献人的医学资料,并进行随访。

5. 摘取尸体器官的要求　摘取尸体器官,应当在依法判定尸体器官捐献人死亡后进行。从事人体器官移植的医务人员不得参与捐献人的死亡判定。

从事人体器官移植的医疗机构及其医务人员应当尊重死者的尊严;对摘取器官完毕的尸体,应当进行符合伦理原则的医学处理,除用于移植的器官以外,应当恢复尸体原貌。

6. 个人资料保密　从事人体器官移植的医务人员应当对人体器官捐献人、接受人和申请人体器官移植手术的患者的个人资料保密。

(三)法律责任

1. 刑事责任　《条例》和刑法修正案都规定了相关的刑事责任。根据《条例》规定,有下列情形之一,构成犯罪的,依法追究刑事责任:①未经公民本人同意摘取其活体器官的;②公民生前表示不同意捐献其人体器官而摘取其尸体器官的;③摘取未满18周岁公民的活体器官的。

2. 行政责任　买卖人体器官或者从事与买卖人体器官有关活动的,由设区的市级以上地方人民政府卫生主管部门依照职责分工没收违法所得,并处交易额8倍以上10倍以下的罚款;医疗机构参与上述活动的,还应当对负有责任的主管人员和其他直接责任人员依法给予处分,并由原登记部门撤销该医疗机构人体器官移植诊疗科目登记,该医疗机构3年内不得再申请人体器官移植诊疗科目登记;医务人员参与上述活动的,由原发证部门吊销其执业证书。

医疗机构未办理人体器官移植诊疗科目登记,擅自从事人体器官移植的,依照《医疗机构管理条例》的规定予以处罚。

实施人体器官移植手术的医疗机构及其医务人员违反规定,未对人体器官捐献人进行医学检查或者未采取措施,导致接受人因人体器官移植手术感染疾病的,依照《医疗事故处理条例》的规定予以处罚。

从事人体器官移植的医务人员违反规定,泄露人体器官捐献人、接受人或者申请人体器官移植手术患者个人资料的,依照《执业医师法》或者国家有关护士管理的规定予以处罚。

违反规定收取费用的,依照价格管理的法律、行政法规的规定予以处罚。

医务人员有下列情形之一的,依法给予处分;情节严重的,由县级以上地方人民政府卫生主管部门依照职责分工暂停其6个月以上1年以下执业活动;情节特别严重的,由原发证部门吊销其执业证书:①未经人体器官移植技术临床应用与伦理委员会审查同意摘取人体器官的;②摘取活体器官前未依照规定履行说明、查验、确认义务的;③对摘取器官完毕的尸体未进行符合伦理原则的医学处理,恢复尸体原貌的。

从事人体器官移植的医务人员参与尸体器官捐献人的死亡判定的,由县级以上地方人民政府卫生主管部门依照职责分工暂停其6个月以上1年以下执业活动;情节严重的,由原发证部门吊销其执业证书。

医疗机构有下列情形之一的,对负有责任的主管人员和其他直接责任人员依法给予处分;情节严重的,由原登记部门撤销该医疗机构人体器官移植诊疗科目登记,该医疗机构3年内不得再申请人体器官移植诊疗科目登记:①不再具备规定条件,仍从事人体器官移植的;②未经人体器官移植技术临床应用与伦理委员会审查同意,做出摘取人体器官的决定,或者胁迫医务人员违反规定摘取人体器官的;③医务人员摘取活体器官前未履行说明、查验、确认义务的;④医务人员对摘取器官完毕的尸体未进行符合伦理原则的医学处理,恢复尸体原貌的。

医疗机构未定期将实施人体器官移植的情况向所在地省、自治区、直辖市人民政府卫生主管部门报告的,由所在地省、自治区、直辖市人民政府卫生主管部门责令限期改正;逾期不改正的,对负有责任的主管人员和其他直接责任人员依法给予处分。

第四节　脑死亡法律制度

【相关材料】

据日本共同社2011年4月12日消息，日本器官移植网站12日宣布，在交通事故中头部严重受伤后，在某医院接受治疗的一名不满15岁的儿童依法被判定为脑死亡。其家属认同脑死亡判定并同意捐献其器官。日本新修订的《器官移植法》于2010年7月生效。该法案规定，包括未满15岁的儿童在内的公民，即便其本人意愿不明，只要没有声明拒绝，即可在得到其家属的同意后，将脑死亡后的器官提供给他人。此次是新法实施以来，首次认定未满15岁的儿童为脑死亡。若脑死亡本人未满18岁，则需要由实施器官摘除手术医院的"虐待防止委员会"等确认其是否遭受虐待。[1]

一、脑死亡概述

死亡既是一个医学概念，也是一个法学概念。死亡标准决定了死亡的时间判断，具有重要的法律意义。在死亡标准的问题上，传统的心肺功能丧失死亡标准受到了现代医疗技术的挑战，呼吸机和心脏起搏器等设备可以使病人在大脑不可逆转地死亡后，心肺功能依然没有丧失。这种脑功能与心肺功能分离的现象，以及心肺功能的可替代性，促使人们重新思考死亡标准，开始关注脑死亡这一新的死亡标准。脑死亡是指，大脑的功能由于原发于脑组织严重外伤或脑的原发性疾病而全部丧失，发生不可逆的改变，最终导致人体死亡。

现代医学表明，主宰人体的脑神经细胞是一类高度分化的终末细胞，其死亡后恢复和再生的可能性极小。当这些细胞的死亡数量达到或超过一定极限时，人的感知、思维、意识以及自主活动和基本生命中枢的功能将永久丧失。脑神经细胞的这些特性，构成了将脑死亡作为死亡标准的科学基础。1966年国际医学界正式提出脑死亡（brain death）的概念。

脑死亡有利于科学地确定死亡，维护人的生命尊严，减轻患者家属的痛苦，有利于医疗卫生资源的合理利用，也有利于法律的正确实施。

二、国外的脑死亡立法概况

许多国家已经制定了有关脑死亡的法律。目前，脑死亡的法律地位主要有以下3种形态：①国家已经制定了相关法律，直接以立法形式承认脑死亡为宣布死亡的依据；②国家虽未制定正式的法律条文承认脑死亡，但在临床实践中已承认脑死亡，并以之作为宣布死亡的依据；③医学界已接受脑死亡的概念，但法律仍未承认脑死亡，因而医生缺乏根据脑死亡宣布个体死亡的法律依据。

1968年在第22届世界医学大会上，美国哈佛医学院脑死亡定义审查特别委员会提出了"脑功能不可逆性丧失"作为新的死亡标准，并制定了世界上第一个脑死亡诊断标准，这就是哈佛标准。该诊断标准包括：①不可逆的深度昏迷，病人完全丧失对外部刺激和内部需要的所有感受能力；②自发呼吸停止，呼吸机关闭三分钟而无自动呼吸；③脑干反射消失，瞳孔放大，瞳孔对光反射、角膜反射、眼运反射等均消失；④脑电波消失（平坦）。凡符合以上标准，并在24小时或72小时内反复测试，多次检查，结果无变化，即可宣告死亡。但需排除体温过低（<32.2℃）或刚服用过巴比妥类及其他中枢神经系统抑制剂两种情况。

1978年，美国的《脑死亡统一法案》将脑死亡定义为：全脑功能包括脑干功能的不可逆

---

[1] 王欢. 日本出现首例脑死亡儿童可捐献器官案例. 环球网. [2011-04-12]. http://world.huanqiu.com/roll/2011-04/1623958.html.

终止。1979年，西班牙国会通过的《移植法》将脑死亡定义为"完全和不可逆的脑功能丧失"。1997年，德国的《器官移植法》规定脑干死亡就是人的死亡。1997年，格鲁吉亚的《卫生保健法》将脑死亡定义为"脊髓基本节段和脑功能的不可逆终止，包括使用特殊措施维持呼吸和血液循环的情况"。目前对于如何定义脑死亡仍有分歧。美国、西欧和日本先后报告了30多套标准。就世界范围而言，目前仍未有统一的脑死亡标准。

为了防止假死和误诊，各国都规定了脑死亡诊断的观察时限，但各个标准并不统一。一般规定，在自主呼吸停止后人工维持呼吸达24小时以上时，开始检测脑死亡是否存在，确诊时间介于6~24小时之间。对于诊断医师，一般的要求是两名以上。

三、对我国脑死亡的立法思考

我国有关脑死亡的立法草案已经多次修改提交讨论，但至今仍未正式通过。对于我国的脑死亡立法，我们提出以下建议：

（一）实行二元化的死亡标准

至今已有80多个国家确立了脑死亡的概念和标准，其中有些国家既承认心肺死亡标准，也承认脑死亡标准，即同时承认两种死亡标准，而这些大多是长期受儒教影响的东亚国家。建议我国借鉴与我国文化、观念相近的国家的做法，采取传统死亡标准和脑死亡标准并存的做法。

（二）制定严格的脑死亡诊断标准

我国的脑死亡诊断标准的具体内容应当包括：昏迷原因明确，排除各种原因的可逆性昏迷；深昏迷，脑干反射全部消失，无自主呼吸，靠呼吸机维持，呼吸暂停试验阳性；脑电图平直，经颅脑多普勒超声呈脑死亡图形。

脑死亡观察时间上，在首次确诊后，必须观察12小时无变化，方可确认脑死亡。

（三）建立科学的脑死亡管理制度

应当包括以下方面的内容：①可以确定脑死亡的医疗机构必须具备的条件；②脑死亡诊断医师的资格条件；③脑死亡诊断的程序，包括诊断医师的数量、回避制度、首次确诊和复诊等；④脑死亡诊断书的签发条件与程序。

（四）对病人权益的保护

在脑死亡诊断中，病人已经失去了自我意识，因此应赋予病人家属一定的权利，如病人家属应当对何时关掉病人呼吸机等仪器、何时放弃抢救等享有知情同意权。

（五）法律责任

因医师的过错导致不符合脑死亡标准的病人被诊断为脑死亡的，应追究责任人的民事责任以及行政责任；构成犯罪的，依法追究刑事责任。

第五节　安乐死相关法律制度

【案例9-2】

1986年6月23日，夏某因肝硬化腹水病情恶化到陕西省汉中市传染病医院治疗。入院当日，医院就发了病危通知书，后经常规治疗，症状稍有缓解。但夏某仍感到疼痛难忍，喊叫想死。6月25日上午，王某和其妹向主管医生蒲某询问其母病情，蒲某说对夏某治疗无望，并向他们介绍了国外安乐死的情况。6月28日，王某及其妹因不忍看到母亲痛苦，向蒲某要求给夏某实施安乐死。被拒绝后，两人跪地求情并表示愿意承担一切责任。蒲某便先给夏某办理了出院手续（实际未出院），后开了100毫克氯丙嗪（复方冬眠灵）处方一张，在处方上注明"家属要求安乐死",同时让王某也在处方上签了名。夏某在6月29日凌晨5时死去。夏某死亡后,王某的大姐、二姐向汉中市公安局、检察院控告蒲某故意杀人。1991年4月6日,汉中市人民法院作出一审判决,认为王某和蒲某的行为已属剥夺公民生命权利的故意行为,但情节显著轻微,危害不大,不构成犯罪。依照《刑法》第10条的规定,宣告蒲某、王某二人无罪。

一、安乐死概述

安乐死一词源自希腊文,由美好和死亡两个词所组成,其原意是指舒适、幸福或无痛苦地死亡。现代意义上的安乐死是指对患有不治之症的病人,为了结束其无法忍受的肉体痛苦,而采用医学方法调节病人的死亡过程,使其死亡状态安乐化。目前,对于安乐死尚无统一的定义,但都包含了其本意,即"无痛苦的死亡"。

安乐死的理论和实践由来已久。史前时代就已经有加速死亡的措施。一些原始部落允许儿子杀死老人以防止老人临终的痛苦,并把这种行为视为是一个做儿子的应尽的义务。古希腊罗马时期,允许病人结束自己的生命,请别人助死以及处置有缺陷的儿童。柏拉图赞成把自杀作为解除无法治疗的痛苦的办法。弗朗西斯·培根在其著作中常提到"无痛致死术",认为延长寿命是医学的崇高目的,同时也认为安乐死也是医学技术的重要领域,医生可以为解除病人痛苦而加速其死亡。还有许多哲学家、学者和政治家都认为对老人与虚弱者实施自愿的安乐死具有道德上的合理性。著名的精神分析学大师弗洛伊德就是以自愿安乐死的方式结束自己生命的。

二、安乐死之争

安乐死既涉及伦理、哲学、医学等方面的问题,还涉及人们对死亡和生命以及人的尊严的理解,更会引发一系列的法律后果。加之希特勒在1936~1942年,用安乐死的名义杀死了数百万人,使得安乐死声名狼藉。因此,人们对安乐死至今依然争论不休。

赞成者认为,安乐死是人的自主性的最终体现,人的自主权的内容包括了对死亡方式的选择,人也有权选择有尊严地死去;安乐死可以免除临终病人无法忍受的痛苦。因此,当患有不治之症的病人遭受无法忍受的痛苦时,死亡比生存对于他们而言更加人道;社会更应当注重的是生存的质量,而不是生命的长度;安乐死可以免除巨额医疗费用,既可以解除病人家属的经济负担,也有利于社会医疗资源的合理分配。

反对者则认为,安乐死可能使医生放弃挽救病人生命的努力,也与医生的职责冲突;生命的价值要高于死亡的价值;尽管安乐死出于免除病人不能忍受的痛苦的动机,但事实上家属不仅要承担失去亲人的痛苦,而且要面对来自社会各方的压力,对于家属而言可能成为道德枷锁;安乐死可能是出于病人的真实意愿,但在病痛、恐惧和精神压力或者经济压力的情况下,病人作出的决定也许并非理性;病人家属、医生可能为了个人的利益,例如家属为了减轻经济压力或瓜分遗产,利用安乐死变相杀害病人。

三、安乐死在国外的现状及立法概况

1973年荷兰一位名叫Geertruida Postma的医生对其患者实施了安乐死。法院认定其构成谋杀,但仅宣判监禁一周缓刑一年。安乐死第一次在法律上得到认可的是1984年荷兰最高法院对Scbeonbeim案的判决。1993年2月,荷兰议会通过了关于《临终患者有权要求结束自己生命》的法律议案,但该议案仅是安乐死的非刑事化,并非真正意义上的使安乐死合法化。2001年4月10日,荷兰议会上议院通过了安乐死法,由此荷兰成为世界上第一个安乐死合法化的国家。据研究，1990年荷兰有2300余例安乐死案例，400例协助自杀。目前荷兰的自愿安乐死协会已有会员20多万人，其中大约10万会员签署了"生命预嘱"（living will），上面写明当他们以后患有致命疾病时，他们授权医生不再利用特殊的治疗方法延长他们的生命。荷兰自愿安乐死协会还于2012年年底推出了一个安乐死诊所，那些符合安乐死法律所规定的条件、但其自己的医生不愿意为其实施安乐死的病人可以前往该诊所。

比利时的安乐死法对实行安乐死规定了严格的条件，规定申请安乐死的病人必须是成年人或者是已摆脱家长管教的未成年人，在提出要求安乐死时必须有清醒的意识能力，完全自愿地提出书面申请；申请安乐死的病人必须患有不治之症，经过长期医治无效，无法承受肉体和精神上的折磨；医生需遵守严格的规定，并向病人说明他的身体状况和是否有活着的希望，及提出病人有治愈的可能性；对病人进行合理的治疗，使他能够承受肉体和精神的痛苦；与同事一起对该病人进行会诊，并在医疗小组和亲属的陪同下一起与该病人谈话。医生必须完成一个登记文件，并在安乐死实施后四个工作日内将该文件提交给根据安乐死法成立的"联合控制与评价委员会"。该委员会在详细研究登记文件的匿名和非匿名部分后，对医生实施安乐死是否遵从了安乐死法中所规定的条件和程序在2个月内作出最终评判。如果委员会（2/3多数）认为医生未能遵从安乐死法规定的实施条件与程序，那就必须把相关审查文档提交给司法检察官决定是否提起诉讼。

1975年4月发生在美国新泽西州的卡伦·昆兰案促成了美国许多州对"自然死亡法"（Natural Death Acts）进行立法。1994年11月，美国俄勒冈州通过了《尊严死亡法》，使医生协助自杀在有限的条件下成为合法。该法规定有行为能力的成年患者被确诊为患有临终疾病并且将于6个月之内因该病死亡，就可以向医生请求开出致死药物。医生必须向州卫生部门报告所开出的致死药物处方。该法还规定，当治疗不再能给患者带来任何好处，患者向医生请求开出帮助结束自己生命的药物时，医生有义务设法为患者提供临终关怀、舒适照顾。

日本通过法院判例对安乐死进行有条件认可，并形成了安乐死判例法。在日本，为了消除病人肉体痛苦而不得已侵害生命的行为，可被认为相当于日本刑法规定的"紧急避难行为"。

四、我国安乐死现状及立法思考

我国于20世纪80年代开始对安乐死展开讨论，1986年6月陕西汉中地区的"安乐死案件"更是引发了全国性的讨论。自此以后，多家媒体陆续报道了一些安乐死的案例。可以说，安乐死在悄悄进行是客观存在的。

1988年七届人大一次会议上，妇产科学泰斗严仁英和儿科学泰斗胡亚美提出安乐死立法的议案。1994年全国两会期间，广东32名人大代表联名提交了"要求结合中国国情尽快制定'安乐死'立法"的议案。1995年八届人大三次会议上，170位人大代表递交了4份有关安乐死立法的议案。1996年，上海市人大代表再次提出相关议案，呼吁在上海进行安乐死立法尝试。

由于安乐死涉及的问题复杂，争论极大，对医疗条件和医疗水平有相当要求，且考虑到我国的实际国情，全国人民代表大会常务委员会法制工作委员会及卫生部在反复研究后认为，目前我国制定安乐死相关法律法规的条件尚不成熟，但可以促请有关部门开展研究，为立法作准备。有学者认为，安乐死立法应当确立生命权神圣不可侵犯原则、有限制的自主决定原则、知情自愿原则以及严格程序原则，并应对以下问题进行规范。

1. 适用安乐死的病人必须符合以下条件　①患有不治之症并且肉体上、精神上有无法忍受的痛苦；②完全自愿，且经过深思熟虑，提出申请的时候病人必须神志清醒，情绪平和，并且以书面形式提出，如果是以口头形式提出，则必须有两名以上见证人在场；

2. 规定可以实施安乐死的医疗机构和医护人员的条件；

第九章　医学科研与新技术法律制度

3. 程序　规定收到安乐死申请后，医生应当与申请人进行不得少于2次的谈话，就其病情和治疗方案等进行清楚说明；该申请应当提交医院伦理委员会讨论后决定；实施安乐死的医生不得参与医院伦理委员会的讨论；

4. 医生必须记录实施安乐死的过程并将该记录提交医院伦理委员会审查。

第六节　临床试验法律制度

【案例9-3】

张老太是紫竹药业的退休干部。2006年10月17日，她因左膝疼痛入住北京大学人民医院，准备进行左膝人工关节置换术。术前，医生动员张老太参与了拜耳公司在该院进行的一项新药临床试验，药品代号BAY59-7939片剂，药效应为"预防术后血栓"。张老太表示同意，并在阅读患者须知后签署了相关文件。同年11月7日，张老太在一次常规血栓检查中出现了休克，后经抢救好转。此后，张老太因存在呼吸不畅、出虚汗等症状再次入院治疗。事后，拜耳公司仅给付了张老太医保报销以外自行负担的部分医药费3296元，未予其他赔偿。于是，张老太诉至法院。

2013年该案宣判，法院认为作为受试者的张老太与拜耳公司之间存在新药试验合同关系。鉴于拜耳公司与人民医院系委托关系，故应由拜耳公司对受试者承担新药试验合同项下的责任义务。张老太出现的不良反应虽与试验药物无直接关系，但属新药试验过程中的严重不良事件。对此严重不良事件，拜耳公司作为试验方应予赔偿。此外，鉴于拜耳公司未能通过保险公司向张老太进行赔偿，因此该公司应自行承担赔偿责任。法院考虑张老太的受损情况、不良反应对其造成的影响以及50万欧元所能赔偿的最坏损害情况，酌定具体赔偿数额为5万欧元。[1]

医学的发展离不开研究与临床试验。临床试验往往对人体具有侵入性，而处于临床试验阶段的药物、医疗器械和医疗技术的安全性、有效性、社会伦理性等尚未确定，尤其是其安全性尚未得到验证，因而风险极大，极容易对受试者的生命权、健康权和身体权造成侵害。而生命权和健康权是自然人最基本的两项人权，因此各国对临床试验都加以法律规制。

一、临床试验概述

医学科学领域首次引入观察性临床研究见于希波克拉底的著述。该著述提出不仅要依靠合理的理论，也要依靠综合推理的经验，动物试验结果并不能证实在人体的效果，认为药物试验应当在人体进行。

临床试验是一种前瞻性试验研究，指在人为条件控制下，以特定人群为受试对象（病人或健康志愿者），以发现和证实干预措施对特定疾病的防治、诊断的安全性、有效性和社会适应性。其既包括采用现代物理学、化学和生物学等方法在人体上对人的生理、病理现象以及疾病的诊断、治疗和预防方法进行研究的活动，也包括通过医学研究形成的医疗卫生技术或者产品在人体上进行试验性应用的活动。一般分为药物临床试验、医疗器械临床试验。

二、临床试验中的法律问题

临床试验涉及的法律问题很多，包括受试者的生命权、身体自主权、信息隐私权、财产

---

[1] 张剑. 参与新药临床试验现休克症状. 一审判赔5万欧元. 中新网. [2013-02-22]. http://www.bj.chinanews.com/news/2013/0222/28387.html.

权、受试者家庭、家族、族群成员的信息隐私权以及人性尊严等基本权的保护，同时亦涉及研究者与出资者的研究自由、受试者的自主权、出资者的职业自由等基本权的限制等。其中，对受试者利益的保护是首要的和最基本的问题。各国的临床试验法律制度也是以此为基点和中心进行构建的。我国相关的临床试验法律法规也确立了以保护受试者权益、安全和健康为首要原则，规定受试者的权益、安全和健康必须高于对科学和社会利益的考虑。

在临床试验中，试验发起人、主持人和研究机构、研究者的利益往往与受试者的利益不一致，而临床试验的主动权掌握在前者手中，因此前者十分容易侵害受试者的利益。这也是临床试验丑闻频发的主要原因。各国和许多国际组织纷纷制定相关的规范性法律文件。

三、国际上对于临床试验的立法

纳粹在二战期间的各种反人道试验引起世界公愤，在纽伦堡军事法庭的审判中订立的《纽伦堡法典》对临床试验伦理规范确立了两项基本原则：一是必须有利于社会；二是应该符合伦理道德和法律观点。这两项原则日后成为所有临床试验规范的基本原则：①自愿同意原则，强调自愿告知后同意的绝对必要性；②有益性原则，所有研究都必须评估利害比例的合理性，风险务必降至最低（minimal risk），且利益必须大于风险。后来，临床试验伦理规范得到重视，成为国际组织和多个国家具有强制性的法律。国际组织和各国都制定了临床试验的相关法律文件。

世界医学会于1964年发布《医疗临床试验伦理原则》，即《赫尔辛基宣言》。国际医学团体协会和联合国世界卫生组织于1993年共同修正公布《人体试验国际伦理纲领》。欧盟、日本和美国人口只占全球的15%，但却占了80%的药品市场和95%的研发投资。这三个国家和地区为了消除新药查验登记中不必要的重复的技术性文件数据，于1991年11月在比利时布鲁塞尔召开第一届会议并成立药品查验登记国际医疗法规协会，于1996年通过了《优良临床试验规范》（Guideline for Good Clinical Practice，GCP）。该规范对于伦理委员会的组成及受试者同意书有关事项均有详细规定。GCP对以后订立的各种国际规范、指导方针及各国规范，均产生了相当的影响。在生物医学技术领域，欧洲理事会曾订立3个重要的条约，分别是1997年所订立的《人权与生物医学公约》、2002年的《人权与生物医学公约》、《器官移植与人类组织增补条款》及2005年的《人权与生物医学公约生物医学研究增补条款》。医学科学国际组织委员会于2002年修订发布《生物医学临床试验国际伦理方针》。联合国教科文组织于2005年10月发布《世界生物伦理与人权宣言》，对临床试验中受试者的知情同意权和伦理委员会作出了规范。《公民权与政治权国际公约》第7条强调在欠缺自主同意的前提下，不得以人类为相关医药、科学试验的研究对象。

关于临床试验受试者保护政策的落实，国际组织和各国的做法的两大重点是：①应建立能有效运作的机制；②强化对受试者的知情同意权的保护。运作机制包括政府的审查、监督、查核以及第一线执行单位（临床试验委员会）的设置和运作。

国外的医疗技术临床试验管理法律体系都十分强调伦理审查委员会的作用，并把通过委员会的审查作为取得开展临床试验资格的门槛。有些国家和地区采取伦理审查委员会审查的单审制，有些国家和地区采取双审方式，即伦理委员会审查和卫生行政部门审查。如台湾的《医疗机构人体试验委员会组织及作业基准》规定，人体试验申请经过医疗机构人体试验委员会批准后还要提交"卫生署"批准通过后才能实施。

伦理委员会设置的两个典型是主管机关设置模式和非主管机关设置模式。在非主管机关设置模式中，伦理委员会由非卫生主管部门设置，并设于研究机构内部。在主管机关模式下，伦理委员会由卫生主管部门设置，且不设于研究机构内部。美国与德国是典型的非主管机关设置模式，伦理委员会通常由研究机构设置，伦理委员会以管辖其设立机构所进行的人体试验为原则,在受到其他机构委托时可管辖其他机构的人体试验。新西兰为主管机关设置的典型。全国分为北、中、上南、下南四个地理区域,这些区域的伦理委员会管辖在其辖区内单一研究机构所进行的人体试验,或所有研究机构均位于其辖区内的多中心人体试验。新西兰还成立了一个多区域伦理委员会,管辖进行跨区域、跨区招募受试者、使用跨区搜集的资料库、样本或其他信息,及所有的跨国人体试验。[1]

从世界范围来看,伦理审查委员会在实务中都出现了一些急需解决的问题。美国联邦政府审计处1996年对美国受试者保护情况的研究报告以及健康与人类服务部的总监察办公室于1998年就IRB所面临的困境提出的研究报告具有很高的一致性,指出了以下问题:① IRB的工作负荷过重。受限于审查时间,IRB通常仅审查告知后同意方式,而不再对试验方案进行审查;② IRB对进行中试验的后续监督效果令人怀疑。IRB经常把后续监督的审查工作排在开会的最后几分钟进行。委员很少或甚至不花时间审查试验年度报告。IRB成员很少到试验现场去看对受试者的告知同意的进行过程。[2]

四、我国的临床试验立法

(一)药物临床试验法律制度

伦理委员会与知情同意书是保障受试者权益的主要措施。

1. 伦理委员会 开展药物临床试验的机构必须成立独立的伦理委员会,并向国家食品药品监督管理局备案。伦理委员会应有从事医药相关专业人员、非医药专业人员、法律专家及来自其他单位的人员,至少五人组成,并有不同性别的委员。伦理委员会的组成和工作不应受任何参与试验者的影响。受试者的权益、安全和健康必须高于对科学和社会利益的考虑。

试验方案需经伦理委员会审议同意并签署批准意见后方可实施。在试验进行期间,试验方案的任何修改均应经伦理委员会批准;试验中发生严重不良事件的,应及时向伦理委员会报告。申办者在获得国家食品药品监督管理局批准并取得伦理委员会批准件后方可按方案组织临床试验。

2. 知情同意书 研究者必须在向受试者充分和详细解释试验的情况后获得知情同意书:

(1)由受试者或其法定代理人在知情同意书上签字并注明日期,执行知情同意过程的研究者也需在知情同意书上签署姓名和日期;

(2)对无行为能力的受试者,如果伦理委员会原则上同意、研究者认为受试者参加试验符合其本身利益时,则这些病人也可以进入试验,同时应经其法定监护人同意并签名及注明日期;

(3)儿童作为受试者,必须征得其法定监护人的知情同意并签署知情同意书,当儿童能作出同意参加研究的决定时,还必须征得其本人同意;

(4)在紧急情况下,无法取得本人及其合法代理人的知情同意书,如缺乏已被证实有效的治疗方法,而试验药物有望挽救生命,恢复健康,或减轻病痛,可考虑作为受试者,但需要在试验方案和有关文件中清楚说明接受这些受试者的方法,并事先取得伦理委员会同意;

(5)如发现涉及试验药物的重要新资料则必须将知情同意书作书面修改,送伦理委员会批准后,再次取得受试者同意。

研究者在临床试验过程中,不得向受试者收取试验用药所需的费用。

(二)医疗器械临床试验法律制度

医疗器械临床试验分医疗器械临床试用和医疗器械临床验证。医疗器械临床试用是指

---

[1] 陈小嫦. 我国医疗技术人体试验立法的若干思考. 医学与哲学(人文社会医学版), 2008, 10: 20-22.
[2] 萧弘毅. 生物医学人体试验之管制——以人体试验委员会为中心. 台湾: 台湾大学法律学院法律研究所, 2007: 189.

通过临床使用来验证该医疗器械的理论原理、基本结构、性能等要素能否保证安全性有效性。医疗器械临床试用的范围为市场上尚未出现过，安全性、有效性有待确认的医疗器械。

医疗器械临床验证是指通过临床使用来验证该医疗器械与已上市产品的主要结构、性能等要素是否实质性等同，是否具有同样的安全性、有效性。医疗器械临床验证的范围为同类产品已上市，其安全性、有效性需要进一步确认的医疗器械。

承担医疗器械临床试验的医疗机构必须为经过国务院食品药品监督管理部门会同国务院卫生行政部门认定的药品临床试验基地。医疗器械临床试验方案应当以最大限度地保障受试者权益、安全和健康为首要原则，应当由负责临床试验的医疗机构和实施者按规定的格式共同设计制定，报伦理委员会认可后实施；若有修改，必须经伦理委员会同意。

因受试产品原因造成受试者损害，实施者应当给予受试者相应的补偿；有关补偿事宜应当在医疗器械临床试验合同中载明。医疗器械临床试验不得向受试者收取费用。

（三）医疗技术临床试验立法

我国目前依靠卫生部于2007年颁布的《涉及人的生物医学研究伦理审查办法（试行）》调整医疗技术临床试验。

1. 机构伦理委员会的设立　开展涉及人的生物医学研究的机构，包括医疗卫生机构、科研院所、疾病预防控制和妇幼保健机构等，必须设立机构伦理委员会。机构伦理委员会的委员由设立该伦理委员会的部门或者机构在广泛征求意见的基础上，从生物医学领域和管理学、伦理学、法学、社会学等社会科学领域的专家中推举产生，人数不得少于5人，并且应当有不同性别的委员。少数民族地区应考虑少数民族委员。

2. 机构伦理委员会的职责　机构伦理委员会主要承担伦理审查任务，对本机构或所属机构涉及人的生物医学研究和相关技术应用项目进行伦理审查和监督；也可根据社会需求，受理委托审查；同时组织开展相关伦理培训。

机构伦理委员会的审查职责是：审查研究方案，维护和保护受试者的尊严和权益；确保研究不会将受试者暴露于不合理的危险之中；同时对已批准的研究进行监督和检查，及时处理受试者的投诉和不良事件。机构伦理委员会可以行使下列权限：

（1）要求研究人员提供知情同意书，或者根据研究人员的请求，批准免除知情同意程序；

（2）要求研究人员修改研究方案；

（3）要求研究人员中止或结束研究活动；

（4）对研究方案作出批准、不批准或者修改后再审查的决定。

3. 伦理审查的原则　伦理审查的原则包括：

（1）尊重和保障受试者自主决定同意或者不同意受试的权利，严格履行知情同意程序，不得使用欺骗、利诱、胁迫等不正当手段使受试者同意受试，允许受试者在任何阶段退出受试；

（2）对受试者的安全、健康和权益的考虑必须高于对科学和社会利益的考虑，力求使受试者最大程度受益和尽可能避免伤害；

（3）减轻或者免除受试者在受试过程中因受益而承担的经济负担；

（4）尊重和保护受试者的隐私，如实将涉及受试者隐私的资料储存和使用情况及保密措施告知受试者，不得将涉及受试者隐私的资料和情况向无关的第三者或者传播媒体透露；

（5）确保受试者因受试受到损伤时得到及时免费治疗并得到相应的赔偿；

（6）对于丧失或者缺乏能力维护自身权力和利益的受试者（脆弱人群），包括儿童、孕妇、智力低下者、精神病人、囚犯以及经济条件差和文化程度很低者，应当予以特别保护。

问题与思考

1. 什么是人类辅助生育技术？包括哪几种情况？
2. 什么是器官移植？器官移植有什么意义？
3. 什么是脑死亡？认定脑死亡的标准有哪些？
4. 什么是安乐死？目前安乐死在我国是否合法？

法律法规

《基因工程安全管理办法》
《人类辅助生殖技术管理办法》
《人类辅助生殖技术规范》
《人类精子库基本标准和技术规范》
《人类辅助生殖技术和人类精子库伦理原则》
《人类遗传资源管理暂行办法》
《人体器官移植条例》

（雷光和　陈小嫦）

主要参考文献

1. 周旺生．立法学．北京：法律出版社，2009.
2. 杜仕林．医疗资源配置法律制度研究——以健康公平为中心．北京：光明日报出版社，2010.
3. Crawford R. A cultural account of "health"：control, release, and the social body // McKinlay JB. Issues in the political economy of health care. London：Tavistock Publication, 1984：102.
4. 孟庆跃, 严非．中国城市卫生服务公平与效率评价研究．济南：山东大学出版社，2005.
5. 杜乐勋, 张文鸣．中国医疗卫生发展报告 No. 3. 北京：社会科学文献出版社，2007.
6. World Health Organization. New horizons in health. Geneva：World Health Organization, 1995.
7. 张人骏．健康学．北京：中国科学技术出版社，1993.
8. WHO. Equity in health and Health care, WHO/SIDA initiative. Geneva：World Health Organization, 1996.
9. 严春友．人：西方思想家的阐释．北京：中国社会科学出版社，2005.
10. 乌日图．医疗保障制度国际比较．北京：化学工业出版社，2003.
11. 马克思, 恩格斯．马克思恩格斯全集（第三卷）．北京：人民出版社，1995.
12. 罗斯·霍恩．现代医疗批判——21世纪的健康与生存．姜学清, 译．上海：上海三联书店，2005
13. 李昌麒, 刘瑞复．经济法．北京：法律出版社，2004.
14. 李昌麒．经济法学．北京：法律出版社，2007.
15. 吴忠民．社会公正论．济南：山东人民出版社，2004.
16. 彼得·斯坦, 约翰·香德．西方社会的法律价值．王献平, 译．北京：中国法制出版社，2004.
17. 约翰·罗尔斯．正义论．何怀宏, 何包钢, 廖申白, 译．北京：中国社会科学出版社，2001.
18. 张文显．法哲学范畴研究．北京：中国政法大学出版社，2001.
19. 哈特．法律的概念．张文显, 译．北京：中国大百科全书出版社，1996.
20. 罗纳德·德沃金．认真对待权利．信春鹰, 吴玉章, 译．北京：中国大百科全书出版社，1998.
21. 波斯纳．法理学问题．苏力, 译．北京：中国政法大学出版社，2002.
22. 庞德．通过法律的社会控制·法律的任务．沈宗灵, 译．北京：商务印书馆，1984.
23. 苏力．阅读秩序．济南：山东教育出版社，1999.
24. UN Committee on Economic, Social and Cultural Rights. General Comment No. 14：The right to the highest attainable standard of health. 2000-04-12 [2000-08-11]. http：//www.nesri.org/resources/general-comment-no-14-the-right-to-the-highest-attainable-standard-of-health.

25. 高铭暄，马克昌. 刑法学. 4版. 北京：北京大学出版社，2010.
26. 威廉·韦德. 行政法. 徐炳，译. 北京：中国大百科全书出版社，1997.
27. 刘长秋. 器官移植法研究. 北京：法律出版社，2005.
28. 邓正来，J. C. 亚历山大. 国家与市民社会. 北京：中央编译出版社，2002.
29. 李艳芳. 公众参与环境影响评价制度研究. 北京：中国人民大学出版社，2004.
30. 梁慧星. 民法总论. 3版. 北京：法律出版社，2007.
31. 胡建淼. 行政法学. 2版. 北京：法律出版社，2003.
32. 张明楷. 刑法学. 3版. 北京：法律出版社，2007.
33. Kuznets S. Modern economic growth：rate，structure and speed. New Haven：Yale University Press，1966.
34. 杨秀苔. 资源经济学：资源最优配置的经济分析. 重庆：重庆大学出版社，1993.
35. Leibenstein H. Allocative efficiency vs. X-efficiency. Amer Econ Rev，1966，56：392-425.
36. 沈满洪. 资源与环境经济学. 北京：中国环境科学出版社，2007.
37. 黄晓光. 卫生经济学. 北京：人民卫生出版社，2006.
38. 刘成武. 资源科学概论. 北京：科学出版社，2004.
39. 王龙兴. 卫生经济学的理论与实践. 上海：上海交通大学出版社，1998.
40. Beauchamp DE. New ethics for the public's health. London：Oxford University Press，1999.
41. 中国社会科学院语言研究所词典编辑室. 现代汉语词典. 北京：商务印书馆，2002.
42. 郑鹏程. 行政垄断的法律控制研究. 北京：北京大学出版社，2002.
43. Preker AS，Langenbrunner JG. 明智的支出——为穷人购买医疗服务. 郑联盛，王小芽，译. 北京：中国财经出版社，2006.
44. Giddens A. A contemporary critique of historical materialism. Oakland：University of California Press，1981.
45. E·博登海默. 法理学——法律哲学与法律方法. 邓正来，译. 北京：中国政法大学出版社，1999.
46. 丘祥兴. 医学伦理学. 北京：人民卫生出版社，1999.
47. 全国人大常委会法制工作委员会民法室. 中华人民共和国侵权责任法条文说明、立法理由及相关规定. 北京：北京大学出版社，2010.
48. 孔志学. 医疗纠纷与法律处理. 北京：科学出版社，2007.
49. 奚晓明.《中华人民共和国侵权责任法》条文理解与适用. 北京：人民法院出版社，2010.
50. 刘鑫，张宝珠，陈特. 侵权责任法"医疗损害责任"条文深度解读与案例剖析. 北京：人民军医出版社，2010.
51. 陈小嫦，李大平. 论医疗诉讼中的证明妨碍. 证据科学，2010，4：398-400.
52. 江平. 民法学. 北京：中国政法大学出版社，2007.
53. 王胜明. 中华人民共和国侵权责任法解读. 北京：中国法制出版社，2010.
54. 郑功成. 社会保障概论. 上海：复旦大学出版社，2005.
55. 林嘉. 劳动法和社会保障法. 北京：中国人民大学出版社，2009.
56. 黎建飞. 劳动与社会保障法教程. 北京：中国人民大学出版社，2007.
57. 梁浩材. 国外健康保险制度. 北京：北京医科大学中国协和医科大学联合出版社，1992.

58. 杨立新. 医疗损害责任法. 北京：法律出版社，2012.
59. 李大平. 医事法学. 广州：华南理工大学出版社，2007.
60. 李燕. 医疗权利研究. 北京：中国人民公安大学出版社，2009.
61. 单国军. 医疗损害. 北京：中国法制出版社，2010.
62. 姜明安. 行政法与行政诉讼法. 5 版. 北京：北京大学出版社，2011.
63. 孙东东. 卫生法学. 2 版. 北京：高等教育出版社，2012.
64. 汪建荣. 卫生法. 4 版. 北京：人民卫生出版社，2013.
65. 江伟. 民事诉讼法学. 北京：北京大学出版社，2012.
66. 程晓明. 卫生经济学. 3 版. 北京：人民卫生出版社，2012.
67. Rosen HS，Gayer T. 财政学. 郭庆旺，赵志耘，译. 北京：中国人民大学出版社，2005.
68. 杜仕林. 卫生法学. 广州：中山大学出版社，2012.
69. 林义. 社会保险. 2 版. 北京：中国金融出版社，2003.
70. 仇雨临，孙树菡. 医疗保险. 北京：中国人民大学出版社，2001.
71. 杨立新. 医疗损害责任概念研究. 政治与法律，2009，3：75-82.
72. 吴江生，苏玉菊. 医疗卫生法律关系之探析. 海南医学院学报，2009，15：528-530.
73. 张愈，戴金增. 卫生立法的主要特点与我国卫生立法基本框架探讨. 中国卫生法制，2000，1：21-22.
74. 汪建荣. 我国 30 年卫生立法进程. 山东卫生，2009，4：53-56.
75. 石东风，于连芳. 地方卫生立法现状及其问题评析. 医学与哲学（人文社会医学版），2007，9：48.
76. 孙瑞灼. 卫生立法刻不容缓. 中国社会保障，2009，8：73.
77. 杨忠伟. 人类健康概念解读. 体育学刊，2004，1：133.
78. 张人骏. 健康学. 北京：中国科学技术出版社，1993.
79. 张铁民. 论健康. 中国健康教育，1992，8：3-5.
80. 赵东耀. 论健康需求的无限性与医学责任的有限性. 医学与哲学，2002，5：23-25.
81. 刘仲翔. 健康责任与健康公平. 甘肃社会科学，2006，4：112.
82. 侯剑平. 中国居民区域健康公平性影响因素实证研究. 特区经济，2006，10：26.
83. 巴德年. 当今医学科技的发展趋势及我国的发展战略. 医学与哲学，2000，2：1-4.
84. 郭永松. 关于卫生保健公平性的理性思考与实践原则. 中国卫生事业管理，2002，3：135.
85. 郭彩琴，曹健. 教育公平：配置教育资源的合理性原则. 江苏高教，2003，5：24.
86. 郭小燕. 公民健康权与基本医疗保险. 山东工商学院学报，2003，5：99.
87. 蒋月，林志强. 健康权观源流考. 学术论坛，2007，4：145.
88. 戴剑波. 公民医疗权若干问题研究. 天津大学学报（社会科学版），2006，6：465.
89. 公丕祥. 论当代中国法制的价值基础. 法制与社会发展，1995，2：23.
90. 吴忠民. 公正新论. 中国社会科学，2000，4：54.
91. 李昌麒，黄茂钦. 公平分享：改革发展成果分享的现代理念. 社会科学研究，2006，4：5-6.
92. 徐梦秋. 公平的类别与公平中的比例. 中国社会科学，2001，1：37.
93. 牛先锋. 社会公平的多重内涵及其政策意义. 理论探讨，2006，5：20.
94. 张文显. 规则·原则·概念——论法的模式. 现代法学，1989，3.
95. 杜承铭，谢敏贤. 论健康权的宪法权利属性及实现. 河北法学，2007，1：64-67.

96．杜治政．医学伦理学不可忽视的课题：利益伦理．医学与哲学，2007，9：1-6.
97．戴正德．东西方医学伦理思维之共通性．医学与哲学，2007，9：12-15.
98．敖双红．回顾与前瞻：行政法律关系之研究．福建公安高等专科学校学报，2007，2：80-86.
99．江必新，李春燕．公众参与趋势对行政法和行政法学的挑战．中国法学，2005，6：50-56.
100．余军，朱新力．法律责任概念的形式构造．法学研究，2010，4：159，160.
101．马长生，彭新林．关于我国刑事政策改革的一点构想——论社会主义法制理念下的前科消灭制度．法学，2007，2：60.
102．乌尔里希·贝克．风险社会政治学．刘宁宁，沈天霄，译．马克思主义与现实，2005，3：42.
103．李川，解永照．医疗事故罪的法定刑研究．四川警官高等专科学校学报，2006，3：13-19.
104．万毅．刑事不起诉制度改革若干问题研究．政法论坛，2004，6：99-108.
105．韦正球．大资源观初探．学术论坛，2006，2：63.
106．李维华，韩红梅．资源观的演化及全面资源论下的资源定义．管理科学文摘，2005，3：20.
107．陆家骝，林晓洁．新经济资源观与我国新世纪发展的资源策略．学海，2000，2：55.
108．姚子辉．需求与资源的有限性与无限性运动及对生产力发展的影响．学术界，1996，2：7.
109．李晓西．试论我国卫生资源的合理配置．中国卫生经济，2002，2：1.
110．叶浩森．我国卫生资源宏观调控研究概述．医学与社会，2004，2：15.
111．王谦．医疗卫生资源配置的经济学分析．经济体制改革，2006，2：33.
112．达庆东．试论卫生与法律的关系．医学与哲学，2001，4：14.
113．邱仁宗．公共卫生伦理学刍议．中国医学伦理学，2006，1：4-5.
114．杨辉．构建卫生服务质量的概念框架．中国卫生质量管理，2007，2：1.
115．和晋予，许树强．我国卫生资源区域配置理论初探．中国卫生经济，2004，12：6.
116．饶克勤，刘新明．国际医疗卫生体制改革与中国．北京：中国协和医科大学出版社，2007.
117．胡汝为．面包里的政治——读《食品政治》与《食品安全》兼析食品安全法律规制．开放时代，2008，5：166-174.
118．胡汝为．卫生行业的政府管制——以奶粉及刺五加事件为楔子．公法研究，2009，7：331-345.
119．杨立新．论医疗损害责任的归责原则及体系．中国政法大学学报，2009，2：26-29.
120．周寿祺．探寻农民健康保障制度的发展轨迹．国际医药卫生导报，2002，6：18-19.
121．徐道稳．中国医疗保障制度历史考察与再造．求索，2004，5：113-115.
122．陈家应等．卫生保健与健康公平性研究进展．国外医学·卫生经济分册，2000，17：153-158.
123．裴晓兰．法院驳回李丽云家属上诉．京华时报，2010-04-29 [2013-11-2]．http：//epaper.jinghua.cn/html/2010-04/29/content_543326.htm.
124．任珊珊．孕妇拒签字，医院强行剖宫救命．广州日报，2010-12-4 [2011-01-05]．http://gzdaily.dayoo.com/html/2010-12/04/content_1205177.htm.

125. 尹力.加快建立和完善多层次医疗保障体系.人民日报,2008-12-04 [2011-11-23]. http://www.lawtime.cn/info/yiliao/ylbxzs/2011112361701.html.
126. 马进,孔巍,刘铭.卫生资源配置的经济学思考.中国卫生资源,2005,5:195-196.
127. 刘激扬,孙彤.公共卫生资源配置的伦理目标.医学与哲学(人文社会医学版),2008,9:32-33.
128. 贾谦,陈永杰,陈光曼,等.确立中医药战略地位的重要意义.中国工程科学,2004,6:75.
129. 王博,刘桂明.从青蒿素的教训和经验看专利在国际竞争中的作用.统计分析,2011,7:42.

专业词汇索引

A
安乐死 166

B
保健食品 102
保障公民生命健康权原则 16
保障和依赖科技进步原则 17
补充医疗保险 130

C
产前诊断 62
城镇职工 135
传染病 44
传统药管理 148

D
大型医用设备 33
代孕 154

F
法定职业病 49

G
公共场所卫生监督 42
构成要件 120
国家卫生监督原则 17
国境卫生检疫 52

H
化妆品 104
化妆品生产企业 105
环境卫生法 54
环境卫生学 54
患者权利 113
婚前保健机构 62

J
基本医疗保险 130
基因 158
基因工程 158
技术性 2
健康相关产品 95
交叉性 2
精神损害赔偿 127
精神卫生法 58
精神障碍 59

K
克隆 154

L
临床试验 168
民族医药 143
母婴保健 61
脑死亡 164
农村合作医疗保险 133

Q
器官移植 161
强制医疗关系 111

R
人工授精 153
人口与计划生育法律法规 64
人类辅助生殖技术 153

S
商业医疗保险 131, 137, 138
社会保障制度 129
生活饮用水 107
食品 96
食品安全监管 99
食品生产经营 97

T
体外受精 153
突发公共卫生事件 37
托幼机构卫生监督 42

W

卫生法的概念　7
卫生法的特征　7
卫生法调整对象　11
卫生法基本原则　14
卫生法律关系　12
卫生法律责任　20
卫生技术人员　24
卫生立法概况　8
卫生与法律　1
无因管理关系　111

X

献血法　79
消毒产品　91
消毒剂　91
消毒器械　91
新兴边缘交叉学科　2
新兴性　2
学校卫生监督　41
血液　79
血液制品　81

Y

药品标准　71
药品管理法　69
药品价格的管理　75
药品监督　76
药品经营企业　70
药品生产企业　70
药品注册　71
药物临床试验　170
医方权利　115
医患关系　110
医患合同关系　111
医疗保障权　130
医疗保障制度　135
医疗机构　31
医疗技术临床试验　171
医疗技术损害责任　122
医疗救助　131
医疗伦理损害责任　121
医疗器械　85
医疗器械临床试验　170
医疗损害鉴定　124
医疗损害责任　119
医疗卫生机构　30
医疗卫生资源　24
医疗行为　111
医疗用品损害责任　122
隐私权　114
应急预案启动　39
预防为主原则　18
原料血浆　80
孕产期保健　62

Z

诊疗权　115
知情同意权　113
执业药师　29
执业医师　25